多元文化背景下
学校体育文化的发展与审视

贾 燕◎著

中国水利水电出版社
www.waterpub.com.cn
·北京·

内 容 提 要

本书分别对多元文化与学校体育文化的关系、多元文化背景下体育文化的发展及其发展现状与走向、多元文化背景下学校民族体育文化、休闲体育文化、奥林匹克运动文化、竞技体育文化的发展等进行了研究与分析。

本书结构鲜明,内容丰富,详略得当,重点突出,研究层层递进,不断深入,是一本值得学习研究的著作。

图书在版编目(CIP)数据

多元文化背景下学校体育文化的发展与审视/贾燕著.—北京:中国水利水电出版社,2017.6(2022.9重印)
ISBN 978-7-5170-5533-4

Ⅰ.①多… Ⅱ.①贾… Ⅲ.①学校体育－体育文化－研究 Ⅳ.①G807

中国版本图书馆 CIP 数据核字(2017)第 150008 号

书　　名	多元文化背景下学校体育文化的发展与审视　　DUOYUAN WENHUA BEIJING XIA XUEXIAO TIYU WENHUA DE FAZHAN YU SHENSHI
作　　者	贾　燕　著
出版发行	中国水利水电出版社
	(北京市海淀区玉渊潭南路 1 号 D 座 100038)
	网址:www. waterpub. com. cn
	E-mail:sales@waterpub. com. cn
	电话:(010)68367658(营销中心)
经　　售	北京科水图书销售中心(零售)
	电话:(010)88383994、63202643、68545874
	全国各地新华书店和相关出版物销售网点
排　　版	北京亚吉飞数码科技有限公司
印　　刷	天津光之彩印刷有限公司
规　　格	170mm×240mm　16 开本　17.5 印张　314 千字
版　　次	2017 年 10 月第 1 版　2022 年 9 月第 2 次印刷
印　　数	2001—3001 册
定　　价	52.00 元

凡购买我社图书,如有缺页、倒页、脱页的,本社营销中心负责调换

前　言

　　我国学校与体育是在 20 世纪初建立联系的,发展至今已经有了一百多年的历史。特别是在新中国成立之后,对于体育的发展,国家和政府给予了充分的重视,学校自然而然成为体育发展的重要途径和突破口,学校体育也由此得到了非常快速的发展。在进入 21 世纪之后,学校体育的地位和影响力也得到显著提升。在对全面人才进行培养方面,学校体育所具有的作用也受到了足够的重视。同时,学校体育的发展也自然而然形成了一定的校园体育文化,学校体育教学的开展与校园体育文化的建设有着非常密切的联系,通过物质、精神、制度等方面的体育文化建设能够为学校体育的开展提供一个良好的人文环境,同时学校体育教学的高效开展能够进一步加快体育文化建设的进程,更好地弘扬和传播体育文化,并为多元体育文化的构建提供一个更为坚实的保障。

　　对校园体育文化的发展进行研究是非常有必要的,只有深入研究校园体育文化的建设与发展,才能增强学生的凝聚力,更好地优化体育教学环境,弥补体育教学中第一课堂的不足之处,全面提高学生的文化素质、思想道德素质、专业素质以及身心素质,从而更好地实现学校体育教学目标。在校园体育文化发展方面,很多学者进行了相关研究工作并获得了比较丰硕的研究成果,丰富了我国校园体育文化与体育教学理论,并形成了一定的体系,对校园体育文化的建设和体育教学实践有着很好的指导作用。为了进一步丰富和完善学校体育教学理论,对校园体育文化建设和发展进行优化,特撰写《多元文化背景下学校体育文化的发展与审视》一书,以更好地推动校园体育文化建设和体育教学得到更好更快的发展。

　　本书共九章,第一章至第三章分别对多元文化与学校体育文化的关系、多元文化背景下体育文化的发展及其发展现状与走向进行了研究与分析。第四章至第七章分别对多元文化背景下学校民族体育文化、休闲体育文化、奥林匹克运动文化、竞技体育文化的发展进行了研究。第八章主要对校园体育文化体系在多元文化背景下的建设进行探索。第九章对多元文化背景下学校体育文化建设与发展的相关案例进行了分析,包括学校田径、球类、武术、健美操等课程的建设。

　　总体而言,本书结构鲜明、内容丰富、详略得当、重点突出,研究层层递进、不断深入。在语言表达上,并没有使用艰深晦涩的词语,理解起来较为容易。此外,在本书的最后还专门对学校体育文化在多元化背景下的建设与发展的相关案例进行了详细分析,这为校园体育文化在多元文化背景下的建设和发展明确了方向,能够促使校园体育文化得以更好地发展。

　　本书在撰写过程中参考借鉴了许多学者的相关资料,在此向其表示最诚挚的谢意!对于书中的疏漏不妥之处,恳请广大读者给予批评和指正。

作　者

2017 年 3 月

目　录

第一章 多元文化与学校体育文化的关系探讨

在人类社会的漫长历史发展过程中,受地域、民族、政治、经济等多种因素的影响,形成了多种内容、形式的文化形态,这些文化具有不同的特点,对不同文化背景下的国家与民族的发展产生着非常重要的影响。当今世界是一个多元化的世界,文化的多元性是客观存在的,就教育来说,不同文化对教育具有不同的影响,探讨学校体育文化的发展必须建立在全面和系统认识其文化背景的基础之上。当前,学校体育文化的发展具有多元化的文化发展背景,多元文化对学校体育文化的进一步发展、走向具有重要影响,这些影响对于不同国家的学校体育发展将起到极大的推动或制约作用。本章在分析多元文化的基本概念、内涵与特点的基础上,重点就我国多元文化进行分析与研究,并指出该多元文化对现阶段及未来一段时期内我国学校体育教育的影响。

第一节 多元文化的概念、内涵与特点

一、多元文化的概念

多元文化是文化的一个下位概念,要想正确理解与认识多元文化,就必须首先弄清楚什么是文化。

(一)文化

人类社会的发展离不开文化,对于"文化"的探讨,古今中外的许多思想家与学者都进行过不同角度的探讨,并得出了不同的结论。

西方人对"文化"有不同的称谓,如德文"Kuhur",英法文"Culture",其都源于拉丁语"Cuhura",意为"耕作、教育、发展"。充分表现了人类文化与人类早期的农业生产与定居生活之间的密切关系,以及文化在人类社会生

活发展过程中所具有的重要地位。西方现代意义上的"文化"概念研究始于文艺复兴时期,当时,著名的思想家康德、席勒和黑格尔分别从道德、美学、哲学等领域对文化进行了研究,但是他们都没有提出关于"文化"的系统定义。西方学者对于"文化"的定义尝试最初是在英国人类学者爱德华·泰勒的《原始文化》中,他将"文化"解释为:"社会成员的人所习得的包括知识、信仰、艺术、道德、法律、习俗以及任何其他能力和习惯的复合体。"这个概念一经提出就得到广泛关注。此后,克莱德·克拉克洪在《人类之镜》中对"文化"的属性进行了解析,并受到许多学者的认同。克拉克洪认为,文化具有以下属性。

(1)文化是民族的生活方式的总和。

(2)文化是人类思维、情感和信仰的方式。

(3)文化是人类行为的抽象概括。

(4)文化是关于人类群体行为方式的理论。

(5)文化是各种有益学识的综合。

(6)文化是人与环境、人与人的相处技术。

(7)文化是机体标准化的认知取向。

(8)文化是一种习得行为。

(9)文化是一种行为规范约束机制。

(10)文化是历史积淀物。

(11)文化是社会遗产。①

在我国,"文化"一词最早见于古籍《周礼》中:"观乎人文以化成天下"。现代汉语中的"文化"一词,源于《易经》中的"天文也,文化似止,人文也。关乎天文,以察时变。关乎人文,以化成天下",表现了古人与自然的接触,并利用自然实现自我发展与传承。西汉刘向的《说苑》中称"文化不改,然后加株",指文治教化,在我国古代,"文化"更多地被视为统治者的施政方法,是"文治"与"教化"的总称。

当前,我国关于"文化"的概念,以《辞海》与《社会学简明词典》为准,这两个典籍将文化概括为两个方面,即广义的文化与狭义的文化,前者是指"人类社会历史实践过程中所创造的物质财富和精神财富的总和",后者主要是指"社会的意识形态及其制度与组织结构"。

---

① 田祖国.国家文化软实力与民族传统体育发展的制度保障研究[M].北京:民族出版社,2016.

(二)多元文化

1.多元文化的提出

"多元文化"(Multi－culture),是一种文化下位概念,其是对不同文化的一种统称,是学术术语。

"多元文化"一词最初出现在 20 世纪 20 年代。源于美国学者早期的文化多元主义思想(Cultural pluralism),该思想主要是基于当时社会所出现的文化"同化论"与"熔炉论"所提出的,批判了文化"同化论"与"熔炉论"对不同文化差异性和共生共存的抹杀。文化多元主义思想认为,不同文化的存在具有合理性,并且可以在同一个时代和国家和地区同生共存。[①]

2.多元文化的概念本质

从文化的角度来说,"多元文化"不限于"文化",传统的"文化"是某一地区、社会阶层和群体的单一文化,多元文化与单一文化相对,多元文化"是指一个地区、地域、社会阶层和群体系统中,同时存在、相互联系,各自具有独特文化特征的集中文化形态"。[②]

多元文化,其存在的自然地域环境、人类社会环境是一样的,但表现出不同的文化形态与特征,彼此之间相互独立又相互作用。多元文化不同于以往的单一文化的存在,这些文化具有以下几个特点。

(1)空间上的多样性。多元文化存在于同一个自然或社会环境中,是文化的多种形态的呈现。

(2)时间上的共时性。多元文化可以在同一个时代存在,且不受其起源与发展历史的影响。

(3)地位上的平等性。多元文化的多元,是文化的多元化,各文化没有高低贵贱之分,具有平等的生存与发展权。

(4)文化的差异性。人类文化的产生需要特定的生产和生活环境,并与地域性民族风俗、生活习俗等相关,加上早期地域的封闭与当前地域之间发展的不平衡性,不同文化必然表现出不同的价值特征。

(5)文化的交往性。多元文化存在于同一个区域联合体、社会共同体、群体系统中,彼此共存,在联合体、共同体、系统内具有一定的联系基础和交流、交往条件。

---

① 吕田田.多元文化背景下的学校道德教育[D].山东师范大学,2008.
② 曹霞.多元文化背景下的课程发展[D].广西师范大学,2003.

(6)文化的内聚性。正如前面所说,多元文化存在于同一个共同体和系统之中,这种共存的重要原因在于,不同文化能正视彼此之间的差异,同时,又具有一定的共性,有相互借鉴的部分与可能。

二、多元文化的内涵

(一)多元文化的内涵研究

多元文化在 20 世纪初被首次提出后,受到许多社会学家、人类学家、思想家等对文化的思考,并对多元文化进行了更广更深入的思考与研究,从不同角度提出了多元文化的丰富内涵。

在 20 世纪 50 年代,多元文化主要是指殖民地文化(主要是指殖民国家的统治文化)与后殖民地文化(原居民文化)。这一时期,对多元文化的认知还停留在一个比较浅显的认知阶段。

随着民权运动与后现代主义的兴起、发展,多元文化的内涵逐渐被丰富,学者们关于多元文化的研究也日益深入。英国著名教育家詹姆斯·林奇(J. Lynch)认为,多元文化指特定地域内的多种文化共存和相互作用。美国文化多元联盟则指出,多元文化是一个国家的多样化文化构成,不同文化之间相互影响、相互支持,且彼此平等。

随着对多元文化研究的进一步深入,多元文化的内涵进一步扩大化,具有了多重内涵,"多元文化"研究不仅关注国家与民族文化,也关注小群体的特殊文化形态,1995 年,"全球多元文化大会"重新对"多元文化"的内涵进行了概括,指出"多元文化"是各族群平等享有的文化,这种文化符合社会大众的价值观认同,能体现大众的"社会公平权、经济受益需求"。①

(二)多元文化的多层次内涵

多元文化的内涵是多层次的,包括宏观层面文化的研究,也包括微观层面的文化研究。

多元文化的宏观层次——种族、民族、国家、地区文化。

多元文化的微观层次——非主体民族移民文化、社会小群体文化。

21 世纪的多元文化研究,是在全球化大背景下进行的文化研究(如中国文化、西方文化),也包括对不同历史时期的文化研究(如传统文化、现代

---

① [美]克拉克·威斯勒著,钱岗南,傅志强译. 人与文化[M]. 北京:商务印书馆,2004.

文化),同时涉及不同社会结构体系的文化研究(如精英文化、大众文化)。

三、多元文化的特点

这里重点针对现阶段多元文化所表现出来的时代特点进行详细分析,具体表现出以下三个特点。

(一)多元文化的信息化

信息化是当前时代发展的一个重要特点,自从工业革命以来,现代科学技术的发展极大地缩短了人与人之间的距离,时空限制不再成为人类交往与交流的障碍,信息的沟通更加快捷、方便。

电子信息技术的发展、多媒体可视技术的发展以及卫星信息技术的发展等,使得整个地球变成一个地球村,在信息快速、便捷传播的同时,还保证了信息传播的准确性,并为信息的进一步加工、储存、再传播创造了良好的科学技术条件,信息化是时代发展的重要趋势。

信息是文化的一种有效表现,信息化时代,人类文化性质从工业文化变为信息文化,信息成为当前多元文化交流、传播的重要载体。

(二)多元文化的全球化

全球化,顾名思义,具体是指在全世界范围内广泛出现和发展,"全球化"一词最初被提出是在20世纪末,当前,"全球化"可以形容多个方面的发展,现阶段其主要涉及政治、经济、文化等,同时,它也是这些领域发展所表现出来的重要特征。

全球化发展是人类社会文化发展的一个重要趋势,这里所说的多元文化的全球化,具体是指各种文化向世界其他国家与地区的文化传播与渗透,一种文化有可能影响到世界各个地区和民族的文化。

信息化与全球化是紧密联系在一起的。对于多元文化来说,也是如此,文化在全世界范围内的传播更加快捷,任何一个人都可以随时随地了解到最新发生的各种动态,全球各地联系进一步增强。

全球范围内的联系的密切性,使得一种文化可以在短时间内传播到其他地区和国家,不同的文化可以在同一个时期内充斥着人们的各种信息平台,人们同时接受到各种文化,并受到各种文化的直接或间接的影响。而人作为文化的传承、发展载体,也会促进其所代表的文化发生相应的变化,各个文化之间相互交流、相互影响,取长补短,促进多元文化的融合。

(三)多元文化研究与交流

就全世界范围来看,多个国家、民族共存,多元文化具有各自的发展空间与时间和文化共同体。各国家和民族都在传承与发展本国家和民族文化的过程中采取了很多有效的措施。

文化作为一个国家和民族生存的根本,在 21 世纪已经变为一种文化实力,它是国家和民族发展、强大的象征,蕴含着丰富的民族精神与内涵。对于国家来说,文化软实力更是与政治竞争放在一个同等重要的位置。

文化对于国家与民族发展的重要性,使得各国、各民族都非常重视对本国家、本民族文化的研究、保护、传承与传播,人们在研究本国家、本民族文化的同时,也在研究其他国家与民族的文化,旨在借鉴其他文化中优秀的内容和发展经验,从而进一步促进本国、本民族文化的发展。

此外,信息化与全球化使得各种文化之间的交流与交往日益密切,人们开始了解到世界上其他文化形态的存在,并对世界上的各种文化的了解更加深入,多元文化更是通过生活在异文化环境中的个人或群体得到进一步的发展,各种文化不断交流,西方人对于东方文化、东方人对于西方文化、其他洲对于黑人文化与印第安文化等的了解更加深入,各种文化相互影响与渗透,同时又保留着各自的特色,全世界文化呈现出百花齐放的景象。

第二节　我国当代多元文化的背景与形成分析

一、我国当代多元文化的社会背景

(一)多民族并存的社会现实

纵观我国的文化发展史,我国是一个多民族的国家,这些民族统称为中华民族,中华民族的文明起源是多元化的,是各个民族文化的集合。在我国社会的发展过程中,经历了几次大的民族大融合。

相传,远古时期,我国最早是由五个民族构成的民族共同体,即华夏、东夷、南蛮、北狄、西戎,发展至春秋战国时期,形成了以华夏为中心,其他民族共同发展的格局,秦汉时期,我国实现了第一次民族大融合。此后,受政治、经济因素的影响,我国民族多次相互融合发展,从古至今,在努力实现多民族统一的过程中,我国各民族在政治、经济、文化等方面的联系日益紧密,最终形成了现在的以汉民族为主,少数民族大杂居、小聚集的社会格局。

我国多民族共存、共同发展的社会现实,对于我国多元民族文化的形成具有重要的历史和现实发展影响。

从多元文化发展的历史来看,对于我国多元民族文化来说,自然环境与人们的生存需求对不同民族文化的产生与发展具有重要的影响。我国地域辽阔,由于地域环境的不同,不同民族在生产生活中,形成了不同的民族文化特征,从大的方面来看,有农耕文化、渔猎文化、游牧文化、海洋文化等,从小的方面来讲,各民族还有其自身的民族文化,如蒙古族文化的草原气息,维吾尔族文化的幽默感,藏族文化的宗教色彩等。在各自民族文化的传承发展过程中,最终形成了成熟的各民族的文化形态,并形成了多元文化传统,不断交汇与融合的民族文化对华夏文明的发展形成了巨大推动作用,不仅形成了中华民族统一的文化积淀,还对中华民族文化构建的疆域特色和民族文化资源提供了有利条件,更为以后多民族的发展奠定了稳固的物质基础和社会文化基础。这些多元民族文化共同发展,最终形成了我国特有的中华民族文化。

从多元文化发展现状来看,现阶段,我国共有 56 个民族,每个民族都有自己的历史、语言、习俗、宗教和社会特点,各民族间的政治、经济、文化等在历史发展过程中,始终处在相互交流、相互作用、相互补充的过程中,最终形成了我国博大精深、绚丽多姿的华夏文明。在我国丰富的中华民族华夏文明体系中,各民族文化都有自己的文化特色,多民族并存的历史和现实格局,促进了我国文化的多元发展。

(二)改革开放的时代背景

改革开放是我国现当代发展史上非常重要的一个举措。改革开放极大地影响了我国政治、经济、文化的发展,从 20 世纪七八十年代至今,改革开放以来,我国民主法治不断健全、生活水平不断提高、生产方式不断革新、科技教育不断进步、文化发展日趋多样化。

马斯洛的需要层次理论指出,人的需求依据不同的条件有高低之分,人只有在低层次的需求(包括吃、穿、住等问题)满足之后,才会产生对更高层次的需求的追求和向往——精神方面的需求。改革开放以后,我国经济得到了很好的发展,进一步向着小康社会迈进,人们基本的温饱问题已得到大体解决,即低层次的需求已得到满足,在这种情况下,我国人民具有了高层次的精神需求——文化发展需求。可以说,改革开放对人们经济生活的改善直接促进了人们对文化发展的需求,为多元文化的进步奠定了良好的物质基础。

随着我国改革开放的进行,国外的许多文化价值观念逐渐冲击了国内人们的认知和价值观念,很多价值观念逐渐被人们所接受、认可。

首先,我国的经济体制得到了变革,建立起了社会市场经济体制,一方面,以市场经济规律为基础的交换法则、利益发展以及社会关系的物化,使得人们的是非观、消费观、价值观等都发生了一定程度的变化(图1-1);另一方面,人们的市场竞争意识、效率意识、创新意识不断增强,这对于人们思想观念的改变具有重要的促进作用。

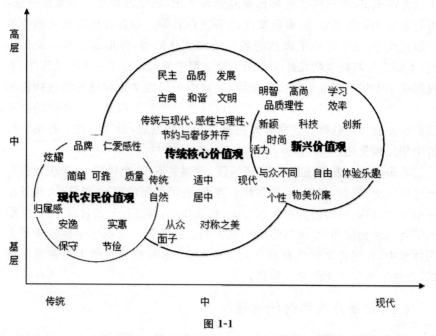

图 1-1

其次,为推进改革开放,同时切实保护大众合法权益,我国的法制更加健全。健全的法制增强了人们对民主、文明、和谐社会的追求,人们渴望生活在一个更加完善的社会制度中。

最后,改革开放直接打开了国门,国外的一些思想与文化以商品形式涌入我国,对我国民众的传统思想观念产生了极大的影响,尤其是西方理论、思想、生活方式、价值观对人们思想、观念和生活方式的大力冲击。同时,我国也有更多的人走出国门,去了解和接受国外的各种文化。在中西方文化交流空前频繁的社会背景下,我国文化发展异常活跃。再加上我国传统文化的包容特性,更加使得多元文化在我国的共同发展成为可能。

必须认识到的是,当前西方文化的传播和影响在不断加强,特别是霸权国家美国,正在利用全球经济、技术优势,通过各种渠道向发展中国家,尤其是我国渗透其政治文化,这种文化霸权行为值得整个社会的关注,在当前,必须科学引导我国社会大众,尤其是青少年正确认识、学习、认同社会主义核心价值。[①]

(三)经济全球化的发展进程

经济全球化现象,出现在 20 世纪八九十年代,是世界经济发展的一个重要特征。在经济全球化以前,受政治因素的影响,在相当长的时间里,各个国家和地区之间的贸易仅局限于货物交换,各个国家和地区之间的资本、技术等只在局部地区存在并流通。随着国与国、地区与地区之间的贸易往来日益密切,各国政府开始寻求经济的自由化发展,以减少贸易壁垒,促进各种生产要素的自由流通,这是经济全球化的开端。

经济全球化趋势出现之初,国外许多学者从多个角度对其进行了研究,这些学者一致认为,经济全球化是科学技术对经济发展的促进和推动作用的结果,使得在全球范围内,不同国家之间的经济活动联系更加密切,全球"资本进入一个新的阶段"。经济全球化使国与国、地区之间的经济壁垒逐渐减弱,实现了世界范围内生产要素的自由流通。经济全球化是当代世界经济发展的一个必然趋势,在经济全球化发展过程中,世界各个国家、地区的经济、政治、文化也在相互渗透、相互融合。

20 世纪 90 年代以后,人类社会正式跨入全球化时代。在新技术革命的支持下,信息化时代正式到来,人们进入了全球网络化时代,为经济全球化的发展提供了科学技术支持。1995 年 WTO 的正式成立,全球多边贸易体系开始形成,为 21 世纪经济全球化的发展提供了必要条件。

目前,经济全球化已经形成,经济的全球化促使世界政治、文化的发展也进入多极化发展时代。

首先,作为文化传播者,从事全球经济贸易的人不断增多,不仅国家与地区之间的经济贸易关系密切,普通民众也能从世界各地购买商品和从事国际贸易活动。跨国经济活动的增多,使得各个国家、地区不同文化背景的人之间的交流日益增多,这些人员的流动也意味着文化的流动。

其次,全球经济交易商品具有不同的文化属性,不同的社会化产品(或说商品)承载着不同的文化含义,作为一种文化载体,其在全球范围内的流通促进了各个国家、地区不同文化价值、文化观念、文化心理的流通,通过这些商品可以了解一个国家或地区的文化,这些商品也会在一定程度上影响使用它的人的思想观念、价值取向。

---

① 白甲欣.多元文化背景下大学生社会主义核心价值体系认同教育研究[D].西南大学,2014.

再次,在经济全球化过程中,作为资本流通媒介的货币,也是相应国家和地区的一种特殊的文化符合。货币在国家与国家、地区与地区之间的流通,使得其他国家与地区得以了解该国家、地区或民族文化。如印刷质量、图案设计,是一个国家、地区或民族文化特色和文明程度的反映,可以借此了解一个国家、地区或民族的历史与传统。①

最后,全球经济化与信息技术发展相互促进。信息技术的发展特点决定了其与经济全球化的发展互相推动的关系。以发达国家为中心,世界经济正在借助信息科学技术的高速发展获得新的动力。现代信息和通信技术的发展,将全世界各个角落联系起来。文化发展的民族、空间界限被打破,促进了包括我国在内的全球文化的多元发展。

(四)网络技术的日新月异

人类近现代发展史上,先后发生了三次技术革命,这三次技术革命促进了文化传播的质的飞跃。在现代交通、通信等技术快速发展的基础上,全球范围内人与人之间的交流更加便利,互联网网络技术的出现更是开创了人类社会文化交往的新时代。

在人类信息通信技术的发展过程中,互联网网络技术的出现与发展是信息时代发展的一个重要节点,网络技术的发展极大地影响了现代人的生活、学习、工作方式,网上购物、学习、办公、交友成为现实。

互联网技术的发展,进一步打破了国与国、地区与地区之间的界限,在互联网世界,不同国家、地区、民族的具有不同性别、年龄、教育背景、宗教信仰、兴趣爱好的人可以实现自由、实时的交流,这种交流促进了不同国家、地区、民族、性别、年龄、社会阶层、宗教信仰之间的人相互了解,这些人背后所承载的国家、地区、民族等文化也在进行相互交流与碰撞。

互联网网络技术的快速发展,使得各种文化的地方、地域、民族交流障碍越来越弱,多元文化的发展成为可能。

二、我国当代多元文化的形成与发展

我国多元文化表现在诸多方面,内容丰富、形态各异、各具特色。这里主要从主流文化、精英文化、大众文化三个方面对我国当代多元文化的形成与发展进行分析。

---

① 吕田田.多元文化背景下的学校道德教育[D].山东师范大学,2008.

(一)主流文化

主流文化,又称"主流意识形态",是与国家意识联系紧密的一种文化,是我国国家政治文化的基础。

在我国,主流文化即上层政治建设文化,具有天然的合法性,它在我国多元文化当中,处于中心和核心地位。

改革开放前,我国的主流文化是"革命文化",改革开放后,结合社会发展的需要,我国主流文化走向"社会建设"。

当代,我国的主流文化是这样一种文化,它以中国共产党为领导,具有鲜明的革命色彩、社会主义性质与现代品格,是一种"面向现代化、面向世界、面向未来"的文化,是一种"民族的、科学的、大众的先进文化"。[①] 这种文化主导其他文化的发展。

(二)精英文化

精英文化是指由社会精英人士(知识分子)创造、传播、分享的文化。精英文化旨在表达其主体的审美趣味、价值判断和社会责任,具有教化、引导、规范大众的作用。

精英文化与大众文化、平民文化等相对应,它是指那些并不为全社会所普遍认知、接受或参与,而仅是由社会中的精英阶层所塑造与分享的文化。精英文化的主体是受教育、训练程度或文化素质较高的少数知识分子或文化人,精英文化的拥护者一般反对大部分的流行文化,认为社会的发展应当以少数精英分子为引领。

随着社会的发展,人类文化呈现出多元化发展的特点,社会大众对精英文化的认识也发生了明显的变化。

在我国社会发展中,精英文化往往与知识分子阶层有着密切的关系,而事实上知识分子也确实是一个思想非常进步的社会群体,尽管他们的社会地位不一定是最高的,但是,知识分子在我国社会发展历程中,一直都发挥着十分重要的作用。尤其是在科学教育、文化发展、社会法制、经济体制探索等方面,发挥了十分重要的推动作用。

当前,在市场经济冲击下,我国市场经济发展迅速,人们的价值观念发生了很大的转变,人与人之间关系的物化,在很大程度上影响了精英文化在大众心中的地位。具体表现如下。

首先,在经济规律和价值规律下,人们的消费观、价值观很容易与交易

---

① 吕田田.多元文化背景下的学校道德教育[D].山东师范大学,2008.

进行联系,这就使得原有的用精神价值来评判个人社会地位的传统社会评价体系遭到破坏,以往知识分子试图通过"坐而论道的优雅生活方式,用理性话语方式来影响甚至支配社会的愿望"已经不存在了。①

其次,在社会主义实现经济发展的背景下,精英文化自身走向衰退,以往的专注于学术研究、文化传承的精英分子越来越少,甚至很多处于社会精英阶层的人也开始在市场经济利益的驱使下开始造假。

现阶段,随着我国对社会文化发展的重视,一些学者正在通过各种努力来改变精英文化被边缘化的现象,他们以精英文化守护者的身份,倡导人文精神的回归,呼吁重建传统文化价值体系。

(三)大众文化

我国大众文化,具体是指进入 21 世纪以来逐渐发展起来的一种传播与影响范围广泛的社会群众性文化形态。大众传播媒体在大众文化的传播、推广过程中发挥了重要作用。

大众文化是一种相对较新的文化形态,具有如下特征。

(1)大众文化的主体是社会大众。

(2)大众文化是商品化、标准化和复制化的文化,文化是作为可批量生产、复制的商品存在的。

(3)大众文化是一种消费文化,文化产品的流行与社会大众的某一时期的兴趣爱好具有重大关系。

(4)大众文化以传播为媒介。

当前,大众文化渗透在社会大众的日常生活、学习、工作中,是当前最具活力的一种文化形态。现阶段,与精英文化相比,大众文化是一种强势文化。具体表现如下。

首先,大众文化具有广泛的社会受众,大众文化是一种更容易被理解的文化,属于娱乐性文化,对受众的教育水平、认知水平要求不高。

其次,大众文化占有广泛的文化市场份额。大众文化的"平易近人"使其更容易被人关注,和精英文化市场相对,大众文化产品更受欢迎。如与交响乐相比,流行音乐拥有更广泛的受众;与纯文学艺术作品相比,言情、武打、玄幻小说更受大众欢迎。

最后,在大众文化的影响主流文化、精英文化。大众文化的影响广泛,因为其覆盖社会广大受众,因此社会主流文化与精英文化的发展也需要对

---

① 刘承华.文化与人格:对中西文化差异的一次比较[M].合肥:中国科学技术大学出版社,2002.

大众文化内容进行充分考虑。大众文化影响下,可以颠覆长期以来民众对传统文化的认知,改变我国文化传统格局,促进文化的多元发展。

第三节　多元文化对学校体育教育的影响分析

一、多元文化对学校教育的影响

(一)促成教育思维方式转变

思维方式是个体理解、评判事物的思维方法与习惯,是促进人类社会进步的重要动力。教育的进步,也需要思维方式的不断革新。

在当前全球一体化发展背景下,社会的多元与个体的自主化共同发展,在多元文化的共同影响下,国家与区域间的价值认同标准逐渐受到人们的关注并接受,进而形成促进人类发展的统一的价值观念,并要求人们在这一统一的一元思想观念下,承认多元文化的存在,关注多元文化和思想的发展。

多元文化问题,其本身涉及到世界观与价值观的发展问题,指出了人类社会统一系统下多观念、多向度思维、多方法实践、多途径选择、多方面发展的并存和重要性。[①]

从学习的角度来看,不同文化背景下的教育思维不同,很难说明哪一种思维是绝对正确的,必须要坚持多元化的教育思维方式与方法去思考教育与学生的学习。引导学生进行更加广泛的学习、促进学生的全面发展。

对于学校教育而言,这种多元思维有利于促进学校教育思维方式的转变,从而使教学课程选择与设置更加合理,使学生的教育更加全面。

首先,在承认多元文化存在的前提下,应充分了解不同文化价值的所在,同时,也要重视自我反省,在教育过程中重视本民族文化的传承与发展,在此基础上,实现单一国家与民族文化发展下的文化发展多元化。对异质文化,保持宽容的态度,如我国学校体育教育中要重视跟随世界体育发展潮流开设西方竞技体育课程、传播西方体育文化,更要保持本民族体育文化的核心价值地位,重视传承与发展民族传统体育文化。

---

① 牟岱.多元一体文化概论[J].中国社会科学院研究生院学报,2000(3).

其次,传统的思维方式是单向的,它认识事物容易陷入"非此即彼"的误区,当前社会,多元文化并存,各文化之间相互学习、合作、借鉴是文化发展的大趋势。因此,必须形成多元思维方式,多角度、多层地去看待和思考问题,善于从他人的不同思想观念或经验中得到启发、获得新认识。在教育教学中,应从传统的模式化的教学思维中跳出来,重视多元教育思维方式的观察,避免过多程式化的教育方式对教师、学生积极性与主动性的抹杀,在教育教学中,为教育者和受教育者表现独特个性和发挥创造性提供更广阔的空间。

(二)促进教育民主的发展

教育民主化是 20 世纪 60 年代后出现的教育思潮,其核心是促进教育平等、高质量教育的实现。

教育民主是国家政治民主的重要构成,21 世纪的教育,应保证每一个人接受教育的权利和计划,使不同性别、民族、宗教信仰的学生都能接受教育,尤其是要尊重少数民族和妇女及弱势群体的受教育权。

教育民主与多元文化教育关系密切,二者具有强调所有人接受均等、公平教育的理念。

多元文化教育,是对多元文化背景下的个体的教育思考,它强调社会正义与教育公平。多元文化教育正视并尊重各文化的价值与差异,强调不同文化的相对与互补,主张学校教育公平。多元文化教育"不是分化的教育、不是少数人的教育,是全民普通教育"。[①]

在当前多元社会背景下,坚持教育民主是多元文化教育的重要目标,二者相互促进,使得现代教育能始终保持正确的价值取向。

首先,保持教育的平等性,任何人没有性别、民族、宗教、社会地位之分,都有权接受教育。

其次,保证每个人的教育平等机会选择、接受符合能力发展的教育。

再次,保证每个教师与学生都能有机会参与学校教育管理、教学活动组织,保证师生平等、管理者与被管理者的人格平等。

最后,保证每个学生发展的平等性和公平性。在教育过程中要尊重学生,在促进学生全面发展的基础上强调学生的个性发展。

(三)强调教育模式的多元化

现阶段,追求教育多元化是各国教育改革的重要方向。当前经济全球

---

① 陈美如.多元文化课程的理念与实践[M].台湾:台湾师大书苑,2000.

化背景下,各国之间政治、经济、文化、科技、教育等的交流与合作日益紧密,交流的基础是尊重文化的多样性与价值的多元化。美国未来学家阿尔文·托夫勒指出"世界的多极化,人类社会生活的多样性,教育的多元化是基础和保证。"否则就会失去交流与对话的资格。

多元文化主义是多元文化教育理论的基础,多元文化教育理论指出,全球范围内,各国之间的文化应保持积极的交流与相互充实,针对不同程度的多元化现象,教育不应局限于提供补充性内容,或局限于辅助性教学活动或某学科,而应是推动学科和整个学校的教育改革。①

具体来说,多元文化教育应充分考虑各个学习者的发展,在教学课程与教学活动设计、组织、实施过程中尊重多元文化背景下的个体发展,同时,就学科教育来说,要尊重不同文化的多样性,并加深对不同文化的理解,促进学校教育、学生学习的整合与成功,进而增加不同文化的相互理解、促进,从理解本国家、民族文化到理解其他国家、民族的文化,使学习者能充分了解、学习、鉴赏世界范围的多元文化,进而实现整个人类社会的多元化发展。要实现上述教育目标,必须重视教育模式的多元化发展与促进。

首先,强调教育目标的多元。学校教育应促进学生的德智体美劳全面发展,并重视教育的全体学生的覆盖。学生之间存在各种各样的差异,如性别、家庭环境、文化基础、思想道德、思维方式等,每个人都具有自身发展的闪光点与价值,且都希望获得发展,对此,教育必须具有多元化趋向的教育教学目标,使依托于多元化社会的个体都能得到自我发展。

其次,强调教育教学课程内容的多元。教育教学活动主要是通过课程教学的设计、组织、实施来实现的。课程内容必须与本国家、地区、民族特点相符,强调突出教材内容的多元化,包括内容与体例上的多元化。

再次,强调教育方法及手段的多元。现代科学技术的发展促进了教育教学技术的不断改革与应用,在现代教育教学过程中,教师、学生接受到的新事物越来越多,社会多元化发展要求教学也应实施多姿多彩的教育形式,以开放的状态使学生喜学、乐学,在教育教学过程中,通过教师指导,使学生能用最快捷、最便利、最有效的方式找到所需信息,并通过灵活多样、喜闻乐见的方式与方法掌握与处理这些信息。现阶段,教育教学方法种类繁多,不同的方法具有不同的功能和作用,教学课上不能死咬几种教学方法。在教学方法的综合运用下,保证学生掌握知识和技能,促进身体与心理健康,最终实现全面发展。单一的教学方法是无法实现教学目标的,新课程改革的

---

① 曹霞.多元文化背景下的课程发展[D].广西师范大学,2003.

开展与深化也要求必须创新教学思路与方法以提高教学的有效性。①

最后,强调办学形式的多样化。当前,我国的教育主要是开展义务教育与高等教育,在当前社会多元化发展背景下,单一的教育形式并不能充分满足现代人的学习需求,这就要求教育教学形式的多样化,尤其是要求社会教育的多元化。当前,我国社会教育呈现出多元化发展的趋势,为民办教育形式提供了有益的借鉴,如继续教育、职业技能教育、终身教育等,不同形式的教育为满足不同个体的教育需求提供了接受教育的平台。

(四)推进教育的不断变革

20 世纪末期,全球化的趋势日益凸现,不同文化背景与体系之中的人之间的交往日益频繁,彼此之间加快了对不同文化体系的了解,同时,由于历史、民族、宗教等差异,人与人交往过程中的各种矛盾也随之出现,不同文化群体暴力冲突现象更是多发。把对异国或不同文化体系的了解纳入多元文化教育是人类社会发展的必然。

多元文化背景下的多元教育发展经历了一个相对较长的时间(图 1-2)。多元文化的兴起促进了教育领域的多元教育思想的出现及其相关理论的发展。当前,各个国家都已经开始践行多元文化教育理念和实施相关教育政策,以促进本国家、地区、民族的整体教育环境的改革,使多元文化背景下的个体与群体接受平等、公平的教育。②

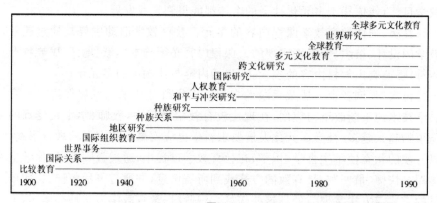

图 1-2

多元文化教育,是多国家、地区、民族的多种文化共存背景下的教育,在教育过程中,强调不同国家、地区、民族的文化的平等发展。就国际范围来讲,强调通过异文化的广泛地培育、理解与接受;就国内来讲,教育必须对多

---

① 方诚.新课改背景下体育教学创新研究[J].成才之路,2016(7).
② 曹霞.多元文化背景下的课程发展[D].广西师范大学,2003.

民族的多元文化教育做出合理调整。

多元文化教育是全球性敏感问题,它涉及全世界国家和公民,涉及整个教育系统与体系的改革。它的全球、全民教育观念,强调通过全面教育改革,实现全世界范围内的教育平等、民族平等,消除歧视和偏见,使各民族、各国的文化都能得到平等发展,各国家公民都能实现平等发展。

二、多元文化背景下我国核心价值观的认同

(一)价值观与价值体系

文化是国家和民族的血脉;价值观是文化的精髓和灵魂,是兴国之魂。

价值观,具体是指价值运动在人们头脑中的反映,是人们生活实践和文化积淀的产物。价值观是一种体系性的存在,就任何一个个体来讲,人的需要都是多样化的,不管一个人的需要是否合理,都需要经过大脑加工整理,形成价值目标,并通过各种评价和目标,按一定的结构层次、按照一定逻辑和意义联结在一起,构成一个价值观念体系。

价值体系,就是价值观念体系。价值体系与价值观是结构与要素、形式与内容的关系。价值体系具有层次性,且涉及社会生活的各个领域与层面,如政治价值观、经济价值观、伦理价值观、日常生活价值观等。价值体系中各价值观,根据主体赋予不同价值观价值的重要程度来排序,如自由、平等、民主、法治、自尊、诚实等,各价值观相互补充、说明。

价值观的形成与主体的社会存在、生活方式、地位、需要、利益和能力等方面相关联。不同的主体(个人、阶层、阶级、民族和国家)的需要和利益诉求不同,会形成不同的价值观与价值观体现。

国家价值体系——国家代表着个体的根本利益,国家的价值观念体系(社会价值体系)和个人价值体系在主要方面是一致的。

社会价值体系——社会价值体系与个人价值体系之间有一个互相制约又互相促进的关系。个人价值体系在社会价值体系的大环境中形成的,而社会价值体系形成于无数个人价值体系的相互作用,又反过来控制着个人价值体系的生成过程。

个人价值体系——不同个体之间存在共同利益,个人价值体系之间也存有一些相同和相似之处。

全体人民是一个民族、国家的价值主体,他们处于相同的社会和文化环境中,具有相同或相似的需要和利益诉求,在长期的繁衍生息和发展过程中,在长期的认识和实践活动中,构成一个利益共同体,因此,会形成基本相

同或相似的价值观,共同的价值观进而成为引导人们进行价值选择、价值判断、价值取向确立、目标追求的重要指导,并渗透到人们的日常生活、学习、工作中,影响个体的思想和行为。

(二)社会主义核心价值观与价值体系

我国具有悠久的历史,中华民族文化发展延续几千年而经久不衰。在我国文化发展过程中,既有保持上千年的传统文化,又经历过内忧外患以及新中国成立以来社会主义建设的曲折历程,在整个历史发展进程中,我国形成了内容丰富、体系庞大的思想文化遗产,并为当前国家、民族与社会的发展,提供了多元化的价值观内容,并最终确立为社会主义核心价值观。

中国特色社会主义的价值定位,是从人类文明和世界历史的视角来审视人及其社会形式和国家形式的生成、发展的,并对人与社会、国家发展过程中的价值演变规律进行了深入探讨。党的十八大报告概括出了社会主义核心价值观,即"倡导富强、民主、文明、和谐,倡导自由、平等、公正、法治,倡导爱国、敬业、诚信、友善"。[①]

现阶段,我国的社会主义价值观包含国家、社会和个人三个层面的内容(图1-3)。国家层面的价值观体系,体现了社会主义核心价值观在发展目标上的规定;社会层面的价值观体系,体现了社会主义核心价值观在价值导向上的规定;公民个人层面的价值观体系,体现了社会主义核心价值观在道德准则上的规定。这三个价值观体系相辅相成、共同促进。

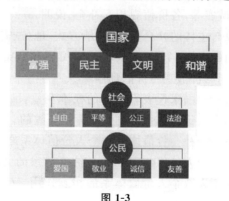

图 1-3

(三)社会主义核心价值体系与中国多元文化的逻辑关系

社会主义核心价值体系与多元文化是相互统一的有机整体,前者在后

---

① 徐伟新.社会主义和谐价值观研究[M].北京:中共中央党校出版社,2016.

者的发展中处于轴心地位,是多元文化的灵魂;后者是前者发生、发展的基础,二者共同推动我国文化的发展。①

1.核心价值体系是贯穿中国多元文化发展的灵魂

社会主义核心价值体系在社会主义文化建设中处于统率地位,它包括以下四个方面的内容。

(1)马克思主义指导思想。

(2)中国特色社会主义共同理想。

(3)以爱国主义为核心的民族精神和以改革创新为核心的时代精神。

(4)社会主义荣辱观。

社会主义核心价值体系是整个中华民族奋发图强的精神力量、是推动社会主义现代化建设与发展的强大精神动力。其是对我国多元文化与传统思想的高度概括,阐述了中华民族文化与我国社会未来发展的方向。

2.中国多元文化发展为核心价值体系提供丰富土壤

我国多元文化的发展一直存在,这是我国国家、民族、社会发展的基础,如果没有这些文化,则不能发展成为一个多民族国家的现在,发展到现在,我国和谐价值体系中各种价值观是从多元文化的民族精神中提炼出来的精华,多元文化是和谐价值观生成的重要基础。

3.核心价值体系是发展中国多元文化的前提

一方面,社会主义核心价值体系保证了多元文化的性质和方向。现代社会,文化发展多元,文化具有多层次性,具有不同的表现形式,包括主流文化、精英文化、大众文化等,各种文化要并存、和谐发展,就必须坚持在社会主义核心价值观的指导下进行发展,以该价值体系为引导。

另一方面,社会主义核心价值观尊重社会文化的多样性,尊重多元文化的差异性,因为只有充分发展多元文化,促进各文化之间的交流、交往、影响、渗透,才能满足整个社会公众的文化需求,才能在此基础上促进社会主义文化的繁荣与发展。

---

① 陆岩.社会主义核心价值体系统领中国多元文化发展研究[D].哈尔滨师范大学,2011.

三、社会主义核心价值观指导下的体育教育改革

(一)"以人为本"教学思想的体现

"以人为本",具体来说,就是实现人的全面发展。

"以人为本",就是强调人是发展的根本动力,当前,我国社会主义核心价值观就是"以人为本"的价值观,"以人为本"是社会主义核心价值体系的核心,也是中国梦的最终目标。[①]

"以人为本"指出发展的主体和依靠的力量是人,在体育教育中强调"人"的重要地位。"以人为本"对当前体育教学改革具有重要的指导作用,它不仅对体育教学活动起到作用,还对与体育教学相关的一切事物有指导作用。新时期,我国在对素质教育重新定义后,指明体育育人的关键在于"育人",而学习运动技术或知识只是育人的一个载体。遵循以人为本原则开展的体育教学必定会越来越重视关注人文精神在体育教学中的存在意义,使得体育教学成为培养人的良好习惯和健全人格的教育行为,真正实现不同背景(性别、民族、宗教等)下的人的发展。

体育教学过程中,重视"人"的发展,既包括重视学生的发展,也包括重视教师的发展,应将体育教育作为一项促进人的发展的事业,而不仅仅是一个领域的知识或技能的培养活动。

(二)体育教学中一元与多元关系的正确处理

社会主义核心价值强调主流文化的重要指导意义和方向,并尊重多元文化的共同发展,对于文化中的"一元"与"多元"的关系的处理是"突出一元",强化对一致性的价值引领,"重视多元化发展",兼顾多元和多样性,尊重群众多元价值观和个性的表达与诉求。

在包括体育教育在内的教育领域,一元与多元的关系表现在方方面面,二者关系的正确处理直接关系到体育教学活动的顺利开展和良好体育教学效果的取得与体育教育目标的最终实现。

首先,体育教学应重视不同民族的文化和价值观,只要是正确的、有利于促进人健康发展的文化现象和内容都应该被重视和鼓励其发展。既要重视西方体育文化与技能的教学,也要重视我国传统体育文化与技能的教学,而且,应该重视多民族体育文化与技能的教学。

---

① 陶蕾韬.多元文化背景下的价值冲突与价值认同[D].北京交通大学,2014.

其次,充分倾听和包容不同阶层的文化表达和利益诉求,理解不同教育者和受教育者的发展需求,通过科学的体育教学设计,促进不同个体的信念共建、利益共享、科学发展。

最后,对个人的价值观要宽容和接纳,尊重每一个人个性化的价值观念,重视对青年学生的多元价值观的理解,并对其进行科学疏导,使其明白体育学习的真正目的与意义,并在社会主义核心价值观的统领下,促进社会需求的人才要求所对应的知识与能力的发展,并始终保持个性,充满活力,实现自我的良好发展。

第二章 多元文化背景下的
体育文化发展研究

随着现代体育运动的发展,逐渐形成了一定的体育文化。在多元文化背景下,各种体育运动文化通过各种方式和途径相互交流和融合,形成了与现代社会发展相适应的新型体育文化,并获得了进一步发展。本章就多元文化背景下的体育文化发展进行研究。

第一节 体育文化概述

一、体育文化的概念

作为社会文化的一种表现形式,体育有着自身独特的形态,并在社会不断发展中得到了相应的发展和演变。因为体育属于社会文化的一种活动形式,它能够将人们对自然界进行改造中的文明发展程度予以充分体现,具备文化所拥有的诸多特征,可以说,体育是文化的重要内容。

体育的历史之悠久能够追溯到人类原始社会时期,而针对体育这一文化现象,提出相应的"体育文化"概念也只有到了近代才得以实现。当人们将体育视为一种文化现象来加以认识和了解时,便产生了能够将所有体育活动综合在内的"体育文化"这一概念。

体育文化包括三个层面的内涵,具体如下。

体育物质文化,它主要是指那些将体育文化特征凝结在内的各类体育物质产品,如体育运动场地、运动器械、设备和设施以及相应的运动环境等。

体育精神文化是指在长期的社会生产和生活中,人们对体育所产生的心理倾向、价值观念以及通过抽象的色彩、声音等能够将体育精神表现出来的艺术文化。

体育制度文化主要是指体育运动过程的汇总,人的地位、角色以及体育活动的组织机构和组织形式等,以及围绕体育人们所创造出来的对体育活动能够产生直接影响的各种原则、所制定出来的各类规章制度、各种条例以及管理体制和风格等。

以上三种体育文化层面相互之间有着非常紧密的联系,其中体育精神文化是体育文化的核心,而体育物质文化则是体育文化的最外层面,行为制度文化则是介于两者之间。就总体性来说,体育物质文化就是体育精神文化通过体育实践在物质产品方面的体现;体育价值观和体育思想等在体育文化精神层面占据着主导位置;而体育行为制度文化则是精神文化在人们体育生活和体育行为方面的体现。

以上三种文化是相互联系,无法分割的,就拿休闲体育文化来说,在休闲体育活动中,人们会对一些具体的体育运动场地、运动装备和设施等物质产品加以使用,这些产品都是体育物质文化的范畴。休闲体育的理念和价值观等则属于休闲体育文化的精神文化范畴;一些休闲体育相关的规章制度、体育组织等则属于体育制度文化的范畴。

二、体育文化的性质

(一)普遍性

所谓普遍性是指各个不同的阶级都拥有着与自身相切合的相对独立的体育文化思想和文化形式。在原始社会时期,每一个人都具有享受参与体育的权利,能够充分参与到体育的生产和分配活动之中。进入到阶级社会之后,虽然体育文化的支配权被统治阶级所占有,但人们日常生活中依然将体育作为一种非常重要的生活方式。各个不同的阶级、不同的职业、处于不同地位的人们都拥有各自的体育生活。以上这些都使得体育文化的普遍性得以充分体现出来。

(二)阶级性

马克思和恩格斯认为:"一个阶级是社会上占统治地位的物质力量,同时也是社会上占统治地位的精神力量。支配物质生产资料的阶级,同时也支配着精神生产的资料,因此,那些没有精神生产资料的人的思想,一般是受统治阶级支配的。"[①]当进入到人类文明时代之后,从某种程度上来看,体育文化的阶级性产生了一定的变化,支配体育文化的权利也经历了三个统治阶级的变化,分别是奴隶主、封建贵族和近代资产阶级。

---

① 易剑东.体育文化学[M].北京:北京体育大学出版社,2006.

从整个发展过程之中,都能够充分体现出体育的阶级性性质。就拿奴隶社会和封建社会来说,从体育中能够充分体现出体育特权掌握在统治阶级手中,并且其对民间体育进行支配。详细地说,在中国发展历史中,朱元璋曾经禁止民间踢球和下棋,古埃及的法老也有禁止百姓射杀狮子,而自己享有特权的例子。以上这些都能够充分体现出体育文化所具有的阶级性。

(三)科学性

这里所说的科学性是指,体育文化在科学指导下进行运作和发展的属性。人们作为一个物质存在,它本身具有规律性和客观性,整个的生长发育以及改造规律都要在科学理论指导下得以实现。就拿竞技体育运动来说,不断提高的运动水平是在科学认识和合理掌握自然界变化规律以及人体运动规律的基础上得以实现的。在现代社会中,越来越多的更为先进的科学运动设施和运动器材被运用到竞技体育运动之中,这使得运动员的运动水平和比赛成绩得到了非常快速的提高。由此可见,体育文化具有科学性的性质。此外,一些更为先进、科学的训练手段和训练方法在竞技体育运动中的运用,也很好地促使体育运动成绩的不断提高。

(四)经验性

所谓经验性是指作为一种人类文化的表现形式,体育文化具备了根据相关经验进行生产和传承的属性。同时,在生产和传承方面,体育文化还具有社会性,体育文化的价值直接指向了人类整个社会得以自由发展。就体育文化来说,对体育文化这一事物,人类所具有的认识水平以及相应的改造能力都是非常有限的,此时就需要根据过去的经验来塑造和改进体育文化,如西周时期的尊礼、敬鬼神的文化,就是在当时条件的限制下,基于人们对自然界和宇宙的局限认识所形成的经验认识造成的。

需要强调的是,体育文化之所以具有经验性也与自身将身体作为传承形式这一直观显性特点,有利于模仿,有着很大的关联。此外,人类的其他文化由于不具备体育文化所具有的这种特性,因此很好通过经验来进行指导,如法律、文学等。

(五)一致性

所谓一致性是指体育文化在各个民族之间存在的相同或相似的地方,这主要从体育的运动方式、结构形式、运动观念、组织形式等方面来体现。不同国家,不同民族都具有各自所独具特色的体育文化现象,虽然在来源、思路等方面有着比较大的差异,但在结构方面常常存在相似、相同之处。就拿宋元时期所出现的"捶丸"来说,就同欧洲中世纪时期的高尔夫球有着非常相似之处。虽然在文化环境和历史背景等方面两者有着非常大的差异性,但是在运动形式、运动器械等方面却有着非常高的相似之处。

(六)差异性

这里所说的差异性是指,在体育文化方面各个民族之间存在着一定的区别,这种差异主要从体育文化的组织形式、运动形式、体育观念、行为模式和价值标准等方面体现出来。导致体育文化出现差异性的因素有很多,主要有社会地位、职业、年龄、种族、性别、阶级地域、教育状况等。

(七)人类性

人类性是指体育文化在一个民族中所具有的比较普遍的品格,这种特性很能够被其他的民族进行吸收和理解,同本民族的体育文化进行相互融合和发展。就拿中华民族传统养生文化来说,它对于生命质量进行追求的特性,这是人类所共同拥有的,它能够超越国家界限、民族、语言、地域等的限制。

(八)民族性

在体育文化中,民族性是其所具有的一个非常重要的特性,是指一个民族由于受到生存环境、生活生产方式、地理位置、文化积累和传播等方面的影响,产生了与其他民族不同的体育文化。这一特性是在社会文化和历史传统的基础上得以建立起来的,这是因为同样的地域空间也会存在相同的体育文化,而地理环境的不同对民族体育文化的影响也只是间接的,社会越发达,这种影响也会越来越小。就拿西方体育文化来说,由于欧洲人种较为复杂,并且变迁很多,性格也是比较外向,有着比较活跃的思维,乐于追求个性解放,因此他们在橄榄球、拳击等身体有着激烈接触的体育项目非常擅长;而在东方体育文化方面,由于受到民族众多和地理环境等的影响,再加上和谐发展、天人合一等思想的影响,更加擅长乒乓球、跳水、体操等有着较小对抗性的非身体直接接触的体育项目。

体育文化的民族性是以民族的心理、语言、性格以及在此基础上所产生的体育文化模式作为内容核心的。生活方式和体育文化会由于语言、性格、心理等的不同而出现差异,同时这些差异也在民族的性格和心理等因素中得以内化模式的体育文化的民族性得以固化。

任何一个民族的体育文化都会随着历史变迁而得以发展和演变,并在相对固定的地域之中得以不断发展。因此,任何一个体育文化都具有各自的民族性。但当一个民族体育文化发展到一定程度之后,就必然将牢笼打破进而向外部进行扩散,这使得本民族体育文化同其他民族体育文化相互接触的可行性得以增加,使得两者相互之间的交流也变得更加频繁。

(九)群体性

这种群体性,主要从以下两个方面体现出来。

(1)在体育文化传播方面,体育文化是在后天的社会生活中,人类通过进行不断的相互合作,采用群体性的方式来进行获得的。

(2)任何体育文化都是群体所创造出来的产物。需要强调的是,即便是一个人创造出来的体育文化,也需要被群体所接受和认可,并进行丰富,才能发展成为体育文化。

作为一种超个体的存在,体育文化是在群体氛围之中得以不断发展起来的,并在群体之中得以广泛流传,它的传播范围和传播速度都要远远高于其他物质形态。因此,在体育文化发展中,体育文化传播的群体性是其主要的动力。

(十)社会性

这种社会性,主要从以下几个方面体现出来。

1.受动者方面

就受动者来说,体育文化所具有的社会性主要是从体育文化的创造性中得以体现出来的,这也是体育文化社会性的最为深层的意蕴之所在。这主要归因于人的创造性活动是人类得以生存和发展的重要基础。

2.个体性方面

人类共同活动的价值和力量在体育文化之中得以真正体现和凝结,这也是一种社会财富或"社会遗产"。

3.自然界方面

在自然界中,体育文化并不是平白无故产生的,一般的自然物并不属于文化,作为自然界中得以存在的人来说,其本身所具有的生物遗传进化同样也不具备相应的体育文化性质,只有人化自然才属于文化,而体育文化也只有在社会中才能得以存在。

（十一）变异性

这里所说的变异性是指在长期的历史发展中，体育文化的结构、内容和模式产生变化的属性。传播和交流是体育文化发展的主要动力，如果缺少了这一环节，那么体育文化将犹如一潭死水，很难获得相应的进步和发展。在体育文化发展中，其变异并不总是积极的，或者说并不全是积极的。历史发展的曲折性是指体育文化是向着进步的方向发展的，但在整个过程中又会出现很多挫折。就拿我国体育文化来说，其整个发展过程中历经了几次比较明显的变异，首先是从先秦时期对"武勇"很是崇尚的体育文化发展成了汉代的"废力尚德"的体育文化，从汉代和唐代激烈的足球文化发展成为了宋代的单球门游戏，从这些事例中都能够将体育文化的变异性很好地体现出来。

（十二）继承性

所谓继承性是指经过了各个不同时代的发展，体育文化依然对原有的某些特质加以保留的属性。同其他形式的文化一样，体育文化也是在社会价值体系和人们的意识领域中通过图像、语言、文字等媒体得以传承。当然，身体动作是体育文化最为基本的形式，也就是说，身体是体育文化进行传承的主要形式，同时体育文化中所特有的文字和语言同样具有强大的传承功能，这些都使得体育文化具备了继承性。

（十三）地域性

所谓地域性是指由于受到地理环境的限制，体育文化能够表现出各个不同的特征。世界各个国家、各个民族的体育文化相互之间存在着较大的差异，具有各自独有的特征。在原始社会时期，虽然体育文化存在很多共同的特性，但也具有一定的地域性。换句话说，地理条件的不同，地域内的体育文化也存在着很多不同的体育运动形式。如河流、草原等地区的运动项目就存在很多不同之处。同中国地大物博相比，西方国家的体育文化则受到地域的影响非常小，但也存在一定的影响。如在挪威比较流行冰雪运动项目，在美国比较流行橄榄球和棒球等。

（十四）世界性

这里所说的世界性是指无论显现出什么样的特征，无论经历了什么样的发展和变化，体育文化从整体上来说都是属于世界的，具有世界性。从世界历史发展来看，其目标就是要将世界联结成为一个整体，体育文化的发展同样也不例外。在资本主义社会中,其体育文化是将工业化和商业竞争作为背景的,对竞技运动的成熟性和商业化进行追求是其一般特征,也是其世界性;在原始社会,平等性、落后性、混合性是世界各地体育文化所共同的特征,这也是它的世界性之所在。

(十五)时代性

所谓时代性是指体育文化会随着时代的不断发展和变迁,同时也会得到相应的发展和演变的特征,这一特性的存在,其原因主要是生产力发展具有阶级性的特点。体育文化包括物质、精神和制度三个层面,一般来说,物质文化要比制度文化发展快,制度文化又比精神文化发展变化要快,并在各个不同的时代之中,它们各自又具有不同的体育运动方式、组织制度和价值观念。由此可见,对体育文化进行衡量并没有一个特定的标准作为依据。在对体育文化进行评价时,要从历史的角度来进行审视,既要对其进步性予以肯定,同时又要指出其时代的局限性。就拿汉朝和唐朝来说,汉朝主张"以瘦为美"的审美观念,唐朝主张"以肥为美"的审美观念,这就造成了体育文化在这两个时代存在着较大的差异,并且导致了这两个时代体育文化的舞蹈差异以及女性参与体育的心态和方式的差异。

(十六)永恒性

所谓永恒性是指体育文化的发展是永恒不断、生生不息的。体育文化所具有的永恒性和时代性,并不是两个实体,而是同一个实体的两个方面,两种属性。体育文化之所以能够具备永恒性,主要是因为人类体育文化发展具有共同的东西,具有普遍的、客观的追求。

三、体育文化的特征

体育文化的特征也是多种多样的,主要包括亲和性、多样性、身体表征性、传承性、主客体同一性、超越性、竞争性、宏阔性、从属性、延展性、直观显性等。下面对以上几种主要特征进行阐述。

(一)亲和性

对于体育文化来说,其所具有的亲和性主要从体育正在成为一种全球性的社会文化现象这一方面表现出来,这种社会文化现象是超越阶级、超越民族、超越宗教信仰、超越社会制度的。正是因为体育文化能够在社会大众中拥有很好的亲和力特征,才使其得以不断发展和完善。

　　通过这种特征,体育文化实现了社会化的教育、感染、宣传和激励等作用,同时对人的灵魂和精神也能发挥出塑造和激发的作用。体育文化所具有的亲和性特征对人的一生甚至对社会价值的实现都具有非常重要的作用。一直以来,友善和亲和始终是人类的理想之一,但人类也时刻孕育着战争的可能性。对于人类"和平时期的战争",体育具有能够将人类本性中的消极和负面因素进行消解的独特意义。同其他场合获得的友谊不同,在竞技比赛场中,参赛双方通过对抗所建立起来的友谊具有无法比拟的独特性。

(二)多样性

　　这种多样性主要体现在参与体育文化的方式方面,在体育文化这一统一体中,体育文化的表现形式主要从人的参与程度和规模来体现出来,体育文化实现的方向和性质是通过人的评价标准和评价方式决定的。上述这些都使得体育文化在参与和实现方式方面具有了多样性特征。

　　作为一种社会文化现象,体育能够从社会性层面对其参与范围进行拓展,使得参与程度得以进一步加深,同时也使得目标的实现力度得以增进。这样能够使体育文化的生命力得以极大地提高和发展,并在人类整个文明过程中融入体育文化的特殊基因。

　　例如,有的人可以通过成为一名竞技体育运动员,通过促使自身体育运动技术水平得以不断提高,来获得更高的社会声望和较高的经济收入;有的人通常将体育锻炼作为自身在休闲假期进行健身、娱乐,甚至进行社会交往的一种方式;有的人可以通过参与体育活动来使紧张的神经得以放松下来,促使自身工作效率得以提高;有的人通过参与体育运动来对一些疾病进行治疗;老年人通过参与体育运动能够更好地延缓身体衰老,促使自身生活质量的提高;有的人通过参与各类体育运动比赛来寻求宣泄,获得激励……以上这些方式都是根据人的需求,因人而异的,并且会随着条件的改变而产生相应的变化,有着非常大的灵活性。在现实生活中,人们参与体育以及促使体育价值实现的方式是多种多样的,这就使得体育文化具备了参与和实现方式的多样性特征。

(三)身体表征性和传承性

　　身体表征性和传承性是体育文化中最鲜明、最独有的特征之一。由于人体的运动方式存在较大差异,不同的体育运动项目会使人体产生不同的身体形态特征。例如,游牧民族一直以来都是在原野上纵马驰骋,步行的时间很少,这使得人们肩部比较松弛。体育运动教育要大都采用各类身体动作,这也是体育文化身体传承性的重要表现。竞技运动从选材到运动过程中身体形态特征也是一直存在的,不同运动项目运动员的伤病表现也具有不同的特征。

在文化传承中,语言是其中的一个重要方式,这也在体育文化中得到了很好的体现。运动员身体运动的动作、姿态、技巧等有如语汇,身体运动的节奏有如语音,动作、技巧、姿态等的衔接规律和组合方法有如语法,三者有机结合在动律中的形态与神态组成体育文化的语言交际功能。通过运动员在比赛中的特殊动作,观众能够从中领悟到很多深刻的东西,这与体育文化所具有的身体表征和传承功能是有非常密切关系的。也正是因为在生活中人们缺少规范的非语言文化的交流,而使得体育比赛作为一种身体表征文化对语言的交往方式进行更好的补充。需要强调的是,由于受到场地、运动设施和器材等因素的限制,各个不同的运动项目具有不尽相同的身体表征性,通常具有约律化和规范化的特点。

(四)主客体同一性

主客体同一性是体育文化最为基本的特征之一,促使体质增强是体育的基本目的,其基本形式是人的身体运动,这样能够达到身体锻炼和愉悦身心的目的。这种文化活动的内容是对人的身心进行改造,体现出鲜明的自我超越色彩,如促使身心健康指数得以提高,一般群众努力参与体育,这便是一种超越,同时也包括对个体和他人甚至是整个人类健康水平的超越。

当然,主客体同一也存在一定的反面作用。如在竞技体育文化之中,为了对超越极限的追求,体现出了自我的虐待,人们在竞技过程中同性相虐、同类相虐等都是一枚硬币的另一面。这很容易对人的身心发展产生消极作用。但同时我们也很清楚地认识到高水平运动员为了完成超越人类自身极限的目标必须要付出代价,这有很多是历史发展过程中所必须付出的代价。纵观整个的竞技体育运动发展历史可知,运动员竞技成绩的不断提高也对其身心造成了很大的摧残,这就要求在不对运动竞技水平提高造成影响的前提下,将那些对运动员的身心造成过度异化和摧残的行为尽可能地减少,从而将体育文化发展引入到正确的轨道之中。

(五)超越性和竞争性

竞争与超越是自从体育运动产生之初就已经存在的特性,就表面来说,体育运动只是存在同对手的竞争,但就其实质来看,其包含了三个不同层次的竞争,分别是超越自我、超越对手、超越体育运动纪律和规律。这些超越其实就是一种竞争,通过与自己竞争能够实现一个更强大的新我,这样才能确保在同他人的竞争中获得更大的胜利机会,战胜对手并不是对竞争对手的终结,而是面临着更高的目标挑战。就拿撑竿跳高运动员来说,首先要超越过去自己所达到的高度才能获得胜利,并在此基础上来同他人进行竞争,要保证跳过的高度能够高过其他任何人,在战胜对手之后还面临着挑战世界纪录,创造世界纪录的挑战。所以说,超越是永无止境的。

(六)宏阔性

体育文化是以人作为中心来进行发展的,人体是其最为基本的立足点,使人的需要得到满足是其基本目标,人类世界是其最终目标。因此,体育文化的发展离不开全民的参与。随着现代竞技体育的高度发展,越来越多的运动比赛以其前所未有的规模和宏大的场面将体育文化的独有魅力展示出来。

古代的体育活动有着很大的场面和规模,但这大都是统治阶级娱乐体育的产物,如隋炀帝组织上千宫女拔河,咸丰皇帝进行大规模的围猎等,这些大量的体育娱乐活动成为当时整个社会场面和规模最为壮观的活动。但是,人类的体育文化依然有着更为宏观的场面和规模,不说一场云集200个国家和地区的世界体育竞赛的开幕式和闭幕式,也不说可以居住2万人的奥运村,更不说目前世界上容纳人最多的建筑物就是体育场馆,光是运动会前的火炬接力就足以令我们感受到一种壮观和宏大。所以说,体育文化所具有的场面和规模的宏阔性可以看作是世界文化发展史中的奇迹。

(七)从属性

体育文化具有从属性,这主要是由于体育文化的发展会受到社会诸多因素的限制和制约。体育文化常常被纳入到经济、政治、宗教、军事等文化形态体系之中,这使得体育文化的价值和功能得到了很大程度的拓展,也使得体育文化具有了相应的社会操作的从属性。

体育文化的社会操作从属性在某种情况下具有相应的意义和价值。例如,国际奥委会通过体育与南非种族隔离主义的斗争,中国和美国通过"乒乓外交"恢复了外交关系等,都体现了体育文化对其他社会活动的积极作用。但从兴奋剂事件、裁判受贿、球迷闹事等方面则能够表明体育文化对社会文化具有破坏性。

在现代体育文化发展中,对于体育文化的社会操作从属性,我们要给予正确的认识和对待,对体育文化的各项功能予以充分的利用,以更好地促进体育文化事业得以更快、更好地发展。

(八)延展性

在人类文化中,自然、社会和人是其中的三个主要作用对象,这三个对象常常会相互交织在一起,在人的生理、心理、社会和自然属性的系统中得以统一。在人类的诸多文化活动中,对各种关系的处理都包含了对自身生命体的认知。因为体育文化是通过身体来表现出来的,这就使得其在产生到成为独立的文化形态,都是将精神和物质交织在一块的。这是体育文化创造时空具有延展度的基础。

体育文化所具有的特殊之处主要从其以对人的生命有机体的需求进行满足作为基本目标,通过改造生物的人来实现塑造社会的人的目的,进而通过宏阔壮观、思想力度的表现广度来对社会生活产生影响,从而对人类整个的精神世界和物质世界产生影响,实现媲美于其他任何文化的目标,就这一层意义来说,体育文化有着非常大的创造性和实现时空的延展性。

(九)直观显性

人类文化的发展能够通过各种形式来更好地展现出来,其整个评价标准和表现方式具有一定的实在性和客观性。就这一方面来说,体育文化的优势非常明显且独特,即同其他文化相比较来说,其表现和评价更加具有直观显性。体育文化的要素和内容有着明显的差距和优劣,具有非常鲜明的特点。这主要与体育文化本身的文化特性有着很大的关系,同时也与体育文化中的一套客观的评价体系存在非常密切的关系。公平竞争是体育文化的精髓之所在,这也使得体育竞争的公正、公平和公开得以有效保证,从而为体育评价体系科学、合理的构建创造了前提。可以说,体育文化的表现和评价直观显性的特征具有重要的社会心理补偿价值。因为社会生活中的活动一般都很难像体育比赛场上一样直观显性、公平、公开、公正和优劣分明,在评价人方面常常是综合的、模糊的,甚至是道德的,这造成了在生活之中人们很难寻求到一种即刻便可以实现的自我体认感。

综上可知,直观显性的体育比赛开始成为人们寻求心灵满足的重要场所,这种直观显性的特征对拓展体育文化的价值和功能具有非常重要的意义。

第二节　多元文化背景下体育文化的交流与传播

一、体育文化交流与传播的典型方式

除了具有非常丰富的种类和内容,多样化的形式之外,体育文化的内容形式也随之开始不断发展和变化。从体育文化的发展现状来说,有助于体育文化交流与传播的形式有很多种,主要有移民迁徙、传教与殖民、贸易往来、书刊往来、大众传媒、旅游与留学、外交活动等,以上这些形式并不是独立存在的,而是相互交叉在一起的。通过采用以上几种方式实现体育文化的交流与传播,具体如下。

(一)移民迁徙

所谓移民迁徙是指由于受到天灾人祸、瘟疫、战争的影响,而展开的大规模的迁徙,在各国史册中都记载有这类迁徙发生。这也是能够促使体育文化进行交流和传播的一种非常重要的方式。从中国历史来看,曾出现过很多次民族大融合现象,这一现象发生的主要原因是因为中原和北方少数民族之间的移民迁徙,在民族融合过程中,我国各个民族之间的体育文化也在进行着不断的交流和传播,体育文化也在持续统合,这造就了中国传统体育文化得以繁荣发展。

(二)传教与殖民

传教是体育文化交流与传播的一种较好的形式,有很多的体育观念都是通过传教士来进行传播的。例如,欧美一些国家的发展是将对外扩张作为前提的,在发动战争入侵他国之后就开始对殖民国家进行传教,其中基督教青年会在欧美体育文化发展方面起到了非常重要的推动作用。通过殖民行为,宗主国将本国的体育文化带到了被殖民国家,对宗主国与被殖民国家之间体育文化的交流起到积极的促进作用。就拿南美一些国家来说,其受到葡萄牙、西班牙体育文化的很大影响,中国的近代也受到欧美体育文化很大的影响,非洲、印度和澳大利亚等国则受到英国体育文化非常深的影响。

(三)贸易往来

通过进行贸易往来,其中也会进行一些体育器械的交易,这种交易能够很好地促进体育物质文化的交流。例如,中国在古代通过与朝鲜、日本等进行贸易交往,也会进行一些体育器械交易,并且在贸易交往中,商人能够了解交易国的生活方式,这对促进其所在地区体育文化的发展能够发挥很好的推动作用。

(四)书刊往来

关于体育内容的书刊在促进体育精神文化交流方面能够发挥出很大的积极作用。例如,在民国时期,西方大量的体育项目开始进入到中国,并在这一阶段,中国也开始对西方出版的很多著作进行翻译,其中就含有很多西方体育文化内容的著作。在 20 世纪二三十年代,在中国的一些体育杂志上就对西方国家的很多知名体育人物和事件进行了刊登,并对西方体育文化的精神内容进行了阐述。所以,书刊往来也是促使体育文化进行交流和传播的一种方式。

(五)大众传媒

随着现代科学技术的快速发展,人们在对信息的获取方面有着更为丰富的手段,在促进体育文化交流和传播方面,大众传媒具有更为明显的作用。通过采用大众传媒的形式,各类体育比赛能够实现现场直播,国际性的广播,体育电视节目和体育电影等都能够使观众更好地直观欣赏体育比赛,能够实现家喻户晓的效果。所以,在体育文化交流和传播方面,大众传播媒介能够起到举足轻重的作用。

(六)旅游与留学

各个国家在各个历史发展阶段都存在着不同程度的相互交往,其中旅游和留学是较为常见和普遍的形式。通过这种形式能够很好地促进各个国家体育文化的交流和传播。例如,马可波罗和利玛窦通过到中国来旅游,在了解了一些中国文化之后,回到自己的国家将这些文化进行传播,其中就有关于中国体育文化的介绍,这就很好地促进了中西体育文化之间的相互交流。同时,我国出国学习的留学生也能够将其他国家的体育文化带回到国内。例如,詹天佑等一些学者在到美国学习了棒球之后,回到国家开始进行棒球运动的推广,20 世纪初期中国留学生在到日本留学之后将大量欧化的日本体育引入到国内。

(七)外交活动

通过外交活动能够很好地实现体育文化的交流和传播,如 1971 年,中美两国实现了"乒乓外交",这就是通过外交活动来促进体育文化交流和传播的典型案例,通过进行乒乓球外交,既能够从体育文化方面来加强两国的交流,同时也能够增强两国在其他方面的互动交流。

根据以上所述可知,体育文化交流的方式随着现代社会的不断发展和进步也在不断增加,并产生了多样化的转变,这使得体育文化研究者的研究内容得以进一步丰富,从而使得其能够从多重角度的体育文化的传播和交流中得以全面、深入地分析和审视。

二、多元文化背景下体育文化交流与传播的功能及方式

(一)体育文化传播的功能

体育文化传播的功能主要体现在以下几个方面。

1.促使人与人之间的沟通得以加强

由于受到思维习惯、行为方式、文化习俗、地位环境等诸多因素的影响,人类社会在各类文化方面也存在较大的差异,这使得人与社会、人与人之间的相互交流存在诸多的困难。同以语言文字作为表现形式的文化对比来说,体育文化具有世界语言之功能,在沟通方面具有其一定的优越性,这主要是因为通过进行身体动作来进行表现能够更加直观、易懂。通过体育文化的交流和传播,能够使更多素不相识的人通过体育认识而得以更为深入地交往,从而进一步加深人与人之间的交流和沟通,这也是社会不断发展进步的重要体现。

2.调适整个社会文化心理

同其他文化传播一样,体育文化的交流与传播同样能够对社会文化心理进行调适,并且作用非常明显。这一功能是通过进行信息反馈来得以实现的。体育文化往往会对人们的社会价值和心理倾向产生影响,积极和合理的体育文化及其交流与传播能够对人的社会文化心理产生改变。就拿第29届北京奥运会来说,其成功举办所带来的体育文化传播使得民族精神得到了极大的振奋,使得整个社会心理的调适得到了极大的促进,能够很好地推动我国现代社会的进一步发展。

3.促进体育文明的发展和演进

传播作为一种工具,它促进了社会文化的形成,如果缺少了文化传播这

一重要环节,那么人类文化也就很难获得新的进展,甚至人类社会也很难取得进步。体育文化传播在促进人类体育文明进化方面有着非常重要的作用,它常常通过对体育文化进步进行加速的方式来体现出来。例如,近代中国通过吸收日本体育文化,来促使中国体育现代化历程得以加速,能够很好地推动中国文明的发展和进步,这都是具有非常重要的历史意义的。

4. 促进体育的社会化发展

根据人类整个的发展历史和体育文化的发展历程,在人的社会化方面,体育文化有着非常重要的作用。体育文化中公平竞争、团结拼搏、顽强进取、自我超越、遵守规则、服从裁判等的精神可以转借到生活中。在体育文化传播的过程中,能够对体育运动的价值观念和行为规范加以更好的学习,并以此来对现实生活中的思想和言行进行关照,更好地促进人和群体的社会化,而通过人和群体的社会化能够更好地促进社会文化的传播,以保障社会得以健康、有序地发展。例如,通过观看足球比赛,很多人能够从运动员场中表现中感受到顽强拼搏的精神,并因此受到鼓舞激发出能量,从而保持更大的热情投入到工作之中,这就是以体育文化传播促进体育社会化的具体例证。

5. 加强体育文化的增殖

在传播过程中,一种文化在原有价值或意义的基础上会不断产生出新的价值或意义,或一种文化的传播面增加使得相对于某种传统文化来说受体文化的某种增殖得以放大,这就是所说的体育文化增殖现象。

体育文化的增殖既能够通过受体和传体这两个方面体现出来,同时也能够在传播媒介方面体现出来,如各种体育经纪人和体育广告的产生就是体育文化传播过程中的增殖,这也是当今体育产业发展的文化学依据之一。

6. 加快体育文化的分层

文化传播因文化所具有的圈层性而具备了圈层性,相反文化的传播还能够使得文化产生分层。体育文化传播使得体育文化的分层现象得以出现,并发挥出积极促进作用。例如,在体育事业发展过程中出现的体育记者、体育科研人员、体育管理人员就是这种分层的结果。体育记者对于赛事信息的掌握比较快捷,体育科研人员对于学术动态信息能够有效获得,体育管理人员则对机构改革等方面的信息比较关注。

7.加快各个体育文化相互之间的发展和融合

所谓文化融合是指两种及两种以上的文化通过进行相互吸收、借鉴、交融而形成了一种新文化的过程。在体育文化传播方面,其传播的结果就是体育文化的相互融合。例如,我国各个民族之间的体育文化融合、中西方体育文化的融合等,都是通过体育文化传播来实现的。

在对体育文化的传播加以了解之后,需要特别注意的是在对体育文化发展产生促进作用的同时,其也带来了一些负面影响,可能会破坏和摧残原有的体育文化,就这一点来说,体育文化工作者和研究人员一定要给予充分的重视和关注,要在继承的过程中进行创新和发展,在针对外来体育文化方面,既不能予以全部否定,同时也不能一概接受,这就需要我们取其精华,去其糟粕,这样才能促使我国传统体育文化体系得以更好地发展和完善。

(二)现代体育文化传播的方式

文化传播最基本的模式是传播者与接受者相互依存的模式和一条链式的前后运动的模式,包括链式、波式、根式三种传播模式。① 体育文化的传播方式根据以上三种基本的传播模式可以划分为毗邻传播、线性传播和集团式传播。这三种传播模式相互之间有着非常密切的联系,相互融合、相互渗透。为了更好地理解,下面将体育文化的传播方式分为直接传播、刺激传播和间接传播三种形式,具体如下。

1.直接传播

在体育文化传播模式中,直接传播是最为基本,也是最简单的传播模式,它不借助于其他任何媒介便能够达到传播的目的。直接传播可以分为两种,一种是单项传播,另一种是波式传播。

单项体育就像体育接力比赛一样,而波式传播就像将石头投入到水中而激起的波纹扩散一样。这两种传播方式有着同样的传播效果。例如,近代中国武术代表团访问东南亚以及欧洲并在当地引起巨大反响,这种传播不仅是一种单项传播,同时也蕴含着波式传播。

2.刺激传播

所谓刺激传播就是通过对某种体育能力进行掌握,某一社会对另一社会产生刺激,促使其创造或发展了相类似的体育文化要素,或者外来体育文

---

① 易剑东.体育文化学[M].北京:北京体育大学出版社,2006.

化的先例促发了新的体育文化因素的增长。例如,通过将西方拳击引进到国内,对中国武术产生刺激,促使其规则更加完备,进而过渡到体育竞赛;韩国跆拳道和日本柔术相继成为奥运会正式比赛,这对中国传统武术的更好发展产生了极大的刺激,促使中国武术更加努力成为奥运大家庭的一员。

3.间接传播

所谓间接传播是指传播需要借助于媒介。常见的传播媒介主要有网络、电视、杂志、报纸、期刊、外交活动、旅游、贸易和留学等。体育文化通过以上这些媒介能够得到更加有效的大范围的传播。

第三节　体育文化的全球化发展

一、体育文化全球化的内涵

对于体育文化全球化的内涵主要从以下几个方面体现出来。

(一)它是一种单一化的过程

在当前世界全球化发展背景和趋势下,世界各国之间的相互交流和合作得以加强,并在此前提下,体育文化也获得了更好的发展,并呈现出全球化的特点。详细地说,在整体上来看,体育文化能够使人体社会的发展需求得到更好的满足,同时也能够使人类社会进步和发展的各种需求得到满足,并能够在价值观念方面形成趋同化。

值得一提的是,在这个单一化的进程中,还包含了民族化和多样化的发展趋势,这主要是由于各个地区、各个民族文化的多样性所决定的。在同其他民族文化进行相互融合的过程中,体育文化也逐步形成了自身独特的文化。因此,在单一化过程中,体育文化还能够更好地体现出多元化的特点。

(二)它对多种文化形式加以整合

在同一个文化体系之中,将各个不同的体育文化融入其中,这是体育文化全球化整合过程中的具体体现。详细地说,就是"体育本土化、民族化""体育全球化"作为体育文化在当下发展过程中所呈现出来的基本规律和普遍现象,它们是一个对立且统一,相辅相成的过程。各个传统体育文化的民族性和独立性以及民族特色,都将会在体育文化整合的过程中,得到进一步的加强。最后呈现出传统体育世界化和民族化的统一。

二、全球化背景下体育文化的特征

体育文化全球化是体育领域内经济和文化全球化最为深层次的体现和反映,同时也是经济和文化全球化发展的必然结果,由此可见,体育文化全球化是社会不断发展进步的标志,同时也是一种多方面、深层次的综合反映。通过进行体育诸多方面的交流,各个国家和民族进行相互合作和借鉴、相互渗透和补充,以促使本民族传统体育的内容和地域限制得以不断突破,从而更好地走上世界舞台,这是促使各个国家和各个民族相互之间的体育文化进行融合的过程。

如今,奥林匹克运动在全世界范围内得到了很好的开展,同时也有很多的国际性比赛得到了世界各国人民的认可和欢迎,这能够体现出体育全球化时代已经在某种程度上得以形成。其中,世界杯足球比赛、奥林匹克运动会、NBA 篮球比赛、四大网球公开赛等以西方体育作为主要内容的世界性体育比赛,已经得到了全世界各国人民的广泛欢迎,成为人们文化生活中的重要组成部分。

三、体育文化全球化发展中面临的社会环境

(一)工业文明

到了 21 世纪之后,资本主义工业化的高速发展,使得人们的物质生活得到了日益丰富,人类物质文明程度得到了很大程度的提高,也促使世界社会生活提高到了一个全新的高度。但物质生活的丰富并不能说明人们的精神文明也在进步,就像一些后现代主义者所说的,一系列的社会问题开始出现并不断增多,使得精神产生异化:人口的不断增长同粮食等物质产品的需求之间的矛盾越来越突出,知识和技术的狂滥增值,产业公害和空气环境污染,代沟产生的不信任以及对体质的全盘否定,现代人的恐惧感、精神忧虑和自虐心,东西方在观念方面存在的较大冲突,贫富差距不断增大,宗教信仰的缺乏造成了杀伐性争端,等等。以上这些问题都或多或少地存在着,并在一定范围内得到了激化,虽然这些都不能完全归咎于工业化原因,但与其是有很大关联的。

工业化的发展使得人们过于重视机械、技术和效率所能够产生的利益,这使得人们有意识或无意识地沦为了技术和机器的奴隶,这使得人原本的

主体性地位丧失,人的存在被忽视,精神变得更加空虚,从而丧失了自我。人们相互之间的交流逐渐被代码化、数字化,这使得传统文化受到了轻视,精神颓废失落,虽然人们获得了非常丰富的物质条件,但精神生活依然处于比较单一、匮乏的境地。现代一些学者也就此认为,现代人在生活中很难使物质生活和精神生活维持在均衡的装填是造成现代文明中矛盾问题日趋凸显的核心之所在。人类具有感性和理性,既是道德的化身,也是经济的动物,人类真正生活价值的实现应通过物质和精神相调和体现出来。

(二)世界格局及趋势

世界从 20 世纪中后期之后便开始呈现出多元化发展的态势,特别是在苏联解体之后,整个世界的发展态势更加稳定。在当前全球多元化发展趋势下,世界各国之间的博弈很少采用军事手段,大都是经济和文化方面的相互较量。这为更好地维持世界和平稳定,促使世界各国放弃对抗,加强各国之间的相互合作和交流创造了更为有利的条件,同时也为世界各国根据自身的意愿来促使本国国力的大力发展提供了更好的历史机遇。

第二次世界大战所造成的惨重后果,使得人类对战争所带来的危害有了更为清醒的认识,在大范围内国际之间的军事冲突和战争有了非常明显的减少,在联合国的努力以及世界爱好和平的人们的共同呼吁下,越来越多的人开始接受和认可和平与发展的主题。

在结束二战之后,世界各国曾经进入到军备竞赛的高潮,但在经过"冷战"之后,人们开始认识到"对话"代替"对抗",以"和平竞赛"代替"军备竞赛"才是人类发展充满希望的道路。

(三)竞争与合作

在当前社会中,国家之间、地区之间,无论是个人还是集体都在进行着合作和竞争,通过合作获得共同的利益,通过竞争来争取不同的利益。无时无刻都存在着竞争和合作,全球化的不断推进,产生了越来越多的竞争和合作的机会。在竞争环境下,国家通过树立相应的危机意识,从而更好地保证国家的发展具有一定的动力。在当前社会中,竞争和合作有着非常密切的关系,是无法分割的。在竞争意识的指引下,各个行业经济实体通过进行生产效率的不断革新来获得最大化的利益;也正是在竞争思想的指导下,国家之间、商业团体之间通过进行广泛的合作来实现优势互补,并在竞争中占据有利的地位。市场经济就是竞争的经济,竞争是市场经济的核心和基本原则。

在二战结束之后,国际社会之间的军事冲突和战争越来越少,但这并不能说明不存在冲突。例如,依然存在着一些新的国际竞争,存在一些局部地区的种族斗争。造成地区之间不和谐的原因主要是在文化观念方面存在着一定的矛盾和冲突,这也成为当前国际政治的新焦点。

现如今,文化竞争和综合国力的竞争已成为国家之间相互竞争的主流,这主要从以下几个方面体现出来。

第一,同太平洋地区的发达国家相比,亚太地区也获得了非常快速的进步。

第二,东亚地区经济的快速发展,逐渐成为了世界经济多极化发展的最为引人注目的一极,东亚地区一体化发展的同时,也凸显出了文化形象,使得亚洲的影响力得以逐步提升,从而使得国际政治发生了新的变化。

第三,在世界政治和经济、文化格局方面,欧洲共同体的合作也产生了明显影响。

第四,在二战结束之后,西欧国家开始组建了欧洲共同体,从而在文化、经济、政治方面进行深入合作,在历经 5 次扩大之后发展成了当前的欧盟。欧盟的合作对世界政治和经济、文化格局产生的明显影响力是公认的。

(四)信息科技化的发展

1. 信息科技化与"自我意识"

在信息时代,价值观念的多元化发展以及文化观念的冲突给人们带来了诸多困惑,在全球化发展的当下,人们能够获得更为丰富的信息,但同时这些海量信息也给人们带来了很多困扰。人们在这些无穷无尽的信息潮流之中显得更加无所适从。

随着现代科学技术的不断进步和发展,人们的生活受到越来越多的科学技术和手段的影响。例如,现代人几乎实现了人手一部手机,而手机作为一种自媒体,随着微博等创新应用的发展,其可将人们日常发生的所有事情以文字、图片、语音和视频的形式呈现出来。在这种信息化和数字化的过程之中,在"自我意识"的指导下对日常生活中的记忆和体验加以整理和储存。目前,这一过程显得比较零碎、散乱,人们的思维也都呈现出零碎、片段的特点。但一些学者认为,其未来的发展将呈现出逻辑性、完整性的特点。

人是内容和精神的统一体,人的自我意识是以身体作为物质载体的,人最为本质的东西就是自我意识。人的记忆能够被移植、复制和数字化运作,就这一层面来说,人的"自我意识"也是可以被数字化的。

2.信息科技化与"大数据思维"

在现代社会发展中,大数据思维具有非常重要的意义。根据相关资料表明,目前互联网是以每年50%的速度增加,如何对这一庞大的数据加以处理和运用,已成为人们所面临的主要问题之一。大数据思维注重对海量信息的掌握、筛选、专业化处理和运用,在未来社会发展中将发挥更大的作用。

在社会发展方面,大数据思维的影响无疑是广泛的、深刻的,这主要表现为大数据思维是侧重于对所有数据进行分析,而并不是进行简单的随机抽样,因此它能够很好地促使社会行为的科学性得以提高。由于数据过于庞大、复杂,大数据思维对多方面信息的收集,对其精确性予以弱化,如在进行网络影响时,通过收集众多用户的偏好,并进行相应的归纳分析,从而对相应的各类商品和服务加以设计。庞大的数据信息能够真实反映出社会生活,而并不是对社会各方面的概括。此外,大数据思维还侧重于收集和整合相关的信息,并不只是对因果关系予以重视,这在很大程度上实现了个性化服务。

信息数据在大数据时代成为一种非常重要的资产,并在企业之间的相互竞争中得以广泛应用。为了更好地实现管理职能和更好地服务,政府要树立起大数据思维,对各种社会信息进行科学合理的收集,从而对管家实现整合管理。

四、全球化背景下体育文化的发展趋势

(一)东西方体育文化的交融

在世界经济一体化发展的过程中,体育文化获得了良好的发展。随着国际间体育运动交流的不断加强,在奥林匹克运动和联合国教科文组织、世界体育组织的共同努力之下,国际竞技体育和群众体育相互之间得以更好地融合,东方和西方的体育文化也处在相互整合和交流的状态之中。

东西方体育文化都是人类共同的体育文化,也是人类之间进行相互交流的结果。随着现代社会经济的快速发展和进步,现代体育文化也得以更好地发展,它是英国、美国等西方国家文化发展的产物。现代体育文化的发展呈现出了个性化、普遍化和竞技化的态势,这主要是与现代社会经济活动和生产活动相适应的。由于我国在很长一段历史发展中,受到自给自足自然经济的影响,体育文化也呈现出了相对隔绝且相对独立的状态;我国对伦理道德教化非常重视,这一点在体育文化中也有着非常鲜明的体现。随着我国改革开放的不断深入,东西方体育文化也逐渐开始进行相互交流和融合。包容性就是我国民族文化中最为鲜明的特质之一,经过漫长的历史发展,各个民族的文化相互融合到了一起,从而形成了博大的中华文明。

体育文化的交流和融合在我国体育文化发展中得到了更为鲜明的反映。例如,西方的足球、游泳和田径等运动已经成为我国重要的体育运动项目,并且已经走进我国体育教学的课堂,成为我国体育事业的重要组成部分。而西方的体育文化理念,也对我国的体育文化产生了深刻的影响。西方体育文化注重竞争、公平、公正、平等等思想,而这也成了我国体育文化的重要方面。

在西方体育文化的影响下,我国传统体育项目发生了深刻的变化。例如,我国的传统武术运动,结合西方的竞赛方式,从而形成了独具特色的散手竞技;再如,我国的传统气功养生功法逐渐开始注重其科学理论依据。在现代体育文化的影响下,我国积极发展、创新,有效促进了我国传统体育的发展。

我国的传统体育文化也对西方体育文化产生了重要的影响。例如,我国的养生观念、伦理道德观念等也逐渐融入到了西方体育文化中。在这种相互影响过程中,东西方体育文化也表现出趋同化的特点。

文化是人类在生产和生活中创造的,随着人们生产生活的进行,社会文化也处在不断的发展和变化之中。因此,各国的文化并不是完全封闭的。世界文化也是处在不断发展和趋同过程之中的。各个民族的体育文化都有其独特性,这是不能改变的。但是,同时,人类的体育文化也具有其共性特点,这也是不容忽视的。文化之间并没有明显的优劣之分,并且在长期的发展过程中,会出现"你中有我,我中有你"的状况,因此,应客观、公正地看待各国的体育文化。

(二)多元价值功能的交融与分殊

由于受到人们主观影响和自身所处的分割状态,这使得体育的很多功能都未能得以全面的利用和开发。随着人类社会文明的进步和社会发展,人们越来越能够清晰地认识到体育所具有的价值,并进行利用,这也使得体育文化多元化价值功能呈现出交融和分殊态势,主要从以下两个方面体现出来。

1.健身、娱乐、交往、养生功能的融合

在工业化文明中,城市获得了更为丰富的物质产品,但也使人类生产出现了异化,并产生了"文明病";信息技术的发达使人的生活越来越数字化,人的肉体与精神相分离,造成了生理和心理的不协调;在这一系列变化中,

人们追求身心和谐和自我实现的倾向越来越显著。体育的养生、交往、娱乐、健身等各种功能被人的解放和自由这一总的目标所统摄。例如,一个商人在高尔夫球场里进行体育活动,既是进行健体强身的需要,也是与人进行交往的需要;既能够实现相应的商业谈判的目的,同时又能够达到娱乐身心的目的。全面的异化和数字化统治使人们迫切需求得到全面的解放,体育活动正好可以作为沟通人的感性和理性最佳的手段。

2.竞技与健身分流

随着现代社会分工越来越精细化,为了更好地谋得生存,很多人开始进行体育表演和竞赛,从而发展成为了一种职业。现代体育竞技向着高、精、尖的方向发展,一方面,它能够更好地促进人类的潜能得到极大的提升;另一方面,它能够进一步提高对大众的吸引力。在职业的驱动作用下,竞技体育吸引了越来越多的人来参与其中。若想跻身于职业体育行业,就必须经过专门的选材、投资、科学和艰苦的训练等一系列的过程。有人预言:"未来一个世纪,竞技体育这个龙头理当继续先导体育之全局。"

竞技体育的发展既能够使更多的人参与其中,同时也能够吸引更多的旁观者,使他们能够更加对自己的健康给予关注。越来越多的人在参与体育竞技的过程中将对个人自由和生命质量的追求作为主要目的,参与到简单或复杂的运动,投身到激烈或轻柔的活动之中。对现代人来说,健身和健心越来越重要,在追求身心健康的过程中,融合了不同民族、不同阶层、不同性别、不同年龄、不同信仰的众多体育追求。

(三)运作方式的多样化

人类通过采用各种不同的方式来对世界进行认识和掌握,这些方式主要涉及哲学与科学、信仰与宗教、精神与实践、审美与艺术等。在具体的生活中,这些方式都是综合起来进行运用的,并不是单一的。随着现代社会生活的不断发展,人们将自身与世界的命运联系在一起,在分化和综合的游离中,人类的体育文化活动也在不断探索出新的道路。

1.体育艺术化与文艺日渐交融

现代体育运动的不断发展,开始呈现出了艺术化的发展倾向。有越来越多的体育运动项目开始同各种艺术形式紧密结合在一起,从而形成了一个比较独特的体育运动,在促使人的体质得以增强的同时,也能够使人获得美的享受。例如,体育舞蹈,它不仅与舞蹈艺术相结合,还融合了音乐艺术,在从事相应的体育运动时,能够给人以美的享受。现代西方艺术的未来主义运动特征虽不是对体育运动进行表现,但能够在现代竞技运动中获得相应的启发,通过绘画艺术也捕捉到了身体运动的动感和力量感,这就是生命力的灌注。

2.机械型运动竞技与科技逐步融合

二战之后,在世界竞技运动发展过程中,科技的发展成为其中重要的标志之一。一方面,科技的快速发展,能够为训练方法与手段的更新和体育器材设备的改造提供相应的帮助;另一方面,还带来了一些以机械能力来对人的竞技能力进行展现的竞技运动。这使得体育竞技已经上升到了一个全新的阶段,即将人们从一般的工具和动物作为中介的历史带到了以机械为中介的阶段,如各种赛车、飞机、摩托车,甚至滑水、滑翔伞等运动项目都是对机械能力的加以借用。在这里,主要的运动能力的评价指标就是速度和技巧,而运动员驾驭和控制机械的精细感觉成为最重要的能力指标。因此可以说,这些能够将人的指挥、能力和机械水平进行高度统一展现的运动,在现代社会科技化发展中必将得到更好的发展。

3.绿色体育休闲与环境的日益和谐

人们在现代社会生活节奏愈发加快之下,需要承受更多的心理压力和生理压力。人们在这样的社会背景之下,整个神经处于高度紧张的状态,身心非常疲劳,为了对这种情况进行缓解,获得或者增强某种生理机能,对一种超越自然的感觉和精神享受进行追求,休闲体育或健康体育便成了其中最佳的选择。通过绿色体育休闲,人们在寻求征服对手和自然界的刺激中,会使人们精神上或心理的压力得到一定的缓解,从而获得快感和心理满足。这些年来,休闲体育或健康体育在世界各个国家之中都得到了非常广泛的开展,如野营、攀岩、漂流、登山等,这些户外运动都是回归自然,与自然相接近的,将人与绿色的自然很好地统合在一起,在拥抱大自然的同时,还能够从体育中得到相应的精神享受。这种绿色体育休闲符合社会与自然的和谐发展,因此它将是体育文化未来发展的重要内容。

(四)实施空间的拓展

1.城乡空间的拓展

体育文化活动的开展在科学技术和物质文明的高度发展中获得了良好的发展机遇,这主要从以下几个方面体现出来。

(1)在文明环境中,现代化的城市体育场馆为人民体育运动提供了一个良好的空间,而人们的行为受到了社会规范、体育道德、体育精神、运动规则的约束,促使人的内在素质得以快速提高。

(2)人们追求生活的多样化和生活空间的扩展——从家庭、亲属之间交往进入社会生活网络,对于生活样式有了更多的选择余地。体育凭借其所具有的独特优势,逐步成为文明健康、科学的生活方式的最佳选择。

(3)文化教育事业的繁荣发展为现代文明奠定了良好的基础,现代水平的文化系统缺少不了体育文化,它承担了城市精神风貌展示和文化发展、传播和积累的功能。

(4)随着农村居民的现代生活水平得以不断提高,闲暇时间也得以不断增多,各类观念也得到了进一步更新,城乡之间的相互交流也带来了城市体育文化的感染和渗透,促进了农村体育的快速发展。

2.民族体育文化与世界体育文化的交融

民族体育文化和世界体育文化两者之间是一种相互促进、相互融合、对立统一的关系。两种体育文化之间存在着很大的差异,主要表现在文化、民俗、时空、宗教等方面的不同,这使得体育文化的形式和内容方面也存在很大的差异,但在体育活动的内在价值和本质特征方面,这两种体育文化具有趋同性。世界体育文化随着人类社会的不断交流和发展,对其他各种体育文化进行了融合和吸收,从而形成了一种更具普遍性的文化体系。这一发展趋势随着全球化的推进而变得愈演愈烈。

第四节 中西方体育文化的差异化发展

一、中西方体育文化哲学思想的差异化发展

(一)中国体育文化的哲学思想

1.中国古代体育文化哲学思想

我国古代体育文化在各个不同哲学观点的影响之下,呈现出以下两种发展趋势。

(1)将保健、医疗同身体练习活动进行紧密结合,成为社会的主流,这主要受到先秦以来的朴素唯物主义哲学思想的影响。

(2)超凡脱俗是中国古代体育文化所主张的,鼓励人们追求长生不老之

术,这主要是受到道家和佛教思想的影响。

我国传统体育文化在发展过程中,古代的诸多哲学思想也开始渗透到其中,成为其重要的思想基础。在中国的哲学史上,"天人合一"思想观念的形成、发展与完善,与中国古代先哲整体化的认识模式密切相关。同时,作为哲学思想,天人合一也在阴阳五行与诸子百家学说中存在。这一深刻的运动思维模式其含义就是,天与人的和谐统一,具有统一的变化规律和相应的法则,人与世界万物并不是对立的,而是共同存在和发展的,人与自然之间保持着一种和谐的关系。

作为哲学的一种思想,天人合一能够对我国传统体育活动提供相应的指导。传统体育对人与自然的和谐相处非常重视,认为人们在参与身体练习的过程中,既能够使自身的主观能动性得以充分发挥出来,同时也能够使人与自然的关系得以更好地处理,使之顺应自然,按照时间的变化来开展相应的联系。根据季节的变化,来对机体进行调节,使人的有机体能够更好地适应环境,提高自身的身体锻炼水平。我国古代的导引术大都是通过模仿自然界中的动物的神情动作,在此基础上来创编出一些将呼吸与身体运动相协调的体育运动项目,这些项目都具有很好的保健作用和保健功能。

天人合一是中国古代哲学思想中比较突出,也是比较重要的内涵,其基本观念就是,人即为天和地的重心,如果在天地之间没有人的存在,那么也就没有道德和理性,这也是道德对以人为本观念的最好的体现。在天人合一思想中,其基本思想就是"体用如一"。哲学思想主要是倡导人与宇宙相统一,并从多个角度来展开研究。在观察事物方面,天人合一这一哲学思想是从整体上来展开的,在描述事物方面体现出了直接性。人类社会如果要获得长足的发展和进步,就必须要与天道相适应。

2.中国近现代体育文化的哲学思想

(1)国力、武风与民族体质关系的思辨

毛泽东同志在《体育之研究》一文中,就指出"国力衰弱,武风不振,民族之体质日趋轻细"。这主要是因为参与体育运动的人"不得其本",这里所说的"本"是指身体。换句话说就是,如果想要身体变得更加强壮和健康,就必须要长期坚持参与体育运动锻炼。毛泽东同志对于国家实力、大众身体素质和体育风尚三者之间的关系有着非常深刻的认识。在他看来,自觉参与体育运动锻炼是保持身体健康的重要手段。

（2）辩证地看身体的强与弱

我国古代大多数人在参与体育运动锻炼方面持有消极的态度，这主要是受当时"天命说"的影响。毛泽东同志通过驳斥"天命说"，来对参与体育运动所能够获得的价值和功能予以肯定，在此过程中，主要是通过对古今中外的一些事实加以列举来进行驳斥。例如，东西方著名的体育家中，美国的罗斯福、德国的孙棠、日本的嘉纳，都因为经常参加体育锻炼而变得强壮。毛泽东同志认为，只有长期参与体育运动锻炼，身体健康的目标才有希望实现，只有积极参与体育运动锻炼，人的身体素质水平才能得以不断增强。他用这一些事实证明人的身体状况能够通过体育锻炼而得到更好的改变。

（3）"体育之功效"与人的全面发展的关系

参与体育运动锻炼，人们既能够获得健康的身体，同时还能够有效地保护大脑、耳、眼等身体器官，使人的思维变得更加敏捷，获得更加充沛的精力，从而以更好的精神状态投入到工作和学习中。由此可见，从体育运动锻炼中，人能够间接地获得知识。

在这里，体育与身体、知识、感情等是一个有机发展的系统的整体，他们之间存在着多重的因果关系。体育不仅可以使人的体格得到锻炼，同时还能对人们顽强的精神进行培养，使人保持充沛的精力，提供生命活力，使人拥有饱满的精神与顽强的意志。由此可见，通过体育运动锻炼，能够对人产生多方面的积极功效，这就是所谓的一因多果。

（二）西方体育文化的哲学思想

1.强调"以人为中心"

在中世纪时期，西方社会王权低于神权，宗教和教会对社会和民众进行支配，同时宗教也对社会整个意识形态进行控制，宗教还对人性进行不断压制，从而使得人性不断消失。从根本上人的世俗价值被宗教否定，同时也禁止了体育活动，只有在骑士体育和游侠体育中才有体育文化存在。随着近代文艺复兴运动的兴起和发展，宗教统治被推翻。逐渐确定了"人肉统一"的关系，扫清体育发展的思想障碍，并逐步建立了身心全面发展的原则，体育运动也开始对竞争、平等、博爱等思想进行倡导，这也为现代体育运动的兴起和发展创造出了非常理想的思想基础条件。新兴资产阶级针对人文主义教育思想明确地提出，倡导以人为本，主张个人的奋斗、个性的自由以及人的身心全面发展。西方竞技体育运动也正是在这种哲学思想的推动下得以更加快速地发展。

西方文化认为个人或自我是独立的，同他人是相分离的，是一个拥有个人精神的个体。西方社会以个体人格为主体,对个人的奋斗意识与精神积极加以倡导,使"个人主义"发展成为西方社会的人生哲学、价值标准,并且成为一种主导精神。在西方体育文化中,其核心内容就是利于自我,在其所倡导的"自由、勇敢、竞争、平等、节制、谨慎"精神中,"自我"便是其主体对象,自己便是拥有这些精神的"主体",同时也是这些精神的"客体",他人的位置在主客体中并不存在,所有体育活动的开展,其中心都是自我发展,这也是体育运动的一个非常重要的原则,同时也是西方人对自己与整个社会关系加以重视的主要体现。

在西方传统价值观的理念中,主张对竞争的推崇,主张通过竞走来决定生存的一方。"以个体作为中心"的体育原则和思想也是在这种理念的影响下产生的,个人是体育比赛的参赛代表,所参与的体育活动也是由个人的爱好所决定的,这些都能够从奥林匹克运动中得以更为深刻地表现出来。在从事体育活动的过程中,对个人主义的坚持予以提倡,对个性自由、解放、独立予以提倡,并充分尊重个人权利,同时也比较重视契约关系。在竞技体育运动中,其充分肯定了个人的价值和奋斗,对个人英雄主义进行了最大限度的推崇。

2. 主张"以身为本"

在西方体育文化中,竞技运动是其最为主要的内容,竞技运动比较侧重于重视对抗与竞争,并提倡通过进行系统的训练人体运动来增强人体的肌肉工作能力。

很多学者常用"物理体育"来替代西方体育。在对人体活动的相关研究中,他们发现几何学和物理学的概念是对人体运动思维模式加以推断的逻辑起点,从而在人体与自然相互对抗的极限能力中建立西方体育文化精神。竞技性运动项目(走、跑、跳、投等)也就自然而然地诞生了。这些学者在对体育运动方法的构建进行研究中,以人体解剖学与力学等原理为研究的主要依据。他们认为,充分利用肢体外部运动,能够对人的有机体产生相应的刺激,从而使人体在"超量恢复"中产生"适应性反应",促使人的运动能力得以最大程度地发展。

此外,在现代人的竞争观念中,西方体育文化得到了进一步强化,对体育运动的娱乐性和集体教育性予以重视,从而最大限度地满足人们受教育的需要和社会交往的需要。由此可以看出,西方体育文化能够很好地促使人的社会适应能力和社会交往能力得以不断提高。

二、中西方体育文化思维模式的差异化发展

（一）中国体育文化的思维模式

1.顺应自然、人与自然和谐发展

人的发展需要同自然的发展的客观规律相适应，人与自然要达成和谐相处，这些都是我国古代古典哲学所主张的。在一些传统的运动中能够将这种古代所特有的思维模式集中反映出来。这一思维模式的形成与天人合一思维有着非常密切的联系，这一思想模式也促使我国传统体育得到很大程度的发展。

人们在参与传统体育运动锻炼的过程中，人与自然的和谐统一是其一直追求的境界，他们与自然相适应，根据大自然的客观变化规律来对锻炼活动加以安排，从而达到阴阳、身心、物我的平衡。也正是在这种情况下，古代武术练习者对锻炼过程中的协调自身与气候、四时以及地理等外在自然环境的关系非常重视，根据时间和地点的不同，锻炼的手段和内容也在产生不断的变化。例如，人们在练习气功达到修身养性的目的时，练习场所会选在清静优美的自然环境中，使个人的身心与大自然融为一体。如果不对大自然的规律加以顺应而进行运动，就会影响人的身心健康。这些也都是在地域影响下，中国武术所形成不同的流派和拳种的主要原因。

2.形神兼备、动静结合

所谓形神统一，就是指动静结合、形神兼备，这也是我国古代所积极倡导的。这种理念的形成，其主要原因是荀子和范缜（中国古代唯物主义哲学家）有关形与神关系的研究。他们积极强调形与神对立统一的关系，这些是产生"形神统一观"的重要哲学基础。形神兼备与动静结合在中国传统武术运动中得到了非常集中的体现。"形神统一"在武术运动中，主要表现为"内外兼修""形神兼备"。

此外，动与静的充分结合也是中国传统体育运动所积极倡导的，动静结合是指在运动过程中既包含动的成分，同时也包含静的成分，并对动与静关系的正确处理予以强调，但需要注意的是，动与静是相对来说的，不存在绝对的动，同时也不存在绝对的静。

(二)西方体育文化的思维模式

1.重抽象思辨

西方哲学家一直以来都是非常重视理性思维的。在他们看来,只有通过进行理性思辨之后所达到的才是最为美好,最为真实的东西。古希腊时期,就有很多哲学家和自然科学家通过采用抽象的逻辑思维方式作为基本手段来更好地认识和理解事物的真理。由此可见,在古希腊时期就已经出现了西方体育文化中的实证与分析的思辨思维方式。现代奥林匹克运动既能够体现出古代奥林匹克精神的内涵,同时又能够充分展现出现代社会的实效性,由此可以看出,体育的教育功能波及整个社会。

2.注重主客二分

(1)主客二分的含义

在西方哲学中,古希腊哲学是其基础和开端,朴素与直观是其最为基本的特征。之后,随着哲学逐渐与宗教和神话相脱离,古希腊哲学家越来越认真与深刻地思考世界的"本原",这也使得理想开始成为西方哲学的重要范畴。古希腊哲学家所研究的问题一直都是理性把握世界,确定人在宇宙中的位置,不断地追求人的价值等。这种理想思维的早期研究为主客二分及冲突提供了可能。

"主客二分"的本质就是"主观与客观的二分",这主要从两个方面来表现出来,一是对认识主客体的区分,二是对实践主客体的区分。对于"主客二分"的思维方式可以从两个维度和五个方面来进行理解。

两个维度:一是,主观和客观的二分;二是,主体与客体的二分。

五个方面:从"本体论""认识论""历史观"三个方面来对"主观与客观的区分"加以认识,从认识过程与实践过程两个方面来对"主体与客体的区分"加以认识和理解。

(2)主客二分思维的演变历史

"主客二分"这一思维在西方哲学史上有着非常重要的地位,其主要经历了以下几个阶段的发展。

①原始社会。在这一阶段,人类同自然并没有分化开来,这也就不存在主客体之间的区别,更谈不上主客体二分的思想,也就不存在相应的自然科学。

②古希腊时期。在这一时期,自然科学获得了相应的发展。一些希腊思想家认为,在当时所存在的自然中心论是自然界的规则的源泉,自然科学

的产生与自然界的规则和秩序是不可脱离的。他们认为,自然界是理性的,在自然界的任何一个事物中都能够很好地体现出世界灵魂的生命历程,并在人的理智中得以很好地反映出来。

③中世纪时期。神学在这一阶段得到了很好的发展。神学认为,人和自然万物都是上帝所创造出来的,上帝既为世界的本原,同时也是所有认识的来源。主客二分的思维在这一时期的宗教神学中得以比较充分的酝酿,在这一时期,上帝就是认识的主体,自然万物是认识的客体。

④文艺复兴时期。主客二分的思维在文艺复兴时期得到了更为明确的区分,也充分弘扬了主体性观念,这些都是受到近代自然观的影响。笛卡尔是早期机械论哲学的代表,他认为,精神和物质是一种理性主义的二元论,并且这两个实体是一种相互独立的关系,并在上帝那里达成了统一,而上帝便是一种绝对的实体。他将世界分为物质世界和精神世界两种,这便是主体和客体的主要表现。因此,在笛卡尔哲学思维的影响下,主客体二分的思维得以更好地形成。

第三章　多元文化背景下学校体育文化的发展现状与走向分析

当前,文化已经呈现出多元化的发展态势,在这样的背景下,体育文化得到了相应的发展。而学校体育文化作为体育文化的重要组成部分,也取得了一定的发展成果,同时,也存在着一些问题亟须解决。本章主要对学校体育文化的发展历程、发展现状、发展中存在的问题以及未来的发展走向等进行深入地分析和阐述,从而使人们对学校体育文化的发展状况有一个整体上的了解和认识,为进一步深入分析学校民族传统体育文化、学校休闲体育文化、学校奥林匹克体育文化以及学校竞技体育文化等具体内容的发展状况奠定坚实的基础。

第一节　学校体育文化的发展历程

一、学校体育文化的产生

从人类出现之后,体育就随之产生,并随着人类的不断进步而发展和演进。同样,随着社会的不断发展和变革,学校体育文化也发生着一定的变化。由于东西方的文化之间存在着较大的差异性,因此,在不同文化背景下所形成的学校体育文化也会存在着一定的差异性,这种差异性在民族和时代方面都有所体现。究其原因,主要是由于私有制的出现,使教育(包括体育)逐渐从人类的各种社会活动中分离出来,从某种程度上可以说,学校体育文化的产生是战争的军事需要,是一种必然。

纵观学校体育文化的发展,可以将学校体育文化的演变过程分为三个阶段,即古代学校体育文化、近代学校体育文化和现代学校体育文化。需要强调的是,从严格意义上来说,古代的学校体育还不具备相应的规模,因此,这种学校体育文化不具备文化形态的特征。

文化的概念所涉及的内容是非常宽泛的,社会化了的人的一切活动领域几乎都有所涉及。从人类的活动领域看,文化的概念中不仅包含改造自然的活动、组织和改造社会的活动,而且还有改进和完善人类自身的活动,从某种程度上来说,这些活动都可看做是一种文化的反映。从要素上来看,可将文化分为意识文化、行为文化和物质文化这几种形式。

综上所述,所谓的学校体育文化,就是现代教育与现代体育这两大人类文化体系的交汇处生存着的一种独特的文化现象。

二、学校体育文化的发展阶段

关于近代以后学校体育文化的发展,可以大致分为四个阶段,每个阶段都有其各自的特点和发展重点,具体如下。

(一)近代学校体育文化的开端

这一阶段学校体育将西方体育中的部分内容移植过来,与我国特有的民族传统体育中的内容结合在一起,因此,不管是在指导思想上,还是在具体内容中,都体现出了很强的混合性,这就是近代学校体育文化的主要特点所在。可以说,这一阶段是真正意义上的"学校体育"的形成时期,也在一定程度上为我国学校体育的发展奠定了基础。

鸦片战争之后,学校体育文化逐渐开始兴起,同时,在"西学"与"洋务运动"的影响下,西方的体育也逐渐转入中国,并且被引入到学校中(主要是军事学堂),成为学校教学的重要组成部分。

起初,由于体育是在军事学堂中进行的,这就导致学校体育不管是在目标上还是内容上,都有着浓厚的"军国民体育思想"的色彩,同时,体育也被清政府当做是达到"强兵"目的的重要手段。受此影响,木棒、刺棍等与军事体操和军事技能等相关的项目成为学校体育的主要内容;包含球类、田径等竞技运动项目在内的一些体育活动在一些教会学校和基督教青年之间也得以开展,同时,还会不定期地举办各种运动竞赛,促进这些活动的进行。除此之外,有些基督教青年会还组织人员到当地的学校讲授体育的理论与方法,这在很大程度上促进了我国学校体育的萌芽和发展。

尽管1898年的"百日维新运动"最终失败了,但是,这也在一定程度上对近代体育思想的形成产生了积极的促进作用。其中,较为具有代表性的有严复的"通过体育强健身体"、康有为的"德智体三育并重,体育为学校的教育内容"等,这些在当时较为先进的体育思想在很大程度上推动了学校体育的形成与发展,意义重大。

1903年,清政府颁布了《奏定学堂章程》,这不仅是我国近代新教育制度建立的重要标志,同时,也将我国近代学校体育的地位确定了下来。

1905 年,持续时间长达 1 300 年的科举制度被废除,由此,我国各级学堂中开始开设体操课,所教授的内容主要包括日本兵式体操和瑞典、德国体操。同时,也逐渐开始开展一些校际、省和全国性的学生体育竞赛,将体育师资培养体系初步建立了起来。

综合来讲,由于历史的原因,这个时期的国家和民众具有浓重的"强国""求富"和"强兵"情结,而这些情节往往都会从学校体育上得到体现。因此可以说,近代学校体育的产生是历史的必然。

(二)北洋军阀时期的学校体育文化

1912 年 1 月,孙中山在南京成立了中华民国临时政府,并设立了教育部。1912 年至 1913 年间,教育部颁布了新学制——"壬子癸丑学制",随即,将"学堂"改为"学校"。1912 年 10 月,教育部将我国最早的学校体育法规文件——"各级学校令"颁布了下来,其中针对体操课做出了相关的规定。这时候的学校体育并没有多大的发展,而是继续沿袭清末的体操课,并正式将军国民体育列为学校教育的宗旨,因此,当时学校体育的内容主要是兵式体操和军事技能训练,这也使得"军国民体育思想"成为当时的主流思想,并一度达到高潮。

学校教育改革的实行,主要是受到"五四运动"的影响而产生的。1919年,民国教育部将改进学校体育的方案提了出来,该方案中,主要涉及两个方面的意见和观点:一个是学校体育要注重身心协调发展,一个是具体实施学校体育的办法及学校体育内容的改革意见。1922 年,《学校系统改革令》公布,也就是所谓的"壬戌学制","体育课"的称呼逐渐代替了"体操课",同时,美国"自然体育思想"在很大程度上影响着学校体育的目标、内容、形式等,这也表示着"军国民体育思想"的衰落,是我国学校体育历史上的一个大转变。

除了上述特点,这一阶段学校体育发展还有两个较为显著的特征:一是体育师资培养达到高潮,二是学校体育思想进一步发展。这一阶段,一大批教育家和政治家出现,其中,最为具有影响力的有蔡元培、徐一冰、陈独秀、恽代英、杨贤江、毛泽东、杨昌济等,他们从不同的角度对体育进行了探讨,同时,学校体育也深受他们体育思想的影响,并且这些先进的思想在学校体育的本质、价值、目标、功能,与德育和智育及健康的关系,方法以及身体发展与心理发展的关系等方面都有所体现,对当时学校体育的发展起到了积极的促进作用,同时,也在很大程度上影响着现代学校体育的发展。

从总体上来看,辛亥革命的历史背景对这一阶段学校体育的发展产生了重大的影响。这一阶段中,"军国民体育思想"的发展经历了高峰,但是,其随后便被"自然体育思想"所取代。学校体育思想的这种重大变革,也对学校体育产生了相应的影响,从而使得学校体育在目标、内容和手段以及形式与方法等方面也发生了相应的"逆转",从实质上来说,这种逆转就是学校体育价值观发生了改变。

(三)国民党政府时期的学校体育文化

这一时期,学校体育所表现出的特点主要有两个方面:一方面,是学校体育管理制度的建立,尤其是针对体育课程标准而制定出来的法规和文件,并且得到了有效的实施,这对于学校体育课的建设有着非常积极的影响;另一方面,是学校体育的主导思想仍然是"自然体育思想",但是,这并没有影响到学校体育思想的多元化格局的初步形成,同时也使学校体育的内容得到进一步的丰富,学术观点的争论越来越强烈,这也为学校体育理论研究的繁荣创造了良好的条件。

这一时期,国民党政府在教育部将"教育部体育委员会"设立了起来,同时,还在各省、市的教育厅、局设立了"体育督学"或"体育股"等机构,并且配备了相应的管理人员,以此来达到加强学校体育管理的目的。

这一时期,教育部先后颁布了一系列针对学校体育管理的相关法规,比如,1931年,《国民体育法》颁布,其中,就有对高中与高中以上学校体育为必修课的相关规定;1932年,《国民体育实施方案》颁布,其中涉及体育目的的相关规定;1931—1936年,学校《体育课程标准》等系列法规得以公布,其中,就详细规定了各级学校体育的各项具体内容,主要涉及体育的课时、早操、课外运动的时间、体育目的、体育教材的具体内容、体育场地器材设备的配备等,同时,还强调学校体育的主要组成部分有体育课和运动竞赛。从某种程度上来说,这一时期的学校体育的管理体制已经有了较大程度的改善,这也标志着现代学校体育管理的雏形已经形成。

另外还需要强调的是,这一时期的学校体育思想也发生了较大的变革,主要表现为学术争论较大,并且体育思想多元化的格局开始逐步形成。其中,最为典型的当属"土体育"与"洋体育"之争、"体育教育化"与"体育军事化"之争等。

(四)新中国成立后的学校体育文化

新中国成立后,学校体育文化的发展便不再是一帆风顺的,受各方面因素的影响,曲折和艰辛贯穿始终,通常,可以将这一时期学校体育文化的发展大致分为五个阶段,具体如下。

1. 学校体育文化的初创阶段(1949—1957 年)

这一阶段学校体育文化的发展主要表现为学校体育管理体制得以建立,同时,也将一些相应的管理条例和规定制定了出来。另外,我国的学校体育在这一时期主要受前苏联的影响,学校体育具有较强的目的性,这一目的性主要是指为政治、生产与国防的服务方面,但是不可否认的是,这也使得新中建国初期学校体育的某些空白得到了一定的弥补,为学校体育的发展奠定了良好的基础。

2. 学校体育文化的过渡阶段(1958—1965 年)

这一时期,"左"的思潮较为汹涌,主要表现为"大跃进",受此影响,学校校园体育的发展有所减缓,再加上三年经济困难,导致学校中学生体质呈现出普遍下降的状况。但是,好在党中央提出了"调整、巩固、充实、提高"的方针,在此方针的引领和指导下,学校体育的发展逐步进入到了正轨。这也使得学校体育的指导思想、体育课程建设、师资队伍建设等方面都有了较大程度的发展。

3. 学校体育文化的畸形发展阶段(1966—1976 年)

这一阶段,学校体育的发展是呈现出不正常的态势的,这种畸形的状态主要从两个方面得到体现:一方面,是学校体育整体上受到了较大的破坏;另一方面,是学校体育中的体育课和课余体育训练受到的重视程度进一步提高。这种不正常的现象将当时学校体育作为政治和军事斗争的一种具性特征充分反映了出来。

4. 学校体育文化的转型发展阶段(1977—1992 年)

从这一阶段开始,我国学校体育文化就已经进入到了发展的新时期。尤其是 20 世纪 80 年代以后,我国学校体育教育的发展方向开始定为制度化和科学化。其中,《体育法》的颁布,将学校体育的法律地位确定了下来,这也使得学习体育发展的新纪元得以开始。学校体育文化建设的指导思想也发生了改变,不再受"左"的思想的影响,除此之外,学校体育理论研究、设施、场地以及师资队伍建设等方面也都取得了相应的成绩。由此,我国学校体育文化与发达国家之间的差距越来越小。

5. 学校体育文化的新发展阶段(1993 年至 20 世纪末期)

这一时期,由于受到建设社会主义市场经济方针和中央"科教兴国"战略的影响,我国学校体制改革的力度和速度进一步加强。1999 年 6 月 13 日,中央出台了《中共中央、国务院关于深化教育改革,全面推进素质教育的决定》,其中就提出了明确的建设目标,即大力发展高等教育,使人才的综合素质得到有效提高,同时,还要对建设社会主义市场经济的新型人才加以培养。政府对学校建设的投入逐年增加,高校招生规模不断扩大,校园建设社会化、产业化逐步推进。在这样的社会背景下,学校体育文化也逐渐呈现出较为显著的特征,主要表现为:人与物的矛盾进一步突出;学校体育文化建设的指导思想没有得到统一,各地学校体育文化的发展也有所差别;学校体育文化在组织与运行模式方面是较为缺乏的,学生的体育动机无法得到有效的调动,这也就给素质教育目标的落实加大了难度。

(五)现阶段的学校体育文化

到了现阶段,我国学校体育才逐渐摆脱了 20 世纪后期实用主义体育思想的束缚,同时,也迎来了信息社会和知识经济时代对人才培养的新挑战。在教育要"面向现代化,面向世界,面向未来"等理论的指导下,教育部门先后颁发了一系列的改革措施,主要包括《中国教育发展纲要》《大学生体育合格标准》《学校体育工作条例》《学生体质健康标准》《普通高等学校体育与健康课程指导纲要》等,并且取得了较为理想的成效,这就对我国学校体育的发展产生了积极的推动作用。

现如今,我国学校体育文化在坚持具有中国特色的社会主义体育教育方向的同时,不断继承和发展着中华民族的体育文化,并引进国际先进体育文化,对学校体育文化的发展起到积极的推动作用。

进入 21 世纪,学校体育文化的发展速度进一步加快,尤其是"北京奥运会"的成功举办以及"全国亿万青少年学生阳光体育运动"的全面启动,也进一步丰富了学校体育文化的内容,并对其发展产生了积极的推动力。学校体育文化的建设和发展受到社会的重视程度越来越高,学校体育文化也会将其显著的健心、健身以及培养意志品质等方面的积极作用充分发挥出来,为其今后更快、更好地发展创造良好的条件。

第二节　学校体育文化的发展现状

关于学校体育文化的发展现状,可以从物质文化、精神文化、制度文化以及行为文化这几个方面入手来进行详细分析。

一、学校体育物质文化现状分析

学校体育物质文化的现状主要从体育场地器材、宣传设施和授课环境以及图书影像资料等情况上得到反映。

(一)学校体育场地器材情况

学校体育场地器材的情况,可以从其总体上和学生的认可程度上来加以了解和认识,具体如下。

1. 学校体育场地器材总体状况

体育场地器材充足与否会对学校体育中体育教学与活动的开展产生重要的影响,同时,体育场地器材的质量也会对学校体育文化的发展水平产生直接的影响。

对于学校的整个教育来说,体育教育的资源是较为缺乏的。从相关的调查研究中发现,多数学校体育场地器材不仅达不到教育部规定的相关标准,而且也无法使体育教学、课外体育的需要得到较好的满足,因此,这就一定会制约甚至阻碍学校体育文化的整体发展。

2. 学校体育场地器材认可情况

(1)学生对学校体育场地器材的认可情况

学生参与学习体育运动的兴趣和积极性,往往会受到很多因素的影响,其中学校的体育场地器材能否使学生进行体育锻炼、教师进行体育教学、学校开展群体活动等全校师生以及员工的基本需求得到满足,就是其中的一个重要方面。

从图3-1中学生对学校所提供场地、设施的认可情况的调查分析中可以看出,学生满意学校所提供场地、设施的占46.8%,非常满意学校所提供场地、设施的学生占21.4%,而对学校所提供场地、设施持一般态度的学生占到了23.9%,对学校所提供场地、设施不满意的学生占4.2%,持较差态度的学生则占到了3.7%。由此可以看出,随着社会的快速发展及各种新兴体育设施的突飞猛进,简单的器材设施已经很难满足他们对体育的欲望了。

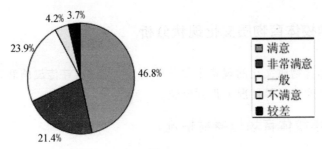

图 3-1

（2）教师对学校体育场地器材的认可情况

从图 3-2 中教师对学校体育场地器材的认可情况的调查分析中可以看出，有 10.7％ 的教师认为学校提供的体育场地器材能够使体育群体活动的需求得到满足；有 18.5％ 的教师认为学校提供的体育场地器材能够使体育课外训练的需求得到满足；有 15.5％ 的教师认为学校提供的体育场地器材能够使体育教学的需求得到满足。由此可以看出，体育教师认为学校现有体育器材的配备和场地设施只能够使体育教学和课余训练方面的基本需求得到满足，但在进行群体活动时就会显现出明显的不足。因此，这就要求学校方面要进一步加强和完善体育场地器材方面的工作。

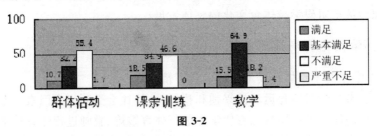

图 3-2

（二）学校体育宣传设施情况

良好的学校体育氛围的营造，与良好的体育宣传设施有着非常密切的关系，同时，良好的体育宣传设施还是一种很好的推广和传播体育知识的媒介。运动场上体育健儿的英姿和坚韧的精神都会对学生产生重要的影响，从而将他们参与体育运动的积极性和主动性有效激发出来。

体育雕像本身就是文化的一种表现形式，外在的物质能够折射进学生的内心，对其产生一定影响。从图 3-3 中对学校体育宣传设施情况的调查分析中可以看出，能够明确知道学校有无体育雕像的学生占 28.6％；对学校有无体育雕像持明确不知道态度的占 47.3％；而介于两者之间的对学校有无体育雕像持不清楚态度的学生占 24.1％。由此可以看出，学校在体育宣传方面做得不够好，宣传的手段比较单一，从而导致学生对学校体育宣传设施的了解较少。

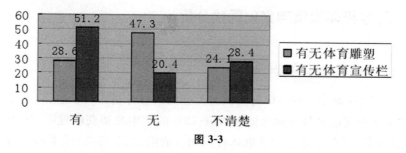

图 3-3

(三)体育授课环境、图书影像资料情况

关于体育运动,很多人往往会片面地认为只是简单的跑跑跳跳,这是不科学的,学生参与体育运动具有非常重要的意义。只有在正确的理论指导下才能够参与到体育运动中来,而对于教师和学生来说,体育图书影像资料是他们获取体育知识的主要来源,通过这些图书影像资料能让学生们对人体的生理结构有更好的了解,从而使运动损伤得到有效的预防,保健意识也有所提高。

从图 3-4、图 3-5 中学生对学校的体育图书影像资料及授课环境方面的态度的调查分析中可以看出,赞同学校体育图书影像资料的学生占 31.2%,赞同学校体育授课环境的学生占 35%。从目前的现实情况来看,影像资料的状态和授课环境都不是很理想,这就要求学校要提高对这两个方面的重视程度,从而使其能够得到进一步的改进和完善。

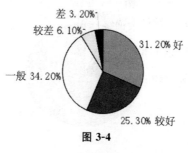

图 3-4

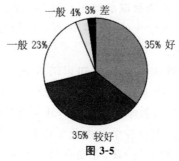

图 3-5

二、学校体育精神文化现状分析

(一)学校体育学识情况

从图3-6对学生获得体育知识的类型的调查分析中可以看出,有59%的学生希望获取健身方面的体育知识;29%的学生希望获取健康方面的体育知识;有8%的学生希望获取体育新闻方面的知识;还有4%的学生希望获取其他方面的体育知识。

而图3-7中对体育教师教授体育学识类型的调查分析中看出,运动技能方面的知识最多,占72%;其次是运动生理学方面的体育知识,占到19%;运动心理学方面的体育知识最少,只有3%;其余的6%是其他方面的体育知识。

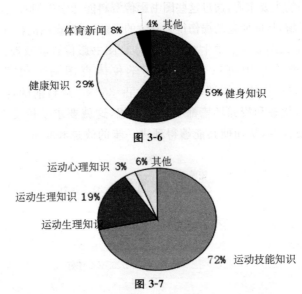

图 3-6

图 3-7

由此可以看出,学生希望获取的知识与教师教授的体育知识之间存在着较大的偏差,这就会导致学生的运动需求得不到较好的满足,对体育学习和参与的积极性受到影响。

从图3-8中对体育教师教授体育知识的方式的调查研究中发现,有74%的体育教师会采用室内实践课的方式进行教学;有18%的体育教师会选择室外实践课的方式进行教学;除此之外,还有8%的体育教师会选择这两种方式之外的其他方式进行教学。由此可以看出,学校体育文化知识的课程设置比例的平衡性遭到了破坏,需要在这方面采取相应的措施来加以纠正和调整。

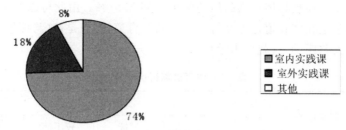

图 3-8

(二)学校体育观念情况

从表3-1对学校体育观念情况的调查分析中可以看出,持有体育锻炼增进人际关系的观念的学生比例最高,占到82.7%;有78.7%的学生持有体育锻炼对个性培养有帮助的观念;有78.6%的学生持有体育锻炼有助于不良情绪宣泄的观念;有78.1%的学生持有体育锻炼能够使自信心增强的观念;还有77.4%的学生持有体育锻炼能够对健康起到促进作用的观念。由此可以看出,大部分学生都持有正确的体育观念,并且都非常扎实。

表 3-1　体育观念情况分析

调查内容	分析结果(%)		
	有	无	不清楚
体育锻炼增强自信心	78.1	11.6	10.3
体育锻炼促进身体健康	77.4	15.3	7.3
体育锻炼增进人际关系	82.7	9.5	7.8
体育锻炼宣泄不良情绪	78.6	10.6	10.8
体育锻炼有助于个性培养	78.7	11.2	10.1

(三)学校体育道德情况

体育道德在学校体育文化中具有非常重要的意义,良好的体育教学氛围和教学环境离不开良好的体育道德。下面就对学校体育道德情况进行调查和分析。

从表3-2中对学校体育道德情况的调查分析中可以看出,能够在体育运动中体现公平原则的学生最多,占到56.8%;能够在体育运动中体现功利主义色彩的学生最少,占到41.4%;其余的,能够在体育运动中体现责任感的学生占到 50.7%;能够在体育运动中体现协作精神的学生占到 55.9%;能够在体育运动中体现集体主义品质的学生占到 53.1%。由此可以看出,有一半左右的学生在体育道德方面持有正确的体育道德,但是,这与理想的状态还是有较大差距的,这就要求学校要在这一方面加强改善力度。

表 3-2　体育道德情况分析

调查内容	分析结果(%)			
	能	较能	较不能	不能
体育运动中体现责任感	50.7	36.6	9.7	3
体育运动中体现协作精神	55.9	34.6	7.9	1.6
体育运动中体现集体主义品质	53.1	35.6	10.4	0.9
体育运动中体现功利主义色彩	41.4	32.1	16.9	9.6
体育运动中体现公平竞争原则	56.8	33.6	8.9	0.7

(四)学校体育风尚情况

作为氛围和习惯的一种流行趋势,学校体育风尚主要有两种具体形式:一种是精神,一种是道德习惯。可以说,学校体育风尚不仅是一个学校体育活动中的过程,是学校体育活动道德价值的重要评价标准,而且还是学校体育发展过程中的重要环节,因此,其有着非常重要的影响力和意义,不容忽视。

从图 3-9 中对学校学生体育风尚的意愿的调查分析中可以看出,有 72% 的学生是非常愿意参与到学校体育锻炼中的,并且具有参与的积极性和主动性;有 6% 的学生愿意参与到学校体育锻炼中,但是,在积极性和主动性方面较为欠缺;其余的 22% 是不愿意或者非常不愿意参与到学校体育锻炼中的,并对学校体育锻炼有一定的抗拒性。

图 3-9

从图 3-10 对学校体育风尚的具体形式的调查分析中可以看出,有 41% 的学生会通过观看体育节目的方式来获取体育方面的知识,而有 29.3% 的学生选择通过阅读体育刊物的方式来获取体育知识。由此可以看出,大部分的学生并没有形成阅读体育刊物和收看体育节目的习惯,也没有养成良好的体育兴趣。这就要求学校在这两个方面要加强重视,并采取有效措施来加以改进。

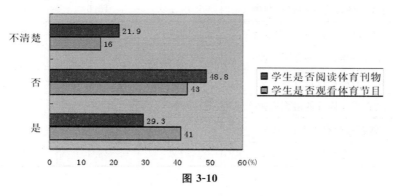

图 3-10

三、学校体育制度文化现状调查分析

学校体育制度文化的现状主要从规章制度、传统以及目标几个方面得到体现。下面就对这三个方面的情况进行调查和分析。

(一)学校体育规章制度情况

从表 3-3 中对学校体育规章制度的调查分析中可以看出,很多学校都具有国家下发的已经成文的体育规章制度。其中,所有的学校都有器材设备管理条例和体育教师工作守则;有 98% 的学校成立了管理体育的组织机构;有 86.4% 的学校有成文的体育课堂常规;有 74.6% 的学校有体育运动竞技制度;有 74.3% 的学校有具体体育教师奖励制度;还有 32.7% 的学校有运动员守则。由此可以看出,部分学校根据自身的需求制定了相关的体育规章制度,从而使体育工作得以更好地进行,但是同时,也应该看到相关制度还没有得到有效的落实,还有一部分学生对此不了解,这就使得这些制度、条例的作用没有充分发挥出来,对学校体育文化的发展产生的积极推动作用也受到了影响。因此,这就要求学校要从自身出发,通过各种宣传形式,来扩大这些制度、条例的影响力,使学生对此有更加普遍和深入的了解和认识,同时,还要有针对性地采取相应的一些方式和方法,保证这些制度、条例得到切实的实施,并收到理想效果。

表3-3　体育规章制度情况分析

调查内容	分析结果（%）		
	有	无	不清楚
有无具体体育教师奖励制度	74.3	16.5	9.2
是否有成文的体育课堂常规	86.4	0.7	12.9
是否有体育运动竞赛制度	74.6	5.6	19.8
是否有起草设备管理条例	100	0	0
是否成立体育的组织机构	98	0	0
体育教师有无工作守则	100	0	0
学校有无运动员守则	32.7	46.1	21.2

（二）学校体育传统情况

对于每个学校来说，由于学校的历史、特色等的不同，使得各个学校的体育传统都会存在着一定的差异性。下面就对学校体育传统的情况进行调查和分析。

从表3-4对学校体育传统情况的调查和分析中可以看出，所有的学校每年都会举行运动会；有66.4％的学校成立了组织体育活动的专门机构；有55.1％的学校形成了体育传统；有38.2％的学校会定期组织体育知识讲座；有36％的学校会参加体育竞赛；还有11.6％的学校会每年举办体育节。由此可见，学校体育文化传统开展的主要形式还是运动会，并且学校将关注的重点还是放在运动会上，却很少关注体育节、体育竞赛和知识讲座，也没有较好地明确组织管理体育活动的专门机构，这就使得良好的体育文化传统没能够得以形成。

表3-4　体育传统情况分析

调查内容	分析结果（%）		
	有	无	不清楚
学校每年有无举行运动会	100	0	0
你是否经常参加体育竞赛	36	36.1	27.9
学校是否定期组织体育知识讲座	38.2	31.2	30.6
学校是否形成体育传统	55.1	14.6	30.3

续表

调查内容	分析结果(%)		
	有	无	不清楚
是否成立组织体育活动的专门机构	66.4	13	20.6
学校是否每年举办体育节	11.6	66.2	22.2

(三)学校体育目标情况

学校体育目标的确定,能够为学校体育运动的进行起到积极的引导作用,能够为学校体育运动教学指出明确的方向,因此,这就要求一定要将学校体育目标明确下来。一般的,学校体育目标主要包括两个方面的内容,一个是学校的体育运动目标,一个是学生个人的体育运动目标。

从图3-11对学校体育目标情况的调查分析中可以看出,有23.8%的学校是有明确的体育运动目标的,有14.9%的学校有个人体育运动目标。由此可以看到,不管是个人还是学校,绝大部分都没有明确的运动目标,这一问题亟须解决。

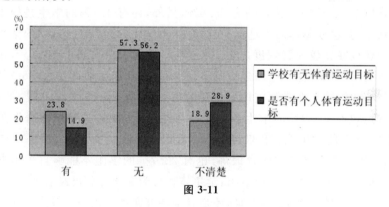

图 3-11

四、学校体育行为文化的现状分析

师生员工在学校体育教育、体育竞赛、体育休闲娱乐活动中所表现出来的精神状态、行为操守和文化品位,就是所谓的校园体育行为文化,其能够在一定程度上体现出师生体育活动中的学校作风、精神品格和人际关系,同时,也能够在一定程度上反映出学校文化精神、体育价值观和办学理念。除此之外,包括体育文化节执行情况、学生个人体育行为、体育社团状况、体育组织管理行为状况等在内的学校体育管理的整体状况都能够从学校体育行为文化中得到体现。

学校体育行为文化的表现形式有很多种,并且参与的主体不同,其主体行为和组织参与机构也会有一定的差异性,具体见表3-5。

表3-5　学校体育行为文化的表现形式

主体行为	参与主体	组织参与机构
体育教学	学生、体育教师	体育部或教学组织
课余锻炼	学生	班级、校园自组织
运动训练竞赛	院系代表队、专项教练或体育教师	体育部、学生会、体育社团、班级
体育讲座	学生、体育专家名人、教师、教练	体育部、学生会、体育社团、各院系
校内运动会	学生、教职工	校体委、团委、学生会
体育文化节	学生、教职工	校办、校体委、团委、学生会

从表3-6中对学校学生体育行为文化的调查分析中可以看出,在学生参加体育课的出勤率方面,绝大部分的学生的表现都在较好以上,只有8.4%的学生处于一般的状态;在学生体质达标率方面,有69.7%的学生处于较好以上,处于一般状态的有25.6%,另外,还有4.7%的学生是处于不好的状态的,也就是体质不达标;在体育社团建设方面,有71.2%的学生认为社团建设在比较完善程度之上,持一般态度的学生占到了18.7%,还有10.1%的学生认为体育社团建设是不完善的;在参加运动会方面,38.7%的学生能够积极甚至非常积极地参与到运动会中,有31.1%的学生能主动参与,同时,也有30.2%的学生不愿意参与运动会;在自主参加体育锻炼方面,有51.0%的学生能够积极地甚至非常积极地自主参与体育锻炼,有26.3%的学生能够自觉参加体育锻炼,也有22.7%的学生不能够自主地参与到体育锻炼中去。由此可以看出,学生体育行为文化尽管已经有所发展,并且取得了一定的发展成效,但是,还是有很多方面需要进一步改进和完善。

表3-6　学生体育行为文化现状调查表

学校体育行为文化	好(%)	较好(%)	一般(%)	不好(%)
学生体育课出勤率	61.4	30.2	8.4	0
学生体质达标率	28	41.7	25.6	4.7
体育社团建设状况	34.4	36.8	18.7	10.1
学生参加运动会情况	18.6	20.1	31.1	30.2
自主参加体育锻炼	30.2	20.8	26.3	22.7

第三节　学校体育文化发展中存在的问题分析

从对学校体育文化发展现状的分析中,可以将其中存在的问题进行总结,具体来说,可以大致归纳为以下几个方面。

一、学校体育物质文化发展中存在的问题

(一)学校体育场地较为缺乏

按照国家开展"全国亿万学生阳光体育运动"的要求,学生每天都必须保证一个小时的运动时间,这在很多学校中是达不到这一要求的。主要原因在于体育场地的缺乏。从根本上来说,导致学校体育场地缺乏的原因是经费的不足,尽管近几年学校在体育经费方面有所改善,但是,学校所处地区的整体经济水平的高低也会对学校体育经费的高低产生一定的影响。当前,大部分的高校都存在着运动场馆、设施不足的情况,这就在一定程度上限制了很多运动项目的开展,甚至无法开展或者需要变相开展。还有很多学校在有条件安装好体育器材后,无力保证后期器材的保养与维护,从而导致许多安全风险的存在,最后甚至导致运动器材的闲置。

(二)学校体育环境有待改善

由于学校体育经费有限,这部分资金往往被用于体育场地建设和器材的添置上,因此,看似"没用"的体育人文景观和文化场所的建设就更不被重视了,不仅缺乏体育雕塑、标志性体育标识和宣传标语等,而且这些物质文化形态缺乏体现学校文化内涵的美化设计,这是很多学校中都普遍存在的重要问题。

二、学校体育精神文化发展中存在的问题

学校体育精神文化发展中存在的问题主要在体育道德、体育理念、体育精神以及体育风尚方面得到体现,具体如下。

(一)体育道德水平有待提高

当前,学校体育已经不仅仅是学校自身的问题,其还与家庭、社会等因

素有着较为密切的关系,受我国一些家庭和社会背景的影响,很多学生在体育运动中往往会有自私自利、缺乏责任感、缺乏团结合作精神、以自我为中心、不尊重裁判等不良道德的反映。这些对于学生今后的成长和发展都是非常不利的,这就要求以现代学生所处的成长环境为依据,对他们的成长经历以及心理需求进行充分的了解和认识,从而能够有针对性和目的性地进行科学合理的体育道德法制教育,通过良好的体育文化氛围去感染和影响他们,从而使学生体育道德问题得到有效的改善。

(二)体育文化理念较为落后

包括运动目标、情感和人生感悟的思维方式在内的体育活动的方向和目标,都取决于体育文化的理念。可以说体育文化理念不仅是一种无形的精神力量,具有很强的渗透力,而且还能将学校体育中更深层次的体育文化思想充分体现出来,具有非常重要的作用和意义。从当前的实际情况来看,各学校师生在体育理念上已经有了一定的认识,但是,这种认识是比较肤浅的,只停留在表面现象,因此,为了将学生对体育的热爱充分激发出来,使学生的体育意识和良好心理状态得到根本上的转变,就需要对体育文化理念进行更加深入的分析和探索,并且使其逐渐趋于先进。

(三)体育精神不够创新

在学校体育运动中,绝大部分的学生都能够遵守规则、服从裁判和尊重对手。但是,这些也对学生在体育运动中的思维进行了限制和禁锢,从而使他们缺乏创新,灵活性和机动性不足,这对于学校体育运动的进一步发展是非常不利的。因此,这就要求在今后的校园中应当营造一种强烈的体育创新文化氛围,进一步要求学生在运动过程中动脑的过程。

(四)体育风尚的稳定性较为欠缺

当前,我国体育教师和学生的体育观念都发生了一定的转变,但是,他们自主参与体育活动的意识仍然存在着较大的问题,自主参与体育活动实践的比例较低。因此,为了保证学习体育风尚的稳定性,就要求学校体育文化的相关管理部门积极组织相关体育文化活动,引导广大师生的体育行为,促使他们将观念转变为实际行动。

三、学校体育制度文化发展中存在的问题

完善的学校体育规章制度和管理体制能够有效保证学校体育文化的建

立和发展，同时，学校体育文化活动的开展和管理，也离不开完善的体育规章制度和管理体制。究其原因，主要是由于完善的学校体育规章制度和管理体制不仅对学生的体育行为有着重要的约束与规范作用，而且对于学生依规行动的意识的培养与建立也是非常有帮助的。

从当前的形势来看，我国学校中存在着各种各样的管理规章制度，而且这些规章制度往往都是多年流传下来的传统管理体制，不仅对学生有着较大的束缚性，而且其中还不乏沉闷、乏味的体育教学及考试评分制度，这就在很大程度上制约着学生体育活动朝个性化方向充分发展；另外，受传统文化、现行教育目标导向及学生学业负担等的综合影响，以体育活动方式达成开放向上的校园体育文化生活的目标更有待强化。总的来说，当前我国的学校体育制度文化发展中存在的问题主要有以下几个方面。

(一)流于形式而内容空泛

对于学校体育制度文化来说，形式和内容同样重要，不能忽视其中的任何一个方面，必须将内容和形式辩证统一起来。但是现实则是，部分学校、领导对体育的重视程度本来就很低，却又追求一年一度的校运会表面形式的轰轰烈烈，因此便导致匆忙地举办校运动会，热闹之后又会继续忽略体育。这种形式主义的作风，不仅在激发学校师生参与体育的兴趣和热情方面没有积极的影响，而且对于师生体育观的转变也没有有利的作用，因此，为了避免这种情况的发生，就要求一定要同样重视形式和内容，切忌流于形式而内容空泛。

(二)制度管理体系没有建立起来

制度是体育文化发展的一个重要保障，不可或缺。而实际情况则是，尽管各学校都已经具备国家颁发的学生体质健康标准及国家体育锻炼标准成文的体育制度等，但是，大部分学校还没有形成规范化，只停留在制度的表层，管理不清晰，体育文化的制度也没有形成。除此之外，大部分的学校中专门的体育管理机构还没有成立，这方面的保障较为缺乏，这些对于学校体育文化的发展都是非常不利的，要加以改进。

(三)学校体育制度文化建设的计划性欠缺

在现实生活中，学习体育制度文化建设具有非常强的自发性特点，因此，在科学、合理的引导方面是较为缺乏的。事实上，学校体育制度文化建设对计划性的要求是非常高的，并且绝大多数活动都应有周密的计划和严密的组织及开展，因此，这就要求学校领导要更好地支持、关心、引导学校体育制度文化活动,并且进一步改进和完善体育各项规章制度,从而对学校体育制度文化的建设和发展起到积极的促进作用。

四、学校体育行为文化发展中存在的问题

学校体育行为文化发展中也同样存在着一定的问题,制约着学校体育文化的发展,具体来说,主要有以下几个方面。

(一)体育教师方面的问题

体育教师在学校体育文化活动中有着举足轻重的作用,它不仅是校园体育文化的参与者,更充当着校园体育文化中的领导者、组织者以及设计者多个角色。在学校体育行为文化的发展过程中,体育教师方面存在的问题主要是不能满足学校体育教学的需求。导致这一问题的主要原因在于体育教师没有能够摆脱中国传统教育观念的影响,重智育轻体育,重分数轻素质。另外,体育教师在学校教学中往往将课堂教学中给予学生的专业知识和技能教育作为关注的重点,而在对学生综合素质的教育与培养方面往往是忽视和缺乏的,这就导致专业教育与素质教育出现完全脱离的情况。因此,这就要求学校体育师资队伍要有进一步的发展,并且要培养一大批与时俱进的优秀体育教师来加入到学校体育教师的队伍中,来增强体育师资队伍的活力。

(二)学生方面的问题

在学校体育教学过程中,学生是处于主体地位的,但是,往往会由于学习压力大等原因,致使他们把大部分精力都投入到专业学习上,而忽略体育方面的学习。另外,各学校的体育资源不足,这就会导致学生的体育活动需求得不到较好的满足,从而影响学生继续参与体育活动的积极性和主动性。还有,学校体育工作组织不到位,学校体育运动氛围较差等,这些也都会对学生参与体育运动的积极性产生较大的影响。因此,这就要求学校有针对性地解决这些问题,从而保证学生参与体育活动的积极性和主动性。

(三)体育社团方面的问题

在学校体育行为文化的发展过程中,体育社团方面的问题主要有两个方面:一个是体育社团的受重视程度不够,一个是体育社团的运作能力不强,这两个方面都会制约学校体育文化的发展。

1.体育社团的受重视程度不够

体育社团在建设和活动开展过程中,受重视程度往往较低,这主要从三个方面得到体现:管理不周、经费不足、校方缺乏必要的指导和鼓励。

2.体育社团的运作能力不强

学校体育社团在学校体育文化中所发挥的作用是非常重要的,尤其是近几年,体育社团发展速度非常快,但是相较于国外学校来说,不管在数量上还是质量上,都存在着非常大的差距。具体来说,我国学校体育社团运作能力的不足主要从以下几个方面得到体现:第一,体育社团的数量较少,活动内容比较单一,创新意识较差,长远有序的规划性较为欠缺,并且将学校举办运动会及体育文化活动作为主要形式;第二,体育社团往往依赖每年社团纳新来进行宣传,宣传方式传统且单一,没有重视专门的体育网站或网页的建立和推广宣传;第三,体育社团的管理程序简单、无标准,从而使得社团的整体质量发展水平偏低等。

第四节　学校体育文化的发展走向分析

一、学校体育文化的总体发展方向

在未来一段时期内,我国学校体育文化的发展方向为逐渐趋于开放性、社会化、多元化和大众化,具体如下。

(一)逐渐趋于开放性

随着社会经济的不断发展,全球化程度的不断提高,我国已经与国际有了较好的联系和交流,因此,在学校体育文化的发展方面,也开始逐渐借鉴国外的一些先进经验。另外,在这样的社会背景下,包括体育文化在内的各种文化之间呈现出较为频繁的交流,文化碰撞的激烈程度也越来越高。这就使得学校体育环境的开放程度越来越高,因此,学校体育文化的建设和发展也要博采众长,更加丰富多彩,这是一种必然。

(二)逐渐趋于社会化

社会文化环境中包含的要素有很多,对于其中的学校体育文化来说,往往存在着这样的问题,即学校以自我为中心,片面强调体育在学校自身发展中的地位和作用,对自我价值过分关注,简言之,就是学校体育文化存在着严重的自我性问题。

而从当前的形势来看,学校要获得理想的发展,不仅要承担社会责任,同时还要服务于社会,使社会需要得到较好的满足。从相关的实践中可以发现,在社会主义市场经济体制由建立并逐步完善的过程中,学校体育文化社会化的速度和趋势越来越显著。尤其是近几年,中国竞技体育实力越来越强,社会体育的推广和普及,进一步推动了学校体育文化的社会化趋势。

(三)逐渐趋于多元化

学校体育文化作为文化的一种具体形式,要与时代发展相适应,做到与时俱进,因为只有这样,才能够与学校发展和学生运动锻炼的需求得到较好的满足,才能够保证学校体育文化的可持续发展。

由于学生之间存在着一定的个体差异性,因此,他们在体育方面的需求也会有所差别,原先单一的学校体育文化已经满足不了学生的需求,这就要求学校体育文化必须朝着多元化的方向发展,从单一型逐渐转变为多元化。

(四)逐渐趋于大众化

20世纪90年代末之前,教育的形式主要是推行"精英教育",随着社会经济的不断发展和进步,这种教育形式已经不符合社会发展的需求了,因此,"大众化教育"逐渐取代了"精英教育",成为当前教育的主流形式。

由于我国经济的发展,体育社会化程度越来越深,我国学校体育文化大众话的发展趋势越来越显著。如此一来,高等教育为更多的人所接受,在此契机下,学校体育文化得到更加广泛的发展,而这也将为学校体育文化的发展做出积极的贡献,进而使学生能够从中受益。

二、学校体育文化的具体走向

学校体育文化不仅表现出显著的开放性、社会化、多元化和大众化的整体发展方向,同时,其在具体的思想、个性、行为等方面也有着较为明显的发展走向,具体表现在以下三个方面。

(一)先进文化思想对学校体育文化的发展起到积极的引领作用

通常情况下,可以将爱国主义、集体主义以及学生的体育价值观、人生观、世界观和理想信仰等内容归纳到学校体育文化的精神层面中。学生在学校中,往往会在不知不觉中受到学校体育文化建设和发展的影响,这对于学生较高的体育素质和综合素质的培养和提升,以及将学生培养成为与社会实际需要的人才都是非常有帮助的。

为了更好地建设学校体育文化,保证学校体育文化建设的和谐性,就需要借助于体育教育这个平台,将社会对人才的要求内化为学生的学习动机和意识,从而将学生学习的积极性和主动性有效地激发出来,保证学校体育文化建设的顺利进行。

(二)从实际出发,保证学校体育文化的个性化发展

当前,学校体育文化已经成为一种重要的社会主流文化,其发展程度也会对社会文化的发展产生一定的影响。从当前的形势来看,各类学校培养人才的素质结构存在着差异性,鉴于此,学校体育文化建设对学生身心的发展是有所助益的。因此,这就要求将学校体育文化建设与学校的自身实际情况有机结合起来,将实效性作为追求的重点。另外,在学校体育文化的和谐发展过程中,还要坚持以人为本的原则,与各学校的办学特色统一起来,将独具特色的个性化的学校体育文化建设起来,从而使学校在强劲而深厚的文化动力中获得跨越式发展,进而有效推动学校体育文化的进一步发展。

(三)满足素质教育需要,推动学校教育和谐发展

近年来,随着新课程改革的不断推进,素质教育已经成为当前最主要的教育形式,塑造学生健康的身心素质和科学文化素质是其主要任务所在,其在新课程改革中处于核心思想的地位。鉴于此,就要求学校体育文化一定要以学生发展需要为重心来展开,并且要为学生的素质教育需求和学生的全面发展服务,可以说,这是未来学校体育文化发展的一个非常重要的新方向。

要想使素质教育的任务尽早完成,可以采用的一个重要途径就是构建健康的学校体育文化。一般的,如果学校中具有良好的体育文化氛围,那么,就能够对生活在这个环境中的学生心理和行为的调节起到积极的推动作用,这个作用是非常重要,不可被忽视和取代的。

第四章 多元文化背景下学校民族传统体育文化的发展审视

在我国教育系统中,学校民族传统体育是非常重要的组成部分,发展学校民族传统体育文化是传承民族文化、弘扬民族精神的有力补充,也是国家提升文化软实力的迫切需求。本章主要在多元文化背景下就学校民族传统体育文化的发展进行审视与研究,主要内容有民族传统体育文化概述、学校民族传统体育文化的发展现状、学校民族传统体育学科理论体系的构建、学校民族传统体育课程的设置以及学校民族传统体育文化体系构建的策略。

第一节 民族传统体育文化概述

一、民族传统体育及民族传统体育文化的概念

(一)民族传统体育的概念

中国民族传统体育指的是在中华历史上一个或多个民族内流传或继承的体育活动的总称。① 这个概念包含以下三个层面的含义。

(1)体育层面的含义,即这类活动项目具有体育的普遍特性,即具备所有体育活动都具有的共性。

(2)民族层面的含义,即这类体育活动或体育运动具有民族性特征。

(3)传统层面的含义,即这类体育项目具有历史继承性。

(二)民族传统体育文化的概念

各民族在其不断的发展与进步过程中所形成的全部的体育文化就是所

---

① 暴丽霞,杨俊峰,郭玉江.体育人文社会学研析[M].长春:东北师范大学出版社,2011.

谓的民族传统体育文化。①

民族传统体育的文化内涵主要包括三个方面,民族传统体育的物质文化内涵、精神文化内涵及制度文化内涵。

二、民族传统体育文化的特点

(一)群体性

民族体育文化是族群共有的文化,所以说民族传统体育文化是群体性的文化。一个民族中人们的生活风俗、宗教信仰相同或相似,而这些都能够在民族传统体育文化中体现出来。民族传统体育活动是族群中的所有成员都可以参与的,在具体参与的过程中,既可以是个体参与,也可以是群体共同协作参与,在参与实践中满足个体的需求,实现群体的和谐。赛龙舟、拔河等民族传统体育项目最能够体现民族传统体育文化的群体特征。

(二)依赖性

中华民族的发展历程也可以看做是各民族文化相互融合的过程。在民族文化融合之前,各个民族都有自身的历史文化积淀。早期的民族传统体育更多体现的是自然形态,所以当时民族传统体育文化是依附在宗教活动中的,或依附于社会生产活动中的,其并不是处于一个独立的状态,所以我们很难直观地看到民族传统体育文化的价值。民族传统体育文化的价值要通过其他文化形态才能表现出来,如果不依附其他文化形态,民族传统体育文化的价值基本上也就失去了实现的可能性。

人类自身的发展、社会文化的发展都与民族传统体育文化的客观存在有直接的关系。例如,蒙古族的发展历史充满战争色彩,被誉为马背上的民族的蒙古族是一个精骑善射的民族,所以"征战""马匹"等元素在蒙古族体育项目中就能够体现出来,正是依赖于这样的历史背景,"摔跤""马术"等独具蒙古特色的传统运动项目才得以产生和发展。

另外,一个民族政治、经济、文化的发展也会从不同程度上影响本民族传统体育文化的发展,所以说民族传统体育文化的形成与发展也会依赖这些社会要素。

---

① 暴丽霞,杨俊峰,郭玉江.体育人文社会学研析[M].长春:东北师范大学出版社,2011.

(三)相对稳定性

民族传统体育是经过长期的历史发展而不断繁衍、积淀而来的文化现象,这是其与其他民族文化形式的共性。民族传统体育依民族本土而生长,民族根基深厚,再加上其生命力顽强,能够激发民族情感,可以在一些固定的民族节日中长久保存,所以具有相对的稳定性,不会轻易发生变化。

(四)发展性

民族传统体育文化具有历史继承性,是世代沿袭的,前人将民族传统体育文化传承下来,现代人继续承袭与发扬,这样民族传统体育文化才代代不衰地保留了下来。历史上一旦出现某种民族传统体育活动形式,其便会在既定的轨迹上不断发展下去。而且在民族文化融合的过程中,各个民族相互交流,相互借鉴与吸收,以此来充实与完善本民族的文化,在这样的融合背景下,各民族的传统体育文化也逐渐趋于完善。

民族传统体育文化是依托一定的地理环境与生活环境而生存与发展的,一旦其依托的载体发生了变化,其也会发生一定程度的变化,也会有所发展。此外,人们的物质与精神需求是不断发展的,为了满足人们的需求,民族体育活动也要不断发展。

(五)娱乐性

民族传统体育活动具有明显的技巧性、观赏性、游戏性及趣味性,而这些也都是娱乐性的表现。不同阶层的人都能够找到适合自己的民族传统体育项目来参与这类活动,因此民族传统体育逐渐成了人们强身健体、娱乐身心的重要手段。拔河、放风筝、赛舟、游水等都是人们可以自娱自乐的民族传统体育活动,可见民族传统体育文化的娱乐色彩之鲜明。

(六)活动形式简单性

从动作外形来看,民族传统体育活动与自然很接近,一些活动基本上再现了劳动动作,而一些活动是模拟动物动作而形成的,并有一定的升华,大多数活动都是自由随意的,规则比较少,没有明显的约束。例如,蒙古族、哈萨克族等民族以畜牧业为主,所以马匹就多出现在这些民族的传统体育活动中,如叼羊、赛马、姑娘追等骑术项目都是依托本民族的自然环境和生产方式形成的。此外,在各民族劳动中形成的民族传统体育项目还有打飞棒(湘西土家族)、猎棍操(黔南瑶族)、打扁担(广西壮族)等。

三、民族传统体育文化的价值

(一)健身价值

作为我国传统文化的重要组成部分,民族传统体育文化中包含丰富的健身养生理论,而且其中的体育健身方法也是非常多样化的,这些理论与方法的形成与中国古代哲学观念是分不开的,如天人相应、阴阳五行等,这也是民族传统体育文化能够充分反映民族性格、民族气质以及民族精神的主要原因。

人类之所以能够生存与发展,是因为人类对自身的认识在不断加深,而且在不断进行自我修炼,这是一个决定性的影响因素。作为重要的健身养生方法,民族传统体育的发展与人类社会文化的发展有密切的关系,人们对民族传统体育中大量健身养生理论与实践的积累都是在长期的生产和生活中实现的,这表明人类一直都在不断探索生命的本质及活动规律。因为中西方的历史文化不同,所以人类在漫长的历史中所总结出来的身体观、运动观和健康观也是与西方有差异的,这些观念为人类的健康发展做出了非常巨大的贡献。我国传统医学也是影响民族传统体育健身理论形成的一个主要因素,如脏腑经络、阴阳五行、精气神等传统医学学说为民族传统体育健身体系的形成奠定了理论基础。中国传统医学是我国特有的民族文化,所以在此基础上形成的民族传统体育健身体系也与西方国家大不相同。

我国民族传统体育文化的健身思想与体系主要体现在以下几个方面。

(1)注重整体全面。我国民族传统体育文化强调天人合一的整体思维,这从民族传统体育活动的形式、内容、方法、手段中都能够体现出来。

(2)注重直觉体悟。民族传统体育文化提倡将直觉与体悟的方法运用到身体锻炼中,这一思想体现了身心的协调统一性,能够使人们达到形神合一的境界。

(3)注重养练结合。这一健身理论极具中国特色,它强调在参与民族传统体育活动的过程中既要突出身体的运动性,又要将养生保健作用重视起来,实现全面均衡的发展。

(4)注重时间特征。我国民族传统体育提倡适时健身,即在顺应时间规律的基础上健身,这样有利于调整精神状态,达到形神的合一,而且健身养生效果也很明显。

(二)历史价值

民族传统体育是具有特殊性的民族文化现象,是历史发展的产物,其传承与发展都是在一定的历史条件下实现的,因此历史的印记非常清晰,历史上的自然生态状况,政治、经济、军事、文化等社会要素的发展情况都能够在不同时期形成的民族传统体育活动中体现出来。民族传统体育凝聚了我国各族人民的智慧和汗水,是中华民族长期身体实践的活态表现形式。

民族传统体育中包含的历史文化信息非常丰富,这也是其历史价值的主要体现。周伟良在《中华民族传统体育概论高级教程》一书中写道:"民族传统体育是一种深深植根于历史肥沃土壤中的种子和建构文化摩天大厦的基石。民族传统体育往往能够成为历史的风向标、时代的晴雨表、社会的温度计,在很大程度上为人们展示历史的风貌和再现时代的印迹。"①

民族传统体育在一定程度上保留了历史上的原生态面貌,或反映了历史上的原生态,所以其蕴含的历史文化信息十分丰富。具体从以下几方面来解释民族传统体育文化的历史价值。

(1)历史上某个重要的人物或某项重大的事件会直接影响民族传统体育的形成与发展,在传承与推广民族传统体育文化的过程中,这些人物与事件发挥的作用至关重要。因此,历史上一定时期的发展情况可以从这一时期所产生的民族传统体育活动中反映出来,可见民族传统体育是反映历史文化的重要载体。

(2)民族传统体育是人类历史文化生活中最活跃、最积极的社会实践活动,而且其产生的社会影响也是最直接、最广泛的,某一历史时期的思想观念、物质生产生活方式、风俗习惯等都能够从当时的民族传统体育中反映出来。

(3)民族传统体育是源于民间的一种文化形式,其存在与传承都具有非官方性和活态性。官方历史之类的正史典籍中难免存在不足、遗漏或讳饰等问题,因此民族传统体育文化特殊的历史价值恰好可以弥补这类不足,这就能够使人们对已逝的历史和文化有一个真实、全面的认识。

综上,我们必须对民族传统体育文化的历史传承价值有一个深刻的认识与理解,将保护原生态民族传统体育文化的工作充分重视起来,以使民族传统体育文化的代代传承与繁荣得到保障。

---

① 周伟良.中华民族传统体育概论高级教程[M].北京:高等教育出版社,2003.

(三)审美价值

民族传统体育文化具有审美价值,这主要是因为审美对象客观上具有"美"的本质与特性,所以能够使审美主体的审美需要得到一定程度的满足,能够给人带来美的体验与享受。我国各民族在漫长的历史发展中,不仅对丰富多彩的民族传统体育运动内容进行了创造,还将美的内涵赋予其中。从某种角度而言,各个民族的传统体育活动都体现了一定的民族美。作为一种独特的运动形态,民族传统体育的审美对象与审美主体中都含有民族风格、民族精神、民族感情、民族理念等民族美的要素,这样不管是民族传统体育的参与者还是观赏者,都能够获得美的体验与精神上的享受。

人们在参与民族传统体育的过程中,不但可以增强体质,调节心理,还可以获得全面的审美体验,如自然的审美体验、社会的审美体验、艺术的审美体验等,正如我国教育家杨恩寰所剖析的一种美感:"就是精神愉悦,它不是生理上的快感(吃喝睡),也不是理智上的满足,道德上的肯定,赞扬得来的愉快,而是超出个人欲念和利益的愉快。也不是日常生活的情感,而是多种心理功能协调而带来的愉快。"[1]

民族传统体育文化的审美价值体现在民族传统体育活动的全过程中,一定角度上而言,它的整个实践过程也是一个审美过程。各种形式的民族传统体育运动的形成与发展都是一个创造美和表现美的过程。在这个过程中,参与者将身体美、运动美、力量美、精神美、服饰美等一展无遗,所以使观赏者的审美需求得到了很大程度的满足,可见民族传统体育中的体育美具有综合性特征,观赏者在欣赏过程中,不但能够满足审美需求,获得审美愉悦,还能够对审美能力进行培养,从而有效地陶冶性情与心灵。因此,我们可用赏心悦目这个成语来高度概括民族传统体育文化的审美价值。

第二节　学校民族传统体育文化发展现状分析

学校民族传统体育文化的发展情况主要是从学校民族传统体育教学中反映出来的,因此本节重点通过调查与分析当前我国高校民族传统体育教学的基本情况来了解民族传统体育文化在我国学校中的发展现状。

---

① 邱丕相.民族传统体育概论[M].北京:高等教育出版社,2008.

一、学校民族传统体育文化发展中学生的情况

（一）学生对民族传统体育的态度

学生的学习兴趣会直接影响民族传统体育教学效果，这是专家已经充分肯定了的观点。学生对民族传统体育活动的兴趣与爱好是其参与其中的根本动力。通过从我国已经开展民族传统体育课程的高校中随机抽取 581 名学生并对其进行调查后了解到，喜欢和非常喜欢民族传统体育课程的学生占到 56.9%，对民族传统体育课程的喜好程度为一般的学生占到 39.4%，还有 3.7% 的学生不喜欢民族传统体育课程（表 4-1）。

表 4-1　学生对民族传统体育课程的喜好程度（N＝581）①

态度	人数	比例
非常喜欢	94	16.3%
喜欢	236	40.6%
一般	229	39.4%
不喜欢	16	2.7%
很不喜欢	6	1.0%

（二）学生参与民族传统体育学习的动机

学生学习民族传统体育课程都是有一定动机的，动机对学生主动参与民族传统体育活动具有很大的激励作用，教师对教学方法和教学内容进行选择时，也要先了解学生的学习动机，从而选择合适的内容与方法来促进学生需要的满足。

通过调查我国大学生选修民族传统体育课的动机后了解到，在所列的动机中，排在第一位的是增强体质和健康，选择人数共占到 27.7%，这说明健康教育观念已经深入人心。排在第二位的是调节心理，陶冶情操，选择人数占到 22.8%。大学生面临巨大的学业压力和就业压力，所以难免会出现一些心理健康问题，而民族传统体育在培养学生良好个性及心理品质方面具有积极的作用，所以其深受学生的喜爱。排在第三位的是掌握民族传统

---

① 曾秀端.福建省高校民族传统体育课程开设现状与对策研究[D].福建师范大学,2007.

体育技能,选择人数占 17.3%,学生只有掌握了民族传统体育技能,才能达到增强体质的目的,也才能更好地发挥自己的传承力量。为了获取学分而选修民族传统体育课程的学生占 11.3%,这一动机排在第四位,这表明学生在体育学习中还是受应试教育思想影响的,对此高校需予以重视。排在第五、六位的动机分别是学会交际和掌握终身体育锻炼方法,可见学生在选修体育课程方面有长远的目标(表 4-2)。

表 4-2　学生选修民族传统体育课程的动机(N=581)[①]

动机选项	人数	应答次数比例(%)	排序
掌握民族传统体育技能	292	17.3	3
学会交际,融入集体	184	10.9	5
调节心理,陶冶情操	385	22.8	2
增强体质	469	22.7	1
获得学分	191	11.3	4
掌握终身体育锻炼方法	159	9.4	6
其他	11	0.7	7
总计应答次数	1 691	100	

(三)学生喜欢的民族传统体育项目调查

通过调查发现,不同的学生对民族传统体育内容有不同的喜好,在所列出的各项内容中,学生首选的是太极拳,选择人数占总人数的 58.3%,这反映了学生在传统文化和传统养生方面有强烈的需求,而且也充分认识到了太极拳的健身价值。象棋、游泳、钓鱼、放风筝等内容都排在前六位(表 4-3),这说明随着人民生活条件的改善,其对健身、养生、休闲娱乐、提高生活质量等有了更高的追求。

培养学生的健康体质,使学生终身受益是高校进行体育改革的目的。在高校体育内容中,竞技体育占主导地位,而且对技术和健身的重视程度明显不一,没有将学生的个性发展重视起来,只安排单一的教学内容,这就影响了学生参与体育学习的积极性。随着高校体育教育与民族传统体育的不断融合,高校体育教学内容日益丰富,学生参加体育学习的积极性也得到了

---

① 曾秀端.福建省高校民族传统体育课程开设现状与对策研究[D].福建师范大学,2007.

很大程度的调动,而且体育锻炼效果也在不断提高。民族传统体育观赏性、娱乐性等特征十分突出,这与学生充满活力,积极向上的特点是相符的,学生自由选择自己喜欢的项目进行锻炼,有利于个性的发挥与发展,同时也有利于营造浓郁的学校民族传统体育文化氛围。

表4-3 学生喜欢的民族传统体育项目(N=581)①

民族传统体育项目	人数	比例	排序
太极拳	339	58.3%	1
游泳	226	38.9%	2
太极剑	198	34.1%	3
放风筝	196	33.7%	4
钓鱼	167	28.7%	5
象棋	161	27.7%	6
长拳	131	22.5%	7
气功	127	21.9%	8
木兰拳	117	20.1%	9
舞狮	109	18.8%	10
木兰扇	104	17.9%	11
八卦掌	104	17.9%	12
围棋	100	17.2%	13
跳绳	93	16.0%	14
登高	92	15.8%	15
划龙舟	89	15.3%	16
拔河	86	14.8%	17
踢毽子	84	14.5%	18
舞龙	82	14.1%	19
形意拳	75	12.9%	20
踩高跷	53	9.1%	21

① 曾秀端.福建省高校民族传统体育课程开设现状与对策研究[D].福建师范大学,2007.

续表

民族传统体育项目	人数	比例	排序
扇子舞	52	9.0%	22
跳竹竿	45	7.7%	23
腰鼓	42	7.2%	24
角斗士	33	5.7%	25
柔力球	30	5.2%	26
秧歌	28	4.8%	27
毽球	28	4.8%	28
其他	6	1.0%	29

在学生选择自己感兴趣的民族传统体育项目中有明显的性别差异,也就是说,男生和女生喜欢的项目有所不同,或对同一项目的喜欢程度不同,这就要求学校在充分了解不同性别学生对民族传统体育项目的不同需求的基础上安排教学,从而使民族传统体育各个项目的文化都能得到发展,使不同学生的需求都能得到满足。

二、学校民族传统体育文化发展中教师的情况

(一)民族传统体育教师队伍的教龄与职称

教师是振兴教育的希望,教育是振兴民族的希望,所以说教师与民族的振兴有非常重要的联系。当前我国实施教育改革与创新的关键就是要对政治业务素质良好、结构合理、相对稳定的教师队伍进行建设。通过调查我国普通高校民族传统体育教师的教龄与职称情况后了解到,教龄超过 20 年的教师占到 33.3%,教龄在 10 年到 20 年内之间的共占到 35%,教龄小于 10 年的占到 31.7%,从这一数据来看,我国高校民族传统体育教师的教龄普遍还是比较长的,教学经验也比较丰富,这对高校民族传统体育文化的发展十分有利(表 4-4)。

关于职称的调查结果显示,副教授及以上职称的民族传统体育教师占 51.7%,讲师职称和助教职称的分别占 38.3% 和 10%(表 4-5)。

表 4-4　民族传统体育教师教龄结构（N＝60）①

教龄	人数	比例
1～5 年	9	15％
6～10 年	10	16.7％
11～15 年	9	15％
16～20 年	12	20％
＞21 年	20	33.3％

表 4-5　民族传统体育教师职称结构（N＝60）②

职称	人数	比例
教授	3	5％
副教授	28	46.7％
讲师	23	38.3％
助教	6	10％

从调查结果来看，我国高校民族传统体育教师的职称结构是比较合理的，这对于民族传统体育教师梯队的连续性的保持是有利的。

高职称、教龄长的教师一般教学经验都很丰富，工作能力也比较强，这对于民族传统体育教学的开展和管理监控是有积极意义的。但是，高职称、教龄长的教师对民族传统体育新知识、新发展和新动向的了解不够深入，所以在教学中很难创新。这时就需要引进年轻的教师，提高现有师资队伍的活力与创造力。

（二）教师对制约学校民族传统体育文化发展的因素的看法

高校民族传统体育文化的发展在一定程度上受到了各方面因素的制约，为了进一步了解具体的影响因素，特对高校民族传统体育教师进行了调查。从调查结果来看，制约高校民族传统体育文化发展的影响因素主要有缺乏师资、器材设施、经费；学生兴趣爱好不足，校领导不重视等（表 4-6）。这表明，高校需全面开展民族传统体育教师培训与继续教育的工作，促进现

----

① 曾秀端.福建省高校民族传统体育课程开设现状与对策研究[D].福建师范大学,2007.

② 同上.

有教师教学技能的提高,并积极引入新的教师。在资金与物质方面,学校需加大投入力度,确保民族传统体育教学开展的物质与资金条件有所保障。针对学生兴趣不足的问题,学校需广泛开展有关民族传统体育的活动,加强普及与宣传,构建良好的民族传统体育文化发展环境。

表 4-6　教师对制约学校民族传统体育文化发展的因素的看法①

制约因素	人数	比例
经费不足	43	71.7%
师资缺乏	47	78.3%
领导不重视	28	46.7%
器材设施短缺	46	76.7%
学生兴趣不足	32	53.3%
教师进修渠道少	42	70.0%
竞赛机制不完善	29	48.3%
教师之间很少交流	26	43.3%
鼓励机制缺乏	20	33.3%
影像与多媒体资料不足	22	36.7%
书面教材资料缺乏	12	20.0%
锻炼作用与价值不大	1	1.7%
与社会发展不适应	11	18.3%
其他	1	1.7%

三、学校民族传统体育教学组织形式现状

现阶段,我国学校民族传统体育教学的组织形式以班级授课为主,而且主要是进行课堂教学,课外活动、兴趣小组等是辅助性的教学组织形式。随着我国体育教育改革的不断深入,学校民族传统体育教学的组织形式也在不断变化与更新,并取得了一定的成效,但也有一些不足与问题存在,具体表现在以下两方面。

———————————

① 曾秀端.福建省高校民族传统体育课程开设现状与对策研究[D].福建师范大学,2007.

（一）学校对武术课的重视程度不高

通过调查高校大学生对武术课的态度后了解到,有44%的学生对武术课感兴趣,而不喜欢武术课的学生超过半数。进一步调查学生不喜欢武术课的原因后得知,认为武术课无趣的学生有29.1%,认为武术技术复杂,不容易掌握的学生有51.5%,认为武术课内容与自己心中的武术不符,现实武术无法满足自己需求的学生有19.4%。

学生对武术课不感兴趣也导致学校领导对武术课的开设不重视,调查发现,仅有6.7%的校领导认为武术课非常重要,有23.3%的校领导认为重要,认为在高校体育教学中,武术课不是很重要的校领导高达63.9%。

从调查结果来看,对武术课不太重视的校领导占大部分。当前我国高校武术课教学中存在很多明显的问题,导致这些问题产生的原因很多。例如,从社会大环境来看,社会转型期产生的一些矛盾会对武术课的开展造成或多或少的影响;从学校这个小环境来看,受应试教育观念的影响,"成绩就是硬道理"的价值取向依然存在,所以包括武术课在内的体育课没有得到重视;从武术课的教学模式来看,框架体系陈旧,教学内容单一,教学方法与手段落后,教学评价不规范,这对武术课的开展造成了严重的制约;从武术师资来看,配比不足,专任武术教师较少。以上这些因素都对高校武术课的开展造成了不同程度的恶劣影响。

（二）课外活动比较随意,呈现出无序状态

在学校体育工作系统中,课外体育活动是非常重要的组成部分,学校体育目的的实现和任务的完成都离不开课外体育活动的开展,因此学校体育文化的发展直接受课外体育活动的影响。

当前我国学校中的民族传统体育课外活动呈现出多样化的发展模式,如在管理方面,有的由学校体育组统一安排,有的由民族传统体育教师进行组织;在内容选择上,有的学校根据本地的风俗和实际情况来开展一些有特色的民族传统体育项目,有的以传统武术内容为主;在教学安排上,有的安排进了教学工作日程中,有计划地开展课外活动,有的没有纳入计划之中,所以只是零散地开展一些活动。这种多样化的发展模式导致民族传统体育课外活动呈现出随意、无序的局面。

高校中还有很多领导和师生没有充分认识到民族传统体育课外活动的重要性,没有将此纳入学校民族传统体育文化发展计划中。很多学校只是口头上呼吁开展课外活动,但真正开展的却很少。要想真正发挥课外活动对课堂活动的补充与延伸拓展作用,高校必须将开展民族传统体育课外活

动的口号真正落实到实处,在实践中发挥课外活动的价值与作用。

四、学校民族传统体育教学方法现状

讲解、示范、练习等教学方法是我国民族传统体育教学中经常采用的方法,运用这些方法有利于促进教学质量的提高,有利于对合格的民族传统体育人才进行培养,同时也有利于学校民族传统体育文化的发展。但是,这些方法都强调以教师为主,这与当前体育教学新理念——重视学生的"学"是不相符的,因此一些新型的民族传统体育教学方法就得到了发展,如自主学习法、合作学习法等。

民族传统体育新型教学方法强调突出学生的主体地位,发挥学生的主体性,促进学生学习能动性和自由个性的发展,而且也逐渐淡化了教法,倾向强调学法,这样学生学习的自主性就大大提高了。此外,现代民族传统体育教学方法也很注重对学生在实践中运用所学知识的能力的培养。例如,在武术教学中,淡化套路教学观念,重点讲解武术技术动作的使用方法,以此对学生自学自练和实际运用的能力进行培养。

第三节　学校民族传统体育学科理论体系的构建

一、学校民族传统体育的教学方法

(一)语言法

在民族传统体育教学中,授课教师运用各种不同形式的语言对学生进行指导,使其成功掌握学习内容,正确参与练习的方法就是所谓的语言教学法。教师运用语言法来讲课,能够使学生对民族传统体育的认识不断丰富,可以促进其运动技能的形成,而且有利于师生关系的和谐。民族传统体育教师需根据具体的教学内容和学生的具体情况来选择采用哪种形式的语言法讲课更为合适。一般在民族传统体育理论教学中多采用的是语言讲解法,在实践课教学中多用口令与指示等方法。

(二)直观法

民族传统体育教师通过自己演示,或让学生演示或借助其他形式的外力帮助来使学生直接感知动作的方法就是所谓的直观法。在这一方法的运用中，教师要提醒学生充分调动自己的感觉器官，否则难以形成正确的感知与直观的认识。在民族传统体育实践课的教学中多采用直观法，教师一般先借助模型演示、投影、幻灯、录像等直观地向学生呈现动作，然后自己再向学生示范动作，或让学生示范动作，从而帮助学生建立正确的动作表象。

（三）完整法与分解法

1.分解法

民族传统体育中有些项目的动作比较复杂，一次性传授这些动作，学生不容易接受，所以教师就会在不打破动作规律的基础上合理地将完整的动作分成几个部分，从而对每个部分——进行连贯的教学，这就是分解法。这种教学方法其实就是对教学过程的简化，学生学习单一的技术动作比较容易，所以学习的热情就比较高，而且很有自信，能够在轻松和愉快的情绪中掌握教学内容。

需要注意的是，并非所有的项目都适合采用分解教学的方法，如果教师在不适合运用这一方法的教学内容中错误地分解了动作，就会造成动作的不完整，从而也会影响学生掌握正确的技术动作。因此，教师要先分析哪些项目中的哪些技术动作适合分解，哪些不适合分解，只有有了这个意识，才能避免学生掌握的技术动作支离破碎。

2.完整法

民族传统体育活动中，有些项目的技术动作比较简单，或者是不适合进行分解教学，所以教师会在不分割整个技术动作的情况下一气呵成来教这个动作，这就是完整法。完整教学可以确保整个技术动作是完整的，技术动作的各个结构与部分之间是紧密衔接的。

有些学生在看完教师的完整示范后，可以大体上做出动作的"模型"，却对其中的个别细节不注意，这就导致其动作不规范，久而久之，其就很难再纠正了，所以民族传统体育教师在对技术动作进行完整教学时，不仅要强调整体的动作结构，还要在一些细节问题上多加提醒，在一开始就要先口头讲解每个动作的要领与细节，使学生在学练过程中能够自觉地注意到这一点，避免学生掌握的动作不规范或不准确。

（四）预防与纠错法

学生初步学习民族传统体育项目的技术动作时，难免会出现错误，但出现错误并不可怕,可怕的是学生形成错误的动作定型,所以教师要采取预防性的措施来进行教学,避免学生在学习过程中出错,这就是预防法。运用预防法进行教学的民族传统体育教师一般都有一定的预见性,可以预知学生可能会出现什么样的错误,甚至可以预知学生为何会做错,只有在此基础上采取有针对性的措施进行预防,才能取得好的效果。

在学生学习与练习民族传统体育技术动作的过程中,教师会仔细观察每个学生的情况,一旦发现学生的动作不正确或者不规范,就会及时纠正,避免学生形成错误的动作习惯,这就是纠正法。教师在纠正的过程中,首先要指出哪里错了,然后说明为什么会错,最后指出应该怎么做,这样学生才会对做错的动作有更深入的理解,才会在之后的练习中有意识地避免错误。

(五)竞赛法

很多学生在学习民族传统体育课程的过程中都会感觉枯燥乏味,因此情绪低落,兴趣低下,只是被动参与其中,教师为了激发学生的兴趣与热情,往往会采取比赛的方法来展开教学,这就是竞赛法。

民族传统体育竞赛具有一定的竞争性与对抗性,这与青少年学生的特点和性格是相符的,强烈的求胜欲会激发学生积极参与其中,所以说竞赛法有利于提高学生的学习兴趣,活跃课堂气氛,培养学生的团结协作能力以及竞争意识,使学生在竞赛中掌握运动技能,并变得更加自信。

教师在采用竞赛法进行教学时,要先制定竞赛规则,使学生清楚地知道哪些该做,哪些不该做,这样才能使竞赛活动顺利进行,才能避免在竞赛中出现一些争执性的问题。此外,教师要对参与竞赛的学生进行合理的分组,在双方实力均衡或相差不明显的条件下展开竞赛活动,避免因竞赛双方实力悬殊而挫伤学生的积极性和自信心。

(六)游戏法

学生普遍喜欢游戏类的活动,因此教师也会在民族传统体育教学中采取游戏的方法来引导学生参与民族传统体育活动,在游戏中掌握动作技能。开展游戏类的活动同样要先确定规则,游戏者必须在规则允许的范围内参与活动,对于违背游戏规则的学生可以给予一定的惩罚,从而使学生养成遵守规则的良好习惯。

二、学校民族传统体育的教学原则

(一)地域性原则

地域性特点在我国民族传统体育文化中体现得很明显,这就要求不同学校要根据本地区或本校的实际情况来因地制宜地开展民族传统体育教学工作。在具体的开展过程中,将重点教学内容设定为本土具有特色的民族传统体育项目,这有利于本地师资力量的充分发挥和本地民族传统文化的传承及弘扬,进而能够形成独具特色的民族传统体育教学新格局。

如果学校条件允许,可以在本地民族传统体育项目的基础上不断拓展与延伸,丰富教学内容,使学生能够对更多的民族传统体育知识与技能加以掌握。

(二)形式多样原则

由于我国民族传统体育包含多种多样的项目,所以学校在开展民族传统体育课程教学的过程中,可选择的余地与空间是比较大的。在具体安排教学内容时,教师需对学生的性别、年龄、兴趣、技能特点等有一个整体的了解,从而将所选的教学内容以多样化的形式呈现给学生,进而激发学生的学习兴趣和积极性,对学生的正确学习方向进行引导。即使是同一个民族传统体育项目,教师也可以采取多样化的形式呈现出来,这样学生才会对教学内容产生兴趣,也才会积极主动地参与其中。在具体对某个项目进行教学时,可先向学生介绍一些有关该项目的起源发展、特点价值、文化内涵等基本知识,然后再传授技术,并在此基础上可以教一些同类技术,从而丰富学生的认知,提高学生的技能水平。教师也可以允许学生根据自己的情况选择学习对象,这样可以满足不同学生的需求,也可以更好地实现个性化教学。

教师在对同一民族传统体育技术动作实施教学时,也可以采用不同的方法与手段,但不管采用何种方法,目的都是要让学生能够掌握该技术。在选择教学方法时,要确保所选的方法有利于发挥学生的主体性,能够吸引学生的兴趣,挖掘学生的潜力,最大程度地促进学生的全面发展。

在民族传统体育教学中,教师采用的教学方式普遍都是常规类的方式,在此基础上,教师应该适当地采用一些现代化的教学手段,以此来吸引学生的注意力,提高学生学习的积极性。例如,教师可以将多媒体技术引入课堂教学中,利用多媒体教学手段实现教学目标。有些项目采用这种教学方法效果会更好,而且也可以缓解民族传统体育教师的压力。

(三)拓展创新原则

民族传统体育之所以能够代代延续,经久不衰,主要就是因为其在发展的历程中不断拓展与创新,所以学校开展民族传统体育教学,构建民族传统体育学科理论体系,也应该对拓展创新的原则严格加以遵循。现阶段,我国民族传统体育中有很多项目都实现了不同程度的创新,这有力推动了民族传统体育文化的繁荣与国际化的传播及发展。

在民族传统体育教学中,如果生硬地将民族传统体育项目的原始形态引入课堂中,可能会发现这是不适合作为教学内容的,但如果对其进行适当的改造与创新,就可能会变成重点教学内容。在改造与创新过程中,要注意不能破坏民族传统体育的原有风格特点,经过革新,要使其更加科学与规范,更加符合学生的身心特点。对民族传统体育项目的改造与创新不但有利于学校民族传统体育教学工作的顺利开展,还能够促进民族传统体育的发展与传承,能够使其更具规范性、创新性,从而更好地适应时代的要求,实现可持续发展。

(四)培养骨干原则

现阶段,我国民族传统体育人才缺乏,高层次骨干人才更是寥寥无几,这严重制约了民族传统体育文化的发展。而学校是培养人才的主要阵地,所以学校尤其是高校在开展民族传统体育教学工作的过程中应担负起培养民族传统体育骨干人才的重大责任。

学校在对民族传统体育骨干人才进行培养的过程中,需将民族传统体育的知识、技能等全面系统地传授给学生,实施全面教育,使学生深刻认识到我国民族传统体育文化的博大精深,并形成传承这类文化的使命感。同时,学校还要从学生的具体情况出发,对学生在民族传统体育方面的技术特长进行重点挖掘与培养,使之成为某一项目的专业人才。高校在培养民族传统体育人才方面肩负着巨大的责任,为了履行好这一职责,高校需开设民族传统体育专业,树立办学新思想与新理念,采取科学有效的措施来对满足社会发展需求的民族传统体育骨干人才进行培养。

高校在对民族传统体育优秀人才进行培养的过程中,不仅要使学生掌握理论知识,掌握专项技能,还要重点培养其传播能力,从而使其在民族传统体育的传承与发展中充分发挥自身的作用与价值。而这恰恰也是很多高校都忽略了的问题,学校没有认识到学生的传播能力在传承民族传统体育文化中的重要性,因此一味强调技能教学,忽视了传播能力的培养,这就导致很多民族传统体育专业的大学生在毕业之后难以发挥自身的价值,所以关于传播能力方面的培养工作必须重视起来。

三、学校民族传统体育教学的组织与实施

(一)民族传统体育教学的组织

民族传统体育教学中,常见的组织形式有以下几种。

1.个别教学

一个或几个学生由民族传统体育教师单独辅导的教学形式就是个别教学。采用这种形式进行教学,教师可以及时发现学生的优缺点,并有针对性地挖掘学生的潜力,培养学生的特长,同时帮助学生改正缺点。在个别教学中,教师需要注意以下几个问题。

第一,民族传统体育教师要先将班级整体的活动安排好,然后再对个别同学进行针对性的辅导。

第二,教师在对某一个或几个学生进行单独辅导的同时要兼顾全班学生的纪律。

第三,如果在个别辅导中,发现有些问题是普遍存在的共性问题,需面向所有学生重新辅导一次。

第四,进行个别辅导后,要确保学生有所收获,如果效果不明显,需调整辅导方法。

2.分组教学

个别辅导的教学形式虽然效果好,但是效率低,而且如果一个班级学生太多,这个教学形式就显得烦琐,所以可采用分组的形式来组织教学,一般在班级内进行分组时,将 4~8 名学生分为一组。分好组后,教师可以在每个组任命一名学生为组长,一般选择基础扎实,学习能力强的学生当组长,组长要在学习过程中帮助自己的组员,维持小组的纪律,充分发挥自己的骨干作用。

在采用分组教学形式时,民族传统体育教师需注意将以下几个要点注意起来。

第一,不要将太多的学生分到一组,五个左右比较合理。

第二,要使每个组都明确学习任务。

第三,要向每个组的组长说明其在自己小组中的作用,应该如何发挥自

己的作用。

第四,充分发挥骨干的指挥、管理、指导、督促等作用。

3.集体教学

对整个班级的学生集中进行教学的形式就是集体教学。集体教学有利于充分发挥教师的主体作用,有利于课堂纪律的维持和良好作风的培养,但教师很难兼顾到每个学生,很难满足每个学生的学习需求,这个缺点需要教师自己采取一些方法来尽可能避免。

民族传统体育教师对整个班级的学生进行教学时,需要将以下几个问题重视起来。

第一,管理好班级纪律。

第二,要站在学生都能看得见的地方讲解内容,示范动作。

第三,在集体教学中尽可能观察每位学生的学习情况,及时指出问题。

(二)民族传统体育教学课的实施

民族传统体育教师在具体的课程实施中,需要开展以下几个环节的工作。

1.备课

民族传统体育教师在正式上课之前,需要做好备课的工作,即计划好上课的流程,理清教学内容。

在备课过程中,民族传统体育教师需要注意以下几点。

第一,对民族传统体育教学大纲与教材有一个深入的了解。

第二,考虑在上课时具体采用什么方法进行教学。

第三,对教学对象——学生的个体情况进行了解。

第四,对教学场地和器材现状有一个基本的认识。

2.制定课时计划

课时计划就是平时所说的教案,这是备课后要开展的工作,主要就是以文字的形式来安排上课的程序。教师是否可以按照预期计划上好一堂课,主要看其教案做的是否到位。民族传统体育教师的教学态度如何,业务能力与技巧性如何,都能够从其所制定的课时计划中反映出来,所以教师要充分做好这一工作,将自己的综合素质体现出来,有效提高课堂教学的质量。

民族传统体育教师在制定课时教学计划时,需要重点注意以下几个要点。

第一,要将课堂教学任务具体提出来(图 4-1),并清楚地说明本堂课要实现什么教学目标。

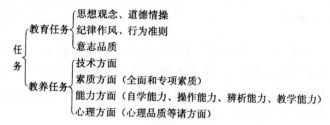

图 4-1

第二,教师要在教案中科学合理地安排课堂教学内容。

第三,明确哪些内容是重点,哪些是难点,哪些是辅助性的教学内容。

第四,教案的编写要规范精练。

3.上课

在民族传统体育课堂教学中,教师需注意以下几点。

第一,做好各方面的准备,如物质准备、心理准备等。

第二,在正常情况下按照课时计划来实施教学,如果有突发情况,可灵活处理。

第三,教师要将学生的主观能动性充分调动起来,使其脱离被动学习的状态。

第四,教师要生动形象地讲解教学内容,要确保每个学生都能听到、听懂自己的讲解。在进行动作示范时,注意示范的规范性与准确性,并选择合理的站位。

第五,教师要及时了解学生的接受情况,对于学生普遍不理解的内容反复讲解,或反复示范,加强与学生的沟通与交流,建立和谐融洽的课堂氛围。

4.课后小结

一堂课结束后,教师要进行课后小结,主要就是简单说明本节课的开展情况(教案的执行情况),有哪些收获,又存在哪些不足,下节课应该如何弥补这些不足。课后小结更多的是教师剖析自己的课堂表现,针对自己不足的地方想办法改进,避免在下节课出现同样的问题。

第四节　学校民族传统体育课程的科学设置

一、学校民族传统体育课程设置的现状

(一)民族传统体育课程目标的制定情况

设置民族传统体育教学目标需围绕一个核心,即对社会主义事业接班人进行培养,对此,在学校民族传统体育课程教学中,师生应将有效的教学时间充分利用起来,对教学活动进行合理安排,全面实现这一目标。

在学校民族传统体育课程设置中,需要率先解决的一个重要理论问题就是课程目标的制定,这是民族传统体育课程教学开展的出发点,也是最后的归宿,民族传统体育课程内容、教学组织、教学方法、教学质量评价标准的选用和制定都要以此为依据。需要注意的是,设置民族传统体育课程目标时,不能与普通体育课课程目标等同,应体现出民族传统体育的特点,在运动参与、运动技能和身体健康目标之外将心理健康目标和社会适应目标充分重视起来,使学生在对基本技术方法进行掌握之后,养成终身锻炼的能力,这有利于终身体育目标的实现。

通过对我国部分高校的民族传统体育课程设置情况进行调查后了解到,各校自行制定课程目标的情况居多,而且课程目标都会涉及五个方面,即运动参与、运动技能、身体健康、心理健康、社会适应。各校民族传统体育课程的目的任务主要从以下几方面体现出来。

(1)促进学生体质健康水平的提高,促进学生各关节灵活性、肌肉弹性的增强,全面发展学生的身体素质。

(2)进行爱国主义传统文化教育,对学生的爱国情感和积极进取的人生态度进行培养。

(3)对民族传统体育项目的基本技能、方法进行传授,为学生养成终身体育锻炼习惯做准备。

(4)对学生勇于进取、敢于展示自我的精神进行培养。

但是,调查发现,高校民族传统体育课程目标大都是短期性的目标,只是简单地在完善身体形态和提高技能方面设置目标,而没有认识到民族传统体育课在培养学生终身体育能力方面的重要性。在课程教学中,教师对控制运动负荷和技术教学过分强调,这说明民族传统体育课程教学已经在

向技能训练靠近了,民族传统体育课程目标没有体现出民族传统体育课程在传承民族传统文化、培养学生终身锻炼能力方面的价值。

(二)民族传统体育课程内容的设置情况

通过调查我国高校民族传统体育课程内容的设置情况后发现,高校在安排课程教学内容时,对本校的场地设施情况、师资状况、学生的要求等进行了综合的分析与考虑,因此开设的教学内容更实用,文化性与时代性也更加突出,大部分学生的需求都能够得到满足,因而民族传统体育课程目标也基本上能够顺利实现。太极拳、太极剑、木兰剑、形意拳、八卦掌、柔力球、刀术、棍术、散打、摔跤等是我国高校中普遍开展的民族传统体育教学项目,此外,近年来也有很多高校引进了我国民间民俗体育项目,如龙狮、毽球、珍珠球等,这些内容的引入促进了大学生选修民族传统体育课程的空间的拓展。

但是,当前我国高校在民族传统体育课程内容设置方面存在着不平衡的问题。武术、民间民俗体育、传统养生体育是民族传统体育的主要内容,但高校设置的民族传统体育课程多为武术项目,那些与现实生活更为贴近的民间民俗项目、保健养生项目等课程则设置得比较少,这对高校民族传统体育文化的繁荣发展是不利的,民族传统体育课程教学的质量也会受到一定的影响。

(三)民族传统体育课程的考评情况

在民族传统体育课程教学中,考核与评价是一个非常重要的环节,高校民族传统体育课程的发展水平及学生对民族传统体育课程的态度直接受这一环节的影响,因此对学生的学习成绩进行客观公正、全面合理的评定是非常有必要的。通过对我国 60 所高校民族传统体育课程的考评情况进行调查后了解到,考核内容不合理、轻理论、重技术的现象普遍存在,有 41.7% 的学校不考理论,只考技术,理论与技术都考且比例相当的学校仅占到 16.7%,还有 38.3% 的学校虽然理论与技术都考,但是比例分配不均,重点以技术考核为主(表 4-7)。这表明我国高校民族传统体育课程考核内容单一,没有将理论方面的考核重视起来,不关心学生掌握民族传统体育课程理论知识的程度以及在该课程中的学习态度。这样,那些身体素质差但学习态度好,锻炼积极性高的学生最后的考核成绩就普遍比较低,因而其参与这类课程的积极性就会受到打击。

表4-7　高校民族传统体育课程考核情况(N＝60)①

考核内容	学校数量	比例
不考理论,只考技术	25	41.7％
理论技术都考,比例为5∶5	10	16.7％
理论技术都考,比例为2∶8	12	20％
理论技术都考,比例为4∶6	11	18.3％
其他	2	3.3％
总计	60	100％

(四)民族传统体育课程参考教材情况

随着学校体育课程改革的不断深入,高校在民族传统体育课程方面也加大了改革力度,重点对民族传统体育课程的传统教学形式和方法进行了改革,丰富了教学内容,使民族传统体育课程更具生气与活力,越来越受学生的欢迎与喜爱。在改革民族传统体育课程中,对课程参考教材的改革是非常重要的一环。

通过调查我国高校民族传统体育课程教学中参考教材的来源情况后了解到,采用本校自编教材的学校占30％;采用本校与外校合编教材的学校占26.7％;教材不明确,由民族传统体育教师自己确定的学校占25％;还有13.3％的学校采用的是其他学校编写的教材(表4-8)。这样的情况严重制约了高校民族传统体育课程教学的开展。

表4-8　高校民族传统体育课程参考教材的来源情况(N＝60)②

教材来源	学校数量	比例
本校自编教材	18	30％
本校与外校的合编教材	16	26.7％
其他学校编写的教材	8	13.3％
教材没有具体明确,授课教师自己确定	15	25％

---

①　曾秀端.福建省高校民族传统体育课程开设现状与对策研究[D].福建师范大学,2007.

②　同上.

续表

教材来源	学校数量	比例
其他	3	5%
总计	60	100%

二、学校民族传统体育课程开设的制约因素

通过调查与分析我国学校民族传统体育课程设置的现状,可以将制约民族传统体育课程开展的因素归纳为以下几点。

(一)观念因素

因为传统体育教育观念根深蒂固,影响深刻,所以竞技体育的教学模式在高校是被大部分体育管理者及体育教师认同的。在很多管理者及体育教师看来,从竞技体育教学中可借鉴的方法与手段非常多,而且不需要花过多的时间动脑筋,风险也不大。民族传统体育,尤其是少数民族传统体育内容只是民间的一些带有娱乐性质的游戏,这些项目虽然群众基础广泛,有很强的娱乐性,但将其引入学校体育课堂中后未必就能起到与竞技体育内容同样的作用,未必就能在培养学生身体素质与促进学生健康发展方面取得明显的成果。这表明,我国很多体育教师还没有深入了解民族体育的功能价值,观念上的偏差制约了这一课程的开展。

另外,校领导对民族传统体育课程的设置没有强烈的主观内在驱动力,所以学校民族传统体育课程的发展在决策层面上受到了制约。学生作为学校民族传统体育课程教学的接受主体,虽然对民族传统体育很感兴趣,认知度也比较高,但民族传统体育教学的供给不由学生左右与控制,其在接受这方面的教育中处于被动状态。

最后需要注意的是,学校民族传统体育课程的发展也受到了民族传统体育自身因素的限制,我国民族传统体育项目种类繁多,而且很多类型的项目都不具备很高的规范性,这就为具体课程的开展带来了一些不便,增加了民族传统体育课程教学的难度。

(二)教材因素

我国民族传统体育具有悠久的发展历史、深厚的文化内涵以及丰富的项目内容,几乎与中华民族的所有思想文化都有一定的关系,如军事、哲学、

政治、宗教、文学、中医等。所以要学习民族传统体育课程,就必须从理论上加强对这些知识的研究,建立在科学的理论基础上开展民族传统体育课程教学才会取得良好的效果,才能促进学生素质的提高和终身体育锻炼能力的形成。

然而,通过调查了解到,我国高校在选用民族传统体育课程的参考教材方面存在一定的差异,甚至一些高校是没有教材的,教师在具体的教学过程中不会进行系统的理论指导,只是凭借自己所掌握的一些内容来教学生,或者是请教民间师傅来对一些基本的技术动作进行传授。很多民族传统体育授课教师都不了解民族传统体育的起源发展、器具规格与制造、技术、活动形式等基本知识,所以这类课程教学的科学性、系统性、实效性也就难以得到保障,教师与学生在教学中的积极性、主动性就会受到影响,教学效果也就难以提高。受专业教材缺乏的影响,高校很少设置民族传统体育理论课,学生掌握的理论知识非常少,因此很难在理论的指导下选择适合自己的项目来学练,追求身心健康发展的目标也难以实现。

由于缺乏统一规范的教材,所以民族传统体育教学中所采用的教学方法也不够规范,最终导致民族传统体育教学标准化程度与可控度都非常低。

(三)教学内容因素

我国高校在民族传统体育课程内容设置方面存在着严重的不平衡问题,普遍将武术作为民族传统体育课的主干内容,而腰鼓、放风筝、踩高跷、秧歌、划龙舟等具有突出娱乐性、趣味性且与生活相贴近的民间项目则没有引进高校体育课堂,而且学生的选修课内容中也很少涉及保健按摩、养生功法等传统养生保健的内容。此外,有些武术项目因为内容陈旧,而且技术性太强,所以选修的学生很少,难以顺利开展教学。

三、科学设置学校民族传统体育课程的对策

(一)转变思想观念

对学校民族传统体育课程进行科学设置,促进课程教学的发展,首先要转变思想观念,提高认识水平,这主要表现在以下两个方面。

(1)校领导要高度重视民族传统体育事业的发展,要能够对民族传统体育的多元功能和作用有一个清晰的认识,从而使学校民族传统体育的发展从决策层上得到关心与重视。学校要不断加强对体育课程的改革,要将发展民族传统体育、开发传统项目与传承民族文化、培养身心健康且全面发展

的人才有机结合起来。

(2)现阶段,重现代体育、轻民族传统体育的现象在我国很多学校还存在,对此需更新观念和思想,对民族传统体育进行大力推广与宣传,使学校中的所有成员都能够意识到民族传统体育教学的重要性。另外,民族传统体育内容丰富,除武术类的项目外还有很多有趣的民间项目和保健项目,所以学校应在体育课中引入更多的民族传统体育项目,丰富教学内容,突破单一的课程教学模式。

(二)加强对民族传统体育专用教材的建设

科学设置学校民族传统体育课程需要具备统一规范的教材这个基础条件,所以应加快对教材的统一编写,争取至少在地区范围内按项目有地区统一的教材,教委可联合各校民族传统体育教师共同进行编写,并依据统一的教学大纲来规范与整理具体的教学内容。在选编教材时,应注意科学性、实用性、健康性、娱乐性、民族性、时代性等特征的突显。此外,还应该对有关民族传统体育课程的音像教材进行大力开发与设计,提高这类课程的教学质量。

(三)选择具有地域特色的民族传统体育教学内容

学校民族传统体育课程内容的单一与陈旧严重制约了这类课程的教学效果,所以应促进教学内容的丰富与充实,对民族传统体育课程教学资源进行多维的开发与运用。学校民族传统体育文化的发展要想适应社会需求,满足学生要求,就要对现在的课程内容单一竞技化、手段方法训练化等弊端进行改革,对丰富多样的教学内容进行深入挖掘,做到传统与现代的统一、技术与文化的统一。此外,在选择课程内容时,应注意所选的内容要有利于学生对动作技术的掌握,有利于学生形成正确的运动技能,而且在课外时间也便于开展。

最后需要考虑的是,课程内容开设的条件与学校的实际情况和师资力量是否相符,与区域经济和环境条件等因素是否相符,尽可能选择具有地域特色的民族传统体育课程内容,从而促进独具一格的民族传统体育课程教学的新格局的形成。

(四)科学构建多维教学评价体系

民族传统体育课程的考评会在很大程度上影响学校民族传统体育文化的发展,所以应对与民族传统体育课程特点相符的教学评价体系进行构建,可采用传统的评定方法来评价身体素质与运动技术技能,在对学生生理机能进行评价时,可选用某些项目的体质测定指标。在评价学生对民族传统体育文化知识的掌握程度时,可采用网络问卷形式,这样民族传统体育课程的教学情况才能够通过民族传统体育课程的教学评价得到真实客观的反映。

第五节　学校民族传统体育文化体系构建的策略

学校民族传统体育文化体系的科学构建主要从以下三个方面展开。

一、合理挖掘与整理民族传统体育

(一)重点突出民族特色的核心

鲜明的民族特色是民族传统体育具有顽强生命力的主要原因,经过几千年的发展历史后,民族传统体育依然如此繁荣,主要就是因为其融合了各民族的文化内涵与优秀文化成果。因此,我们在对民族传统体育进行挖掘和整理的过程中,应该尽可能地将其具有鲜明民族特色的核心内容保留下来,在此基础上依据现实的社会文化、生产条件和生活条件去进行改造与创新,从而不断丰富民族传统体育的内容,使其形式更加多样化。

(二)对民族传统体育的产业化发展途径进行探索

在全球化背景下,文化的全球化发展趋势也日趋突显,因此民俗体育文化的发展也受到了一定的影响。作为一种重要的文化现象,民俗体育要想在全球化时代继续生存并获得更广泛的推广与更高水平的发展,就应当走产业化发展之路,所以我们在挖掘与整理民族传统体育的过程中,需对其产业化的发展途径进行积极的探索,促进民俗体育的市场化发展。民族传统体育的产业化发展不但有利于为地方创造经济利益,而且能够对世界体育文化的同质化发展进行有效的制止,从而使民俗体育的多样化发展得到可靠的保障。

二、加强对民族传统体育课程资源的开发与利用

(一)提高器材设施等物力资源的使用率

民族传统体育器材设施是民族传统体育教学中重要的课程资源,因此

应加强对这类资源的开发与利用,而民族传统体育中有些项目的器材价格比较高,而学校在这方面的资金投入又有限,所以对这对矛盾的解决就成了民族传统体育课程顺利实施的关键。

在器材设施昂贵而资金又紧缺的条件下,民族传统体育教师必须对各种民族传统体育项目器材的规格和分类进行熟练的掌握,正确指导学生使用器材设施,避免器材的损坏,提高现有器材的利用率。器材设施出现破损也是在所难免的,对此教师需掌握一定的修理技能,在破损不严重的情况下通过修理来继续利用,这样就能够节省资金。但如果破损严重,教师没有足够的把握可以修好,需请专人来修,或购置新的器材,不能为了节省经费而不顾教学质量。

(二)合理开发利用人力资源

1.重视民族传统体育教师的职后教育

民族传统体育教师是民族传统体育教学中非常重要的人力资源,民族传统体育课程资源的识别范围、开发与利用程度在一定程度上直接取决于专项教师的素质。所以学校要全面培养教师的综合素质,将教师的职业继续教育工作重视起来。在开展职后教育,对民族传统体育教师进行培训的过程中,需注意以下几点。

(1)明确培训目标

进行民族传统体育课程资源理念的培训不仅要使民族传统体育教师充分掌握专项知识与技能,还要提高民族传统体育教师开发利用体育课程资源的意识,使其对开发利用民族传统体育课程资源的方向进行明确。

(2)安排丰富的培训内容

民族传统体育教师的职后培训内容主要包括以下几个方面。

第一,先进的教育指导思想与教育理念。

第二,体育课程与民族传统体育的基本知识。

第三,民族传统体育常见项目的专业技能。

第四,课程资源开发与利用的相关理论。

第五,民族传统体育课程资源开发与利用的原则、方法以及途径。

(3)构建灵活的培训模式

民族传统体育教师的职后培训模式是非常灵活多元的,学校可以开展民族传统体育教师互换交流活动,也可以邀请民间艺人或专家来校开展讲座,还可以组织教师参加社会组织的民族传统体育艺术观摩活动等,这些都是培训教师的有效模式。

2.激发学生兴趣,重视学生资源的开发

调查发现,学生对民族传统体育活动的兴趣还是比较高的,但是因为学校开展的民族传统体育项目有限,所以限制了学生的选择空间与范围,这就造成了学生学习的被动性。为了激发学生的兴趣,满足学生的需求,学校应从以下几方面来改善现状。

第一,充实民族传统体育教学内容,使学生的选课范围与空间能够得到拓展,满足不同学生的需求。

第二,对于学生对民族传统体育的理解与再创造要给予充分的尊重。

第三,对学生开发与利用民族传统体育课程资源的观念和能力进行培养。

(三)对民族传统体育网络资源进行优化

在民族传统体育教学中,教师和学生主要是通过专业教材、影像资料、网络信息资源等途径获取民族传统体育相关知识的,所以,各校对民族传统体育的网络资源库进行建设可以帮助教师与学生更便捷地了解民族传统体育知识。

民族传统体育网络资源库的建立需要从以下几方面进行。

(1)采用学校之间相互合作的模式来构建,实现资源共享。

(2)将民族传统体育的文献资料、影像资料;学校开展的民族传统体育课程、课外活动、赛事以及本地民族传统体育特色项目作为网络资源库的主要内容。

(3)由专门人员建设网络资源库,不断更新与充实资源库中的内容,使师生能够尽快掌握与民族传统体育有关的新消息。

(四)实现课内外、校内外体育课程资源的一体化

学校开发与利用民族传统体育课程资源,不要只局限于课堂资源,还要对课外民族传统体育资源进行开发,鼓励学生积极参与课外民族传统体育活动,具体可以成立以民族传统体育为主题的社团、俱乐部等,在开展课外体育活动的过程中,教师及其他负责人员需加强管理,确保安全。

学生参与民族传统体育活动不应仅局限于校园中,家庭、学校周边的社区、大自然中同样拥有丰富的民族传统体育课程资源,因此要加大对这些资源的挖掘与开发力度,充分实现校内外民族传统体育课程资源的一体化。

三、优化学校民族传统体育教学质量

(一)在民族传统体育教学中增加资金投入

开展民族传统体育教学工作,不仅需要积极鼓励学生参与,更要建设一批合格优质的师资队伍,这就需要加大资金上的投入力度。目前,我国一些学校还没有对民族传统体育课程进行开设,而已经开设了该课程的学校缺乏高素质的专业教师,这说明校领导对民族传统体育课程不够重视,只是口头上谈发展,而不愿投入资金来支持。

为了促进民族传统体育在学校的进一步发展,学校需从资金上保障这一课程的开展与实施,投入一定数额的资金来进行场地设施的建设,引入高水平的民族传统体育教师,否则在设施不足、师资短缺的情况下是很难开展民族传统体育教学工作的,更谈不上提高这一课程的教学质量了。

(二)因地制宜开展民族传统体育项目

开展民族传统体育课程教学工作,首先要对学生的心态和心理有一个详细的了解,这是基础和前提;此外,具体开展什么项目,还要依据学校自身的实际情况来定。也就是说,学校开展民族传统体育项目需要遵循客观性原则。学校开设民族传统体育课程,不仅是为了落实素质教育,提高学生的体质,也是为了普及与传承民族传统体育文化。所以,在具体的教学过程中,学校应尽量顾及不同教学对象的特点,在综合考虑各方面客观要素的基础上因地制宜地开设种类繁多的项目,使学生在选择时有比较大的空间,而且能够选到自己感兴趣的项目,这样学生才能以饱满的热情参与其中,才能取得良好的教学效果。

第五章　多元文化背景下学校休闲体育文化的发展审视

体育的休闲化发展是现代体育重要的发展趋势。在学校中，休闲体育项目在逐渐增多，休闲体育逐渐成为众多学生参与健身锻炼的重要形式，这是与休闲体育在大众中快速传播是相一致的。本章主要对学校休闲体育文化的发展进行研究，探讨了学校体育与休闲体育的整合发展，对学校休闲体育文化的建设进行了探析。

第一节　休闲体育文化概述

一、休闲体育文化的概念与特点

(一)休闲体育文化的概念

休闲是人们在余暇时间开展的使得身心得以调节与放松，达到身心愉悦、体能恢复等方面目的的活动形式。休闲体育则是体育活动与休闲的结合，即是人们以休闲为目的而开展的各项体育活动。休闲体育文化是人们通过体育运动的方式，在休闲实践过程中创造的物质实体、价值观念、制度规范等。

休闲体育兼具休闲活动与体育活动的共同特性，休闲体育文化则表现着休闲文化与体育文化的共同内涵。休闲体育文化是社会文化现象的一种重要形式，因此其也具有文化的一般特征，同时其又具有休闲体育文化的重要独特性。休闲体育文化的三个层面包括物质文化、制度文化、价值观念文化等。

(二)休闲体育文化的特征

休闲体育文化是休闲文化的重要方面，同时其又与一般的休闲活动具有很大的不同。休闲体育文化的特征主要表现在如下几方面。

1.领先性

休闲体育是在一定的社会物质文化基础上逐渐发展而来的,并且随着人们生活水平的提高,参与休闲体育的人群不断增多,休闲体育也将获得更好的发展。在现代社会,经济社会发展程度较高的国家和地区,其休闲体育发展较快,从而创造了更加丰富的休闲体育文化,这一文化形式会向经济社会发展水平较低的国家传播,从而对其产生相应的影响。另外,在休闲体育发展过程中,不断有一些新的休闲体育项目被创造出来,一些新的科技手段不断应用于休闲体育,这也是休闲体育文化领先性的重要表现。

2.跨文化性

休闲体育文化具有跨文化性,这主要表现在现代休闲体育文化不仅在一国之内传播,而且在全球化趋势的影响下,其还会在世界范围内流传,从而使得其具有了跨文化的特点。不同的国家和民族,其文化和意识形态不同,但是都可能会对一种休闲体育文化表现出浓厚的兴趣。例如,轮滑运动,其在全世界范围内具有广泛的参与人群,人们具有不同的文化背景,但是有着相同的休闲娱乐喜好。通过开展休闲体育运动,人们能够获得身心多方面的发展,获得良好的情感和心理体验,这是休闲体育文化跨文化性的重要基础。

3.直接参与性

休闲体育文化也是体育文化的重要组成部分,其也具有体育文化的重要特征——直接参与性。人们通过参与相应的体育运动来获得相应的锻炼价值,提升技能水平,促进身心的发展。而休闲体育文化表现出更加鲜明的直接参与性,人们只有参与到休闲体育运动之中,充分体验休闲体育运动的乐趣,才能够体验到休闲体育带给自己的改变。现代社会被认为是体验式社会,人们注重在各项活动中的良好心理体验,如果不能获得良好的体验,则相应的活动必然会发展缓慢。

4.自娱自足性

休闲体育文化具有自娱自足性,这主要是因为人们在开展休闲体育活动时,是自发开展的,在参与休闲体育活动时,人们获得内心的满足感,体会到休闲体育活动的乐趣。一方面,休闲体育是人们以休闲的心理去参与体育活动的一种社会现象;另一方面,人们自愿选择了体育活动作为休闲方式,并在活动中实现了身心的满足。

二、东西方休闲体育文化的差异性分析

(一)东西方休闲体育文化在物质层面上的差异

休闲体育文化的物质文化层面主要包括休闲体育场地、器材、建筑以及相应的公共设施等方面的物质基础。休闲体育文化的物质文化发展与生产力的发展水平具有重要的关系。在远古社会,生产力发展水平相对较低,这就使得人们所开展的生产活动只能满足基本的生存需求,这时并没有现代意义上的休闲体育活动,但是人们在生产生活之余会利用基本的运动技能开展一些运动性游戏。在这一时期,运动性游戏较少,在物质文化方面,东西方之间并没有明显的区别。

人类在步入农业文明时期以后,开始逐渐出现了文明的分化。通过发展采摘和农业,人们逐渐有了固定的生活场所,在此基础上人类诞生了多样化的文明形式。在农业社会,人们"日出而作,日落而息",并且受到季节的影响,在冬季时人们没有农活,从而出现了相应的闲暇时间。在农业社会娱乐性游戏依然是人们进行的一种重要的休闲娱乐活动,但是这一时期由于生产力水品的提高,人们开始制作出一些专门用于游戏的物品,这些物品依然保留着农业劳动工具和狩猎工具的痕迹。当时,在这一时期,生产力水平仍然是较为低下的,在这一时期,东西方休闲体育物质文化方面并没有根本性的差异。

人类社会生产力出现突飞猛进的发展是在工业革命开始之后,大机器生产逐渐取代手工生产,从而使得生产效率得到了极大的提高,人类社会也向着近现代社会快速迈进。在这一发展过程中,城市化进程不断加快,人们的社会分工逐渐细化。而在西方社会翻天覆地地开展工业革命的同时,我国则开始奉行闭关锁国政策,再加上晚清政府的腐败统治,使得我国与西方国家之间形成了明显的差距,我国逐渐落后于西方各国。

在工业革命的影响下,英国逐渐崛起,通过资产阶级革命,英国确立了资产阶级的统治。在这一时期,人们忙于生产,生活节奏加快,被机器所绑架。英国统治阶级为了解决大机器生产所带来的一系列问题,开始在全国范围内开展各种形式的户外体育运动和游戏,正是在这一时期多种形式的现代体育运动兴起。随着英国社会的对外扩张,这些户外运动和游戏开始传播到世界各国。随着工业革命的开展,人们逐渐具有了空闲时间;而大机器生产使得人们进入到了发明和制造娱乐工具的时代。

在我国,在闭关锁国的影响下,我国仍然处于手工业和小作坊生产的时代,仍然是自给自足的农业社会。这一时期,虽然一些娱乐工具被设计出来,但是这些形式的工具多与体育活动关系不大。在漫长的封建社会,我国人民创造了多种形式的体育娱乐活动,如蹴鞠、捶丸等活动形式,这些人们创造出的用于玩耍的娱乐活动形式对于人们的日常生活起到了调节和丰富的作用。但是,在清朝中后期,多种形式的休闲体育娱乐活动逐渐消失了。随着鸦片战争打开我国国门,西方现代体育活动不断传入我国,其中也包括一些休闲体育活动形式,但是由于当时社会环境较为恶劣,休闲体育没有存在和发展的社会土壤。

通过对中西方休闲体育物质文化的发展进行分析,可以看出,在近代社会,由于东西方生产力水平和社会环境等方面的巨大差距,使得中西方休闲体育物质文化形态具有极大的差异性。在西方,工业化的生产方式不仅创造出多样化的休闲体育设备,更为重要的是人们能够将自身的思维通过不断努力而转变为现实,将设计出的各种设备进行量化生产。而我国则处在经济社会全面落后,没有现代化的生产手段,手工生产难以设计和创造出现代化的休闲体育设备的阶段,在当时的社会环境下,人们也没有心思去设计休闲体育设备。

新中国成立以来的一段时间,我国处于恢复和建设时期,这一时期休闲体育的发展也是相对较为缓慢的,很多时候人们并不提倡开展休闲活动。当时以国家建设和发展为重,人们积极参与劳动,休闲体育发展相对较为迟缓。在"文化大革命"时期,虽然休闲体育活动相对有限,但是广泛开展,人们以多种方式广泛开展乒乓球运动。这一时期,打乒乓球成为人们休闲娱乐的重要手段,在物质生活相对较为贫乏的年代,打乒乓球活动缓解了压力,实现了真正的休闲。这一时期的休闲体育缺乏个性特点,休闲体育活动形式单一。

随着我国改革开放的不断深化开展,我国的经济社会各方面快速腾飞。随着生产力的发展,我国在休闲体育物质层面与西方国家的差距逐渐缩小。同时,我国的一些传统休闲体育运动项目实现了恢复和发展,逐渐成了人们休闲体育运动健身的重要形式。我国的民族传统休闲活动形式多样,在这方面,我国要明显优于西方国家。

近年来,随着全球化的发展,我国休闲体育文化与西方休闲体育文化不断实现融合发展。一些休闲活动方式在世界范围内产生了深远的影响,多种活动虽然在活动器材上有统一的规格和要求,但在玩法上却更加个人化和自由化。

(二)东西方休闲体育文化在精神层面上的差异

休闲体育精神文化是休闲体育文化的内核,其是人们在休闲体育实践过程中逐步形成的价值观念和道德准则等方面的内容。休闲体育文化是建立在民族文化基础上的,因此其精神文化具有鲜明的民族特色。

价值观念是人们对事物的意识和重要性的评价和看法,其对于人们的各项行为具有重要的影响。在不同的社会环境下,受多方面因素的影响,人们会表现出不同的价值观念特点。

价值观念会随着生产力的发展而变化,生产力发展水平和人类的认知能力提高具有密切的关系。随着生产力的不断提高,人们的认知水平也在不断提高,从而会形成新的价值观念。

东西方社会在开展休闲体育活动时,都注重人的全面发展,但是其具体的认识却有很大的差异性。

1. 东西方历史文化背景对休闲体育价值观念形成的比较

我国传统文化注重人的内在、心理和品质等方面的发展,而身体则被认为是人的内在的表现。我国的传统文化融汇了儒释道三家。儒家文化注重"君子"人格的发展,所谓"修身,养性,齐家,治国,平天下",同时注重礼教和伦理纲常;释家即为佛家,其注重万物皆空,超脱世俗;而道家则追求自然人格,注重人体自身的修炼和提升。这三种文化形式对我国的休闲体育精神文化产生了重要的影响。我国的各种体育活动形式注重通过外在的修炼来促进内在的提升,通过身体活动的开展来促进人们精神和境界的提升,而对身体本身的发展并不注重,只讲究延年益寿、祛病健身。这与我国长期的封建统治束缚了人们的创造活力和进取精神具有很大的关系。中国的休闲体育文化重在内省,注重心灵的发掘。在运动形式方面,中国人追求静和养生,注重休闲运动负荷的节制。农业社会的中国所产生的体育活动相对比较个人化,大多数项目都是个人活动。我国古代也有一些集体项目产生,但终不能传承下去。

西方休闲体育规范化、制度化特点突出,行为具有标准化特点。另一方面,如球类运动的双人或者多人活动,相互的配合、合作是活动的重要影响因素,个人行为被赋予了责任。西方的体育思想文化不仅注重身体美,而且还注重精神美,强调两者的和谐统一。西方的体育思想并不追求一些模糊的内在的人格提升,而是注重身体的健美和发展。西方休闲体育文化注重个性的张扬,追求感官的刺激,崇尚进取、斗争和冒险,尤其是通过一些极限运动来展现个性。

2.不同的人生观对东西方休闲体育的影响

我国的传统文化将玩乐理解为一种消极的活动,玩乐活动会造成时间和精力的浪费,影响人的"正业"。人们总是赞美辛勤劳动者。在这一思想观念的影响下,开展休闲娱乐活动,尤其是开展一些需要花费一定的金钱的休闲娱乐活动时,很多人都持一种否定的态度。虽然随着人们认知的不断提高,这一方面的思想正在弱化,但是短期内其仍然具有较大的影响力。

西方人尊重人的个性自由,注重完美人格的塑造,他们将休闲作为调剂生活的必要手段,甚至有人将休闲认为是人生的目的。人们努力工作是为了创造更好的休闲生活。

(三)东西方休闲体育文化在制度层面上的差异

中西方休闲体育文化在制度规范层面上的异同主要表现为影响休闲活动的社会制度体系和活动的规范要求两个主要方面。

在古代社会,人们在白天开展农业劳动,在晚上休息,按照节气来开展农业劳动。因此,在农业社会,人们的生活节奏与作物的生长周期密切相关。其周期具有自然性,并没有严格的时间限制。这就使得人们的时间相对较为自由。在不同的季节,不同的地区,农作物的生长不同,会造成人们在作息时间上的差异。在农业社会,人们会在相应的节假日开展一些相应的休闲娱乐活动。不同的民族都有其相应的传统节日,如我国的春节、端午节等,人们在这些节日期间都会开展相应的传统活动,一些活动形式依然流传至今。

在近代社会,随着大工业生产的发展,休闲文化逐渐被提出。在大机器生产下,生产力不断发展,效率不断提高,这时对于劳动者自身的综合素质有了更高的要求。在工业社会,在大机器生产环境下,社会形成了相应的工作制度,这是工业社会的重要特征。在工业社会,人们要跟着机器的节奏走,但是机器可以不停旋转,而人不可以。另外,在工业社会,社会分工逐渐细化,人们在生产时,工作也变得固定。在重复劳动过程中,人们会出现疲劳,跟不上机器的节奏。总而言之,在工业社会,在作息和动作等方面进行了规定和安排,并以制度的形式确定了下来,城市中的人们逐渐具有了一定的生活节奏,产生了现代意义上的自由时间。

西方国家步入工业社会较早,他们较早地对工作和作息时间等方面进行了制度化的规定和控制,从而开始了不同于农业社会的生活节奏。在工业生产过程中,人们有了上下班的时间,有了固定的节假日规定,使得城市能够有序运转。这也使得城市中的人生活具有了一定的规律性和节奏性,工作之外,人们有了相应的自由支配时间,这为休闲体育的发展提供了可能。一些现代休闲体育运动项目正是在这一基础上发展而来的。

工业社会的制度化特征还表现在相应的活动和行为规范方面。随着工业化的发展,经济社会快速发展,人们的认知水平不断提高,在这一过程中,一些现代化的法律法规不断完善,这对人们的社会生活起到了良好的规范和约束作用。在开展相应的休闲体育活动时,会产生相应的活动规范,中西方之间,活动方式的规范和要求也存在较大的差异。在西方社会其各种休闲体育运动项目大都具有规范化、制度化的特点,这是其鲜明的特征。另外,对于长期器材等方面也有较为一致的规定,人们在开展相应的活动时会按照相应的规范来进行。

在西方进行工业化生产的同时,我国则依然处在农业社会,在农业社会,对于生产方式没有相应的准则和标准,使得人们在参与相应的活动时,也缺乏具体的活动规范。例如,我国的传统武术,在农业社会,其主要在民间传播,是一种重要的休闲健身方式。我国的武术运动没有统一的规范,门派林立,注重单打独斗,在对练时点到为止。

在新中国成立初期,我国在经济社会各方面出现了较大的发展,各方面的制度不断完善,我国的很多传统运动项目被进行了统一的规范和改造,建立了相应的统一标准,促进了其进一步发展。随着我国社会的现代化发展,我国建立了社会主义现代化国家。与西方资本主义国家相比,中国特色社会主义具有多方面的优势,党和国家坚持为人民服务,各项制度和法规也在不断完善,充分保障了人们参与体育运动的权利。近年来,随着经济社会的进一步发展,我国将全民健身上升为国家的基本战略,并颁布了《"健康中国2030"规划纲要》《全民健身计划(2016—2020 年)》等一系列政策文件,必将有效推动我国体育事业的发展。我国休闲体育也必将得到更好的发展。

三、休闲体育文化模式

改革开放以来,我国经济社会快速发展,人们的生活水平不断提高。但是在发展过程中也出现了一定的问题,地区经济社会发展的不平衡成了重要的社会问题。另外,区域历史文化不同,使得人们具有了不同的思想观念。经济社会发展水平的不同使得人们的休闲体育文化模式也不尽相同。

(一)不同阶层休闲体育文化模式的差异

不同地区,经济社会发展的水平不同,人们的价值观念也表现出一定的差异性,从而使得其休闲体育文化模式也不同。社会地位、经济条件和文化水平等方面的差异性使得人们在参与相应的休闲体育活动时所表现的价值取向和行为方式等都具有很大的区别,与其所处的阶层相协调。在同一阶层,其会表现出相似的价值观念和行为方式。

由于人的行为是受到文化的模式影响的,如果休闲体育活动与所处的阶层相适应,则人们就会积极参与这一活动来达到相应的目的。基于此,可将休闲体育活动按照社会阶层来进行相应的分层。休闲体育文化表现出如下几方面的基本阶层特征。

(1)掌握各方面社会资源较多的富裕阶层,其绝对消费水平就会相对较高,其在选择休闲体育消费时也会表现出较高的消费水平。

(2)掌握各方面社会资源较多的富裕阶层,其往往会选择一些身体接触较少、能够个人完成的相应的休闲体育项目。

(3)掌握各方面社会资源较多的富裕阶层,其在选择休闲体育项目时,往往会选择一些难度较高的休闲体育运动项目。

(二)不同阶层参与休闲体育的文化模式

不同社会阶层,其在休闲体育活动中所表现出的倾向存在很大的区别,人们参与休闲体育的文化模式主要有如下三种类型。

1.以思想文化作为特质的文化模式

在参与休闲体育运动过程中,人们能够使得身体得到锻炼,并且能够保持心情的愉悦。人们在开展休闲体育活动过程中,逐渐将其发展成为一种重要的生活方式,成为一种良好的生活观念。通过关注休闲体育的文化特质来使得自身的人格得到发展,这成了具有较多的社会资源的人群的休闲体育文化模式。占有较多社会资源的人群是社会上的精英阶层,对于这一阶层的人员来说,其参与休闲体育活动的目的除了进行自我身体锻炼之外,更为重要的是在休闲体育中推动自我的发展,将其作为生活的一部分,寻找生活的文化意义。

占有较多社会资源的人群其参与休闲体育更加注重其文化功能,除了促进身心疲劳的缓解之外,更为重要的是其情感交流、品味生活等方面的功能。这一类人群尤为注重人与人之间的沟通与交流,通过相同的休闲体育爱好来建立相应的人际关系,实现更好的发展。

(1)休闲体育消费倾向专业性

对于占有较多社会资源的人群来说,其时间成本相对较高,因为同样的时间里他们往往会创造更多的社会财富。他们在参与相应的休闲体育活动时,会考虑时间问题。他们在选择休闲体育活动时,往往会选择一些在短时间内消费高的项目。通过参与休闲体育活动,他们往往追求休闲体育的专业化,不仅是掌握相应的技能,更为重要的是这一运动项目所代表的文化和思想,这都是他们考虑的方面。

富裕阶层在选择相应的休闲体育活动时,他们对于休闲体育活动的消费并不一定是消费的休闲运动项目本身,而很大程度上是具有文化精神内涵意义的消费。通过进行相应的休闲体育项目的消费,他们在一定程度上是对某种生活方式的认同。

(2)休闲体育方式具有阶层特征

不同的社会阶层,其进行休闲体育时所选择的方式、场所和内容等具有一定的不同,相同阶层会具有一定的模式化特征。对于中上层人群而言,开展骑马、高尔夫球、舞蹈等运动较多,甚至骑马、高尔夫球被认为是贵族运动,是上层人群的专利。富裕阶层在参与休闲体育活动时,其每周的参与次数相对较多,并且往往会选择一些时间较长的休闲体育活动。

2.以娱乐为特质的文化模式

人们在参与休闲体育活动时,进行休闲娱乐是重要的目的,丰富多彩的休闲体育娱乐活动能够使得人们的不良心理状态得到缓解,从而保持良好的心理状态。以这一目的来参与休闲体育活动的阶层包括中上层以及部分中下层群体,他们在参与休闲体育活动时,其目的就是为了进行消遣和娱乐,不仅注重其健身价值,也注重其对心理健康的促进。

(1)休闲体育消费更加理性

以休闲娱乐为特质的文化模式,其所对应的参与人群主要是处于社会的中层,他们在选择相应的休闲体育活动时,会避免那些消费相对较高的活动,他们更加注重休闲体育活动的实用价值,即为强健身心以及娱乐方面的价值。在进行休闲体育消费时,他们会根据自身的收入水平来选择相应的休闲娱乐活动,对于那些高消费方式则较为慎重。

这一阶层在选择相应的休闲体育活动时,会表现出对于新奇事物的尝试,容易受到他人的影响。因此,在心理机制方面,他们参与休闲体育活动时,大都具有一定的从众心理,选择一些较为大众的消费活动。

(2)休闲体育行为方式大众化

社会中间阶层的人群在选择相应的体育休闲娱乐活动时,往往会具有一定的大众文化共性特点,运动相对较为简单,消费不高,场地要求不高,易于开展。在开展休闲体育活动时,其共同参与者较为随意,可以和家人、朋友、同事等一起来参与。

3.以健身为特质的文化模式

以健身为特质的文化模式相对应的社会阶层多为社会中下层群体,这一群体的收入水平相对不高,没有较多的资金来支持开展休闲体育活动。这一群体在参与休闲体育活动时,多从健康的角度来考虑,同时开展休闲体育活动也是打发业余时间的良好方式。

(1)休闲体育消费倾向少花费、易获得

社会中下层群体的社会资源占有较少,收入水平较低,其用在休闲体育消费方面的投入也相对较少。这一类人群在进行休闲体育消费时,多投入在服装方面,对于运动场所和运动器材方面的投入相对较少。

(2)休闲体育活动方式简约化

这一阶层在开展休闲体育活动时,多会选择一些时间密集型和体能密集型活动。他们在参与休闲体育活动时,主要是为了进行健身锻炼,保持良好的身体素质,多选择一些相对较为简单的项目。在参与休闲体育活动时,多选择一些自然场所来开展活动,因为体育场馆会收取相应的使用费用。在开展休闲体育活动时,他们中很多人会在广场、公园空地等地开展一些舞蹈、跑步、散步、游乐等活动。

第二节　学校休闲体育文化的发展现状分析

一、学校休闲体育的发展现状

(一)大学生余暇生活现状分析

现阶段,大学生利用自身的余暇生活时间的方式并不科学,存在多方面的问题。具体而言,大学生余暇时间的利用表现出如下两个方面的特点。

其一,从余暇时间来看,大学每天都会有相应的余暇时间,一般在1个小时以上,还是相对较为充足的。

其二,深入到具体的年级阶段来看,一般大一学生刚入学,这一阶段的余暇时间相对较多,在2小时以上;而大四年级基本修完了相应的课时,余暇时间也在2个小时以上。大二、大三年级的学生其学习任务相对较重,每天的余暇时间相对减少,一般在1~1.5小时左右。除了学习任务之外,利用余暇时间开展兼职工作,这也使得进行休闲的时间减少。①

现阶段,大学生利用余暇时间开展休闲体育的人群较多,并且男生参与休闲体育的比例要高于女生。但是,余暇时间的利用存在一定的不合理,这是因为除了参与休闲体育之外,利用余暇时间进行上网的学生也占到了较高的比例,男生的比例也大于女生。人们可通过用手机进行上网,而过多地使用手机使得"低头族"随处可见,甚至过马路时也在看着手机,长此以往,不利于人体的健康发展。

(二)大学生休闲体育动机现状

大学生参与休闲体育的动机较多,调查发现,学生参与休闲体育最大的动机即为增进健康。除此之外,学生参与休闲体育的动机按照选择人数的百分比的大小排列,还包括:扩大交际圈、享受运动快乐、丰富生活情趣、保持良好体型、展现自我、追求流行时尚等。

男生选择享受运动快乐动机的人群所占的百分比排在第二位,而选择保持体型动机的人群所占的百分比则被排在第六位。相比于男生,女生将增进健康作为首要动机的人群更多。除此之外,女生选择保持良好体型动机的人群所占的百分比排在第二位,而享受运动快乐动机的只排在第五位。

女生从小参与运动锻炼较少,从而其较少体验到运动的快乐,而将保持良好的体型作为重要的运动动机。但是,休闲体育较为注重人们在参与过程中获得良好的心理体验,保持良好体型这一动机会造成参加休闲体育的不稳定性。

大学生选择休闲体育的动机现状特点如下。

其一,学生参与休闲体育的共同目的就是为了丰富生活情趣,促进交际圈的扩大。

其二,女生参与休闲体育的动机仍然停留在较低的层次,不是为了获得心理的满足,而是为了良好的形体,对于休闲体育的认识不够深入。

其三,男生大多喜爱休闲体育带来的快乐,从而可能逐渐发展为一种良好的休闲锻炼习惯。

(三)大学生参与休闲体育时间现状

学生参与休闲体育的时间方面的调查显示,13%以上的学生没有参加过休闲体育。而85%以上的学生有固定参与休闲体育,但是每周参与2~4

---

① 陈玲.普通高校大学生休闲体育现状分析及影响因素的研究[D].华东师范大学,2007.

次的人群则只占到了40％左右，每周参与休闲体育1次的学生不到30％。

具体而言，男生固定参与休闲体育的人群较多，每周参与2次以上休闲体育的男生将近80％，而女生则只有不到35％。休闲体育对于男生具有更大的吸引力。

男生在参与休闲体育过程中，不仅参与的频率要比女生多，并且其在参与一次休闲体育活动时，所用的时间也要多于女生。女生在进行体育运动时，持续的时间相对较短。

（四）大学生参与休闲体育项目现状

学生在参与休闲体育运动项目方面，"三大球""三小球"、游泳、登山、台球、跑步、健美操和武术等都是学生喜爱的运动项目。但是，需要注意的是，学生理想的休闲体育运动项目与其实际选择的运动项目之间具有一定的差异性。具体而言，男生所理想的休闲体育运动项目排名前三的分别为网球、游泳和足球；女生所理想的休闲体育运动项目排名前三的为排球、健美操和羽毛球。

而在现实中，调查显示，学生所喜爱的运动项目在实践过程中却处在较低的位置。在实际选择的运动项目中，男生选择最多的休闲体育运动项目前三位的分别为足球、篮球和跑步；女生选择的休闲体育运动项目排名前三位的分别为排球、跑步和乒乓球。

这反映出如下两方面的问题。

其一，学生在进行休闲体育选择时，并不能完全表达自己的意愿。学生在选择休闲体育运动项目时，由于多方面因素的影响（主要是场地因素），使得很多学生只能退而求其次，这是有违休闲体育的本义的。

其二，学生对于休闲体育运动项目的期望过高，很多学生对于休闲体育的认识不足。很多学生认为休闲体育运动项目过少，却不知能够用于休闲娱乐健身的各种体育活动都可以理解为休闲体育，休闲体育关键在于"休闲之心"，不在于休闲运动项目。

（五）大学生休闲体育活动形式现状

调查显示，大学生参与休闲体育活动的形式可分为三类：其一，即为参加相应的俱乐部，开展相应的休闲体育活动；其二，则是自发组织亲友、同伴和同学一起参与相应的休闲体育活动；其三，个人参与相应的休闲体育活动。在参与休闲体育活动的形式方面，大多数学生为第二种形式，个人参与休闲体育活动的最少。这表明了大学生参与休闲体育活动的集体性特征。

(六)大学生休闲体育消费现状

大学生处于求学阶段,并没有固定的经济收入,其消费能力也是相对较为有限的。因此,其用于休闲体育的消费支出相对较少,并且男生的消费水平相对要高于女生。

二、学校休闲体育专业的发展现状

(一)休闲体育专业的发展概述

在西方发达国家,休闲体育的发展较早,休闲体育发展较为成熟。而我国休闲体育发展起步较晚,在改革开放以来,休闲体育才逐渐走上快速发展之路。我国休闲体育的发展还处于探索阶段。

21世纪以来,休闲体育发展较快,对于休闲体育的人才需求也在不断增长。2003年,广州体育学院向教育部提出申请,希望能够增设休闲体育专业,在2006年得到批准。在2007年,广州体育学院开始向全国范围内招生,这是我国休闲体育专业发展的序幕。其后,休闲体育专业在各大体育院校设立。经过多年的发展,休闲体育专业已经从体育院校发展至各综合大学和师范类院校,具有良好的发展前景。

表5-1显示出了十所高校休闲体育专业的所属院系情况。从表中可以看出,包括杭州师范学院、常州大学和淮南师范学院在内的非体育院校,都将休闲体育专业放在了传统的体育院系的范围内,而体育院校则基本上都将休闲体育专业放在了与社会体育相同的院系。休闲体育专业的建立,在很大程度上取决于社会体育专业的基础。

表 5-1 我国十所高校休闲体育专业所属院系情况

院校	所属院系
广州体育学院	休闲体育与管理系
武汉体育学院	体育经济管理学院
首都体育学院	休闲与社会体育系
上海体育学院	体育休闲系
沈阳体育学院	体育教育系
西安体育学院	社会体育系
山东体育学院	体育社会科学系

续表

院校	所属院系
杭州师范学院	体育与健康学院
常州大学	体育部
淮南师范学院	体育系

(二)高校休闲体育专业发展中存在的问题

1.只是在专业院校开展,培养模式单一

我国休闲体育人才的培养途径基本上是独立的体育院校,没有将其上升为通识教育的高度。随着我国经济社会的快速发展,休闲体育也得到了快速的发展,参与人群众多,具有广泛性和社会性的特点。而我国的休闲体育教育还停留在专业教育阶段,难以满足社会的需求。休闲体育人才需要具有较强的综合能力,这就决定了其培养模式是培养复合应用型能力。

2.课程设置没有特色,存在同质化倾向

通过对我国高校的休闲体育专业的相关调查发现,休闲体育管理专业的内容相对较为广泛,增加了一些专业理论课程和通识类课程,但是增加的部分较少。除此之外,我国很多高校的休闲体育专业的课程多与体育管理专业的课程重叠,休闲体育专业的课程深度和广度都有所欠缺。

3.师资与教材方面存在问题

(1)师资方面的问题

休闲体育专业是一门新兴的专业学科,这就使得其相关的师资相对较为缺乏。休闲体育专业的教师大都从体育院校毕业,经过进修、学习和培训而逐渐承担起教学任务。但是,这些教师在休闲体育专业知识方面是相对较为薄弱的,很难对休闲体育产业有深刻的理解,而对于一些新兴的休闲体育运动项目,教师在这方面的理论和技能更加欠缺。

(2)教材方面的问题

目前,休闲体育专业的教材缺乏一定的系统性与专业体系,教材方面的建设有待进一步加强。

除此之外,休闲体育具有流行性特点,而教育的开展本身具有一定的滞后性,这就使得开展休闲体育时,很多休闲体育项目都不是流行的运动项

目,不能紧跟时代潮流。

总而言之,我国的休闲体育教育资源相对较为匮乏,难以满足社会发展的需求。在开展休闲体育教学时,应积极促进教师队伍的培养,不断深化休闲体育专业方面的理论研究,完善休闲体育专业的理论体系,促进我国休闲体育专业的良好发展。

三、休闲体育思想转化为休闲体育教育实践过程中的障碍

(一)思想认识在成果转化中的障碍

在我国,长期以来休闲并不被重视,甚至遭受人们的质疑。随着近代化的不断发展,人们对于合理的休闲有了更进一步的认识,并逐渐被接受,从而使得休闲文化不断发展。但是,在休闲体育发展过程中,在休闲体育与休闲体育教学相结合的过程中,还有诸多方面有待进一步发展和完善。人们的思想认识是休闲体育思想转换为具体的休闲体育教学实践过程中的障碍,具体而言,其主要表现在如下两方面。

首先,我国积极注重"健康第一"的体育教育思想,注重通过开展体育教学来促进学生体质健康状况的增强。人们会担心休闲体育教育是否会动摇"增进健康,增强体质"这一学校体育的根本任务。如何解决健康、休闲的关系将从思想认识层面制约休闲体育教育实践。①

其次,教学活动具有一定的严肃性,在开展休闲体育教学过程中,人们会担心其娱乐性和休闲性是否会对教育的严肃性产生不良的影响。长期以来,人们将接受教育视为向社会上层发展的重要途径,而休闲体育中的休闲思维会与传统的教育观念产生一定的冲突。

(二)休闲体育教育理论成果有效供给能力的障碍

随着经济社会的发展,休闲体育是体育运动发展的必然趋势,这是显而易见的。而休闲体育逐渐进入学校体育教学也是大势所趋。但是,在休闲体育教学开展过程中,其还需要多方面的共同努力。现阶段,我国休闲体育教育的理论体系发展相对滞后,这成为制约休闲体育教育发展的重要方面。在开展休闲体育教学时,人们往往从休闲教育的角度来阐释休闲体育教育。

现代休闲体育教育已经取得了一定的成果,各大院校都开设了相应的

---

① 孟凡强.休闲体育教育教学改革初步探索[J].武汉体育学院学报,2008,42(10).

休闲体育专业。但是需要注意的是,休闲体育仍处在发展之中,休闲体育教育的相关理论体系并没有建立起来,各方面有待进一步研究。人们在对休闲体育进行研究过程中,往往缺乏系统性,只是取得了点突破,没有扩展到理论的全面发展。因此,其教学理论缺乏系统性,这不利于休闲体育教学的实践操作。另外,在休闲体育教育思想转化为休闲体育教育实践过程中,不同群体的休闲体育教育较少,研究还缺乏针对性。

总而言之,在进行休闲体育教学中,休闲体育教育的理论研究相对不足,缺乏完善的教学体系。增强休闲体育教育理论成果的供给能力是其向实践转化的关键和核心。[①]

(三)转化渠道不畅的制度性障碍

在对社会科学进行研究时,其研究的成果转化为应用往往缺乏相应的渠道。自然科学方面的研究可转化为具体的专利、产品、技术等,从而产生相应的经济和社会价值。而社会科学的研究本身的特性使得其研究者与应用者之间缺乏相应的沟通与交流。在开展休闲体育教学时,休闲体育教育方面的理论研究也表现出了这一特性。这在一定程度上阻碍了休闲体育教育的发展。但是,人们往往会忽视这一方面对于休闲体育教育的消极影响。具体而言,休闲体育理论向实践转化的过程中,其转化渠道不畅的制度性障碍主要表现在如下两方面。

首先,人们在开展教学理论方面的研究时,多侧重于教学基本理论的探讨,对体育教学实践方面的研究相对有限。另外,学者们往往注重理论的研发,而不注重理论成果的实践应用。这就使得很多体育教学理论缺乏教学实践指导价值,不利于休闲体育教学的开展。

其次,在休闲体育教学的开展过程中,教学的管理者和教学的实施者对于将新的教学理论转化为教学实践的积极性相对不高。这主要是因为,推行相应的新的体育教学理论,必然会使得体育教学进行相应的改革,从而不得不投入相应的经历和资源。但是,改革的效果却是较为隐性的、长远的,难以在短期内通过相应的指标来进行衡量。这就在一定程度上使得一些休闲体育教学思想和理论无法应用于实践。

(四)实践过程中的技术性障碍

在进行休闲体育教学实践过程中,一些技术性障碍是阻碍其发展的重

---

① 孟凡强.休闲体育教育教学改革初步探索[J].武汉体育学院学报,2008,42(10).

要因素。具体而言,这些技术性障碍主要表现在如下几方面。

其一,我国的教育资源相对较为紧缺,尤其是休闲体育的场地和设施资源更是较为缺乏。在开展休闲体育教学时,应在有限的场地设备的基础上合理利用这些资源,场地和设施的缺乏在短期内是无法改变的。

其二,休闲体育运动是相对较为随意的活动,人们在开展时对技术的要求并不严格。而在进行休闲体育教学时,就面临着如何实现休闲体育教学的教育性、系统性和严肃性等方面的问题。休闲体育教育要充分发挥其教育性,避免使得教学流于形式。

其三,休闲体育注重人们参与体育过程的休闲性,而开展体育教学的重要目的则是促进学生健康的发展。在进行休闲体育教学过程中,面对的重要难题就是如何将体育教学的基本目标与休闲体育的休闲过程相结合,实现学生在充分体会休闲乐趣的过程中促进健康的发展。①

其四,休闲体育教学是一个系统的过程,在这一过程中,应实现学生体能的发展、技能的提高,使其心理得到提升,并获得相应的理论知识。这些方面都需要妥善处理。

在开展休闲体育教学中,可能还会遇到一些其他方面的技术性障碍,不管是何种障碍,都需要教学者做好准备,妥善进行解决,从而促进休闲体育教学实践进一步的发展。

第三节　学校体育与休闲体育的整合研究

一、学校体育与休闲体育融合发展的必然性

(一)普遍有闲社会的到来需要建制化的休闲教育

近年来,随着经济社会的不断发展,我国的现代化程度不断提高,人们思想观念也得到了进一步的发展。随着生产技术的不断进步,人们开始从体力劳动中逐渐解放出来。而我国积极保证劳动者的权利,落实节假日制度,使得人们的余暇时间不断增多。现阶段人们不仅可在周末休息,还有一

① 孟凡强.休闲体育教育教学改革初步探索[J].武汉体育学院学报,2008,42 (10).

些法定的节假日,充分保障了人们开展各项休闲活动的时间。

随着参与休闲体育人群的不断增多,休闲体育将获得进一步的发展,参与休闲体育的人群也将进一步增多。在人们的休闲体育需求的不断增长过程中,休闲体育产业将获得较快的发展。在我国休闲体育发展过程中,为了避免其无序化发展,推动其向着科学的方向前进,有必要积极开展相应的休闲体育教育,推动休闲体育产业向着健康的方向发展,使得人们科学开展休闲体育运动。开展休闲体育就是能够在一定程度上满足休闲体育发展的社会需求,对于现代社会的发展具有积极的意义。

(二)体育教学的发展要求通过休闲体育教育来回归体育的本性

在不同的历史发展时期,人们对于休闲体育的认识是不同的。对于休闲体育的探讨必然会涉及休闲。国外学者认为:休闲教育是一个完整的发展过程,在这一过程中,人们逐步理解自我、理解休闲、认识休闲与自己的生活方式及社会结构的关系,人们经历一个在自己的生活中确定休闲的位置和意义的过程。[①] 学者们认为,休闲是一种育人的重要过程。通过开展各种休闲活动,能够实现多方面的功能和价值。

在体育教学过程中,人们注重体育技能的掌握,注重推动学生体质的增强,而对于学生身心的全面发展、人格的完善等方面的作用是不明显的。体育本身旨在促进人们的全面发展和完善,这是体育的本质。通过进行休闲体育教育,能够在一定程度上实现体育教学回归体育的本性,通过开展休闲体育教学,能够实现体育服务于人的全面发展。

二、休闲体育对体育教学的重要作用

随着经济社会的不断发展,以及人们的健康意识的不断提升,休闲体育已经成为人们的一种重要的休闲方式,甚至成为人们日常生活的重要组成部分。社会大众对于休闲体育的需求不断增长,而学生也对休闲体育表现出了浓厚的兴趣。在这一时代背景下,我国应积极加快休闲体育人才的培养,摆脱传统体育教学观念的影响,积极促进休闲体育与体育教学的结合,积极加快休闲体育教学的改革与发展。

---

① 孟凡强.休闲体育教育教学改革初步探索[J].武汉体育学院学报,2008,42(10).

(一)休闲体育在学校体育教学实施过程中具有至关重要的作用

休闲体育的内容涉及诸多方面,可从多方面对其内容进行分类。而其价值和作用可概括为两个方面:其一,促进个人的发展;其二,推动社会文明的进步。这是休闲体育的两个积极方面。

体育教学不仅要促进学生专业素质的提升和体质健康的增强,其还塑造了学生的价值观、人生观。同时,体育教育为社会发展提供了相应的人才需求,满足了社会发展的需要。

通过以上分析我们不难发现,休闲体育与体育教学有着交叉点。通过开展休闲体育教学,能够促进体育教学目标更好地实现。同时,休闲体育丰富了体育教学资源,满足了学生多样化的体育需求,其在体育教学实施过程中起到了至关重要的作用。

(二)休闲体育教育是"育人"之良方

体育教学的重要目的是为了育人,尤其是随着我国体育教学改革的不断深化进行,终身体育思想成为体育教学的重要指导思想,通过开展体育教学,不仅要促进学生各方面的发展,还要促进学生养成良好的体育锻炼习惯,为终身体育奠定基础。

通过开展休闲体育教育,能够使得学生更好地体会到体育运动的乐趣,从而能够促进其积极参与体育运动锻炼,促进其终身体育思想观念的形成。另外,通过开展休闲体育教育,能够使得学生体会生活的美好,促进其生活质量的提升。作为体育教学的重要组成部分,休闲体育教学能够发挥"育人"的作用。

现代社会工作和生活的压力加大,对于大学生而言,其将要走入社会,学习的压力、对于未来的焦虑等都会对其产生一定的压力,容易形成不良的心理状态。通过开展休闲体育教育,能够实现心理压力的缓解,促进良好的心理状态的保持,促进生命质量的提升。①

(三)休闲体育与素质教育

近年来,我国积极推进素质教育改革,促进学生素质的全面发展,而休闲体育对于素质教育的开展具有积极的促进作用。具体而言,其主要原因有如下两方面。

---

① 邱雨.休闲体育与学校体育教育融合的创设性思考[J].当代体育科技,2016 (15).

其一,我国长期以来受到应试教育的影响,学校不注重体育教学工作的开展。尤其是中小学生,其参加体育锻炼的时间被挤占。在这一现实环境下,推动学校休闲体育对于素质教育的推进尤为重要。

其二,休闲体育具有多方面的功能和价值,这是其他学科无法替代的。通过开展休闲体育运动,能够促进学生体质健康的发展,促进其保持良好的心理和情绪状态,促进学生人格的发展和完善。因此,开展休闲体育教学,有助于素质教育效果的提升。

在体育教学过程中,为了推动素质教育的开展,应注重学校休闲体育教育工作的开展,加强教师思想和观念的改变,建立完善的休闲体育课程体系,推动休闲体育教学的开展。[①]

(四)休闲体育与终生教育

休闲体育对于终身体育思想的贯彻实施具有积极的促进作用。开展休闲体育教学,不仅能够促进学生的身心发展,还能够培养其对于休闲体育运动的兴趣,养成良好的休闲体育锻炼的习惯。总而言之,休闲体育的思想与终身体育思想具有一致性,通过开展休闲体育教育,能够促进学生终身体育意识的培养。同时,终身体育思想也会对休闲体育教育的开展具有积极的促进作用。

(五)休闲体育与体育课程改革

长期以来,我国体育教学发展缓慢,人们的体育教学思想相对较为保守,不利于体育教学的发展。通过推进休闲体育教学,能够促进思想的发展,推动体育教学改革的发展。在体育教学改革中融入休闲体育理念,使得体育教学改革具有了发展的方向。在学校中开展休闲体育教学,能够满足学生的休闲体育需求,增强体育教学对于学生的吸引力,促进学生的全面发展。当然,在体育教学中,如果只是引入相应的休闲体育运动项目,并不能算是真正意义上的休闲体育教学,还需要将休闲体育理念融入到体育教学之中,促进休闲体育教学体系的完善,实现休闲体育教学的创新发展。[②]

进行课程改革是推动素质教育体系发展的重要环节。在进行体育课程改革时,应体现体育教育的价值取向,满足社会发展的需求。休闲体育与现代体育教学的融合发展是现代体育课程发展的重要趋势。

---

① 张锐锋.学校体育与休闲体育的整合[J].辽宁体育科技,2006(04).

② 邱雨.休闲体育与学校体育教育融合的创设性思考[J].当代体育科技,2016(15).

1.休闲体育与现代体育课程内容的整合

休闲体育与体育教学的各方面有诸多相似之处。休闲体育与体育课程改革都对社会的发展起到了一定的促进作用,促进了社会需求的满足,也不断满足了学生的需求。在体育课程中,休闲体育正在逐步渗透,如我国的一些民族传统休闲体育运动项目,逐渐进入学校体育教学。

随着体育教学思想的发展,传统的体育教学模式也在不断发生着变化。休闲体育与体育课程内容的结合,是现代体育教学新理念的表现。休闲体育教学尊重学生个性的发展,激发了学生的体育兴趣。在休闲体育教学中,休闲体育更多地充实到体育教学中去,这是学校体育课程理念发展的需要。

2.休闲体育与体育课程的相互作用

休闲体育对体育课程改革具有重要的促进作用,同时体育课程改革也促进了休闲体育的发展。学校在开展休闲体育教学时,能够使得更多的学生参与到休闲体育运动中去。在学生毕业之后,其必然会开展各种形式的休闲体育运动,推动休闲体育的发展。休闲体育对学校体育课程也将产生重要的作用,二者相互促进,相互提升。[①]

三、学校休闲体育学科发展的途径

在学校休闲体育发展过程中,应积极推动休闲体育学科的发展和完善,在此基础上才能够科学进行休闲体育教学。现阶段,我国休闲体育专业存在诸多的问题,在发展过程中发现问题、解决问题,是促进休闲体育专业发展的必然途径。实现休闲体育学科的发展应注意以下几方面的问题。

(一)对培养目标进行调整,使专业发展方向明确化

很多人认为,复合应用型人才的培养是我国休闲体育专业的培养目标,具体来说,这种人才不仅要具有较强的休闲体育运动技能,对休闲体育基本知识能熟练掌握,休闲体育实践能力较强,而且还要对经营管理较为精通,能从事休闲体育指导与服务,经营与管理,策划与设计等工作。在2009年5月的体育院校休闲体育专业研讨会上,参与本会的休闲体育学者在休闲体育专业人才培养目标上达成共识,具体来说,就是重视对具有体育指导服务能力且具备经营管理能力的复合应用型人才的培养。

---

① 　张锐锋.学校体育与休闲体育的整合[J].辽宁体育科技,2006(04).

通常情况下,各高校在专业建立之初就要将培养目标确定下来,将专业发展方向明确下来。因为这样对于专业健康地发展和有方向性地培养学生是十分有利的。目前,一些学校休闲体育专业的培养目标的理解还不够全面和深入,规范性欠缺,各学校的培养目标的差异性也较大。因此,这就对各学校有关负责人提出了一定的要求,具体来说,就是要求他们对休闲体育专业的培养目标进行重新审视,在"复合应用型"培养目标的指导下,以本地区的市场状况、人才需求状况以及本校的现有资源等为主要依据来对培养目标进行相应的调整。当学校可利用资源对培养目标的设置或实施起到一定的限制作用时,学校要尽快配备相应资源,从而使休闲体育专业人才培养的需求得到充分的满足。

(二)科学合理建设课程体系

课程体系是以专业培养目标、培养方向为主要依据而设置的非常重要的教育环节。课程体系能否合理地进行设置,对培养目标和培养方向能否实现起着很大的影响和作用。各高校应以社会需求为主要依据,对休闲体育专业的课程体系进行合理的设置。

通常情况下,可以将休闲体育本科专业必修课课程设置分为四个方面,即通识教育课程、专业理论课程、专业技能课程和专项课。通过专项课,能够使学生对一项体育项目有较为系统的学习,对体育原理和教学过程有较为深入的了解,在此基础上举一反三,这对于短时间内掌握其他运动项目是非常有利的。休闲体育本科专业选修课程主要包括两个方面,即限制性选修课程和任意选修课程。其中,限制性选修课程划分为不同的培养方向,学生可以以自己的兴趣爱好为主要依据,来对培养方向进行相应的选择。培养方向的划分对于课程间发挥"整体大于部分之和"的整体效应,以及学生更深入地掌握休闲体育专业的理论知识都是非常有利的。

通过对休闲体育专业课程设置的纵向分析可以看出,专业理论课和专业技术课(学科和术科)的比值应基本达到1:1的比例,应该以培养方向的不同为主要依据进行相应的调整,并最终确定下来。从入学开始,学生可以以自己的实际情况为主要依据,来有针对性地选择一项体育项目作为自己的专项。对此,可以提出一定的建议,比如,专项课最好在第一、第二、第三学年连续开设,这对于学生学得深入、学得透彻是有着积极的影响的。休闲体育专业应该在第二或第三学年对培养方向进行划分。学生可以以自己的实际情况为主要依据,有针对性地选择一个方向,一般情况下,一经选定,是不得更改的。

各专业方向都需要将专业核心必修课程和专业理论、专业技术限选课程划分出来,该方向的专业核心课程的延伸、深化或扩展,就是其专业理论限选课程。一定要保证专业核心必修课程和专业理论、专业技术限选课程之间的关联性,使这些方面能够共同组成一个整体。任意选修课能够在很大程度上帮助学生的爱好进行发展,学生的知识面有进一步的扩大,学生能够以自己的兴趣为依据,有针对性地选择任意选修课。

(三)完善实践机制,注重学生素质水平的发展

通过社会实践,能够使学生进一步加深对所学理论知识的理解,可以很好地培养学生的实践能力和创新能力。各高校应该健全实践机制,这样能够使教学质量得到有效提高,学生素质水平得到夯实,具体来说,主要有以下几个方面需要注意。

(1)对社会实践和实习的引导进一步加强,在本科的第二、第三和第四学年内,要使"社会实践(实习)—在校学习—教学实习"这样一个不间断的过程得到有效实现。这样设计的实践环节,对于学生通过实践来加深对理论知识的学习,以及通过学习来不断纠正实践过程中存在的不足是非常有利的,同时,这样对于学生学习效率和综合能力的提升也非常有帮助。

(2)要将紧密合作的校内外实习和社会实践基地建立起来。例如,武汉体育学院建立了"以学校实训基地为主、社会实践基地为辅"的集约式休闲体育实训基地,首都体育学院建立了休闲体育专业"社区服务实践和实习基地"和"首体健身俱乐部实习基地",这都是较为具有代表性的校内外实习和社会实践基地。校内实习和社会实践基地能够使专业实践活动的常态化得到有力保证,使社会实践的有效性得到进一步提高。

(3)学校与企业联合培养的实践力度要进一步加大,使全程按照企业的需求培养人才,以及产学研一条龙式培养途径得到有效实现。由此可以看出,这充分体现了休闲体育专业以社会需求为导向培养学生。通过与社会用人单位的联系,学校可以使学校和企业合作的有效性得到进一步扩大,使学生培养的方向性和针对性得到进一步提高。

(四)促进培养方向的专业化

由于休闲体育专业培养范围具有较强的广泛性,划分培养方向对于细分培养对象,学生深入系统地学习掌握休闲体育的某个领域都是非常有利的。各高校要以所处的地域特点和本校的教学资源为主要依据,对专业培养方向进行细分,从而更好地将休闲体育专业打造成特色专业。

很多人认为可以将休闲体育专业划分为四个方向,即休闲体育运动指导与服务、休闲体育经营与管理、休闲体育保健与康复以及休闲体育行政规

划管理,具体如下。

1.休闲体育行政规划管理方向

(1)休闲体育行政规划管理方向毕业生应具备的素质

休闲体育行政规划管理方向的毕业生需要具备相应的素质,具体来说,主要包括以下几个方面。

第一,对不同的财务、预算和会计能力有较好的了解和认识。

第二,对市场营销方面的知识能够熟练掌握,对组织行为、人际关系、决策与责任等基本概念也有一定的了解。

第三,不仅要对推广专业、服务、公关以及促销策略的能力有所了解,还要较好地具备这些能力。

第四,不仅要对包括工作选择、分析、支持、训练、职能评估、生涯发展、志愿者推广等能力在内的个人管理技术能力有一定的了解,还要具备这种能力。

(2)休闲体育行政管理方向毕业生的就业方向

休闲体育行政规划管理方向的毕业生的就业去向有很多,其中,最主要的有名胜景地、俱乐部、学校、城市公园、旅游公司以及户外运动拓展中心等。

2.休闲体育经营与管理方向

(1)休闲体育经营与管理方向毕业生应具备的素质

休闲体育经营与管理方向的毕业生应该具备的素质有很多,总的来说,主要有以下三个方面。

第一,能够对健身养生知识有一定的掌握,同时还能够进行健康评估和养生指导。

第二,对体育发展规律有一定的了解,休闲体育运动技能也较强,并且还要能够从事休闲体育运动指导与训练。

第三,对组织行为、决策与责任、人际关系、问题解决与管理冲突等管理角色有一定的了解和认识,能够对管理、经济等方面的基础知识进行熟练掌握,并且还要能够从事休闲体育经营与管理工作。

(2)休闲体育经营与管理方向毕业生的就业方向

休闲体育经营与管理方向的毕业生的就业去向主要有旅游业、休闲业、体育俱乐部(体育健身俱乐部、高尔夫管理中心等)、体育用品公司以及公共体育服务与管理部门等。

3.休闲体育运动指导与服务方向

(1)休闲体育运动指导与服务方向毕业生应具备的素质

休闲体育运动指导与服务方向的毕业生,应该具备一些相应的素质,具体应该包括以下几个方面。

第一,对基础的休闲体育经营和管理知识有一定的了解,并且还要能够熟练掌握。

第二,对健身养生知识有一定的熟练掌握,并且还能够进行健康评估和养生指导。

第三,不仅能够为休闲体育参与者制定合适的培训计划,而且还能够对其进行专项技术指导。

第四,对常见健身器材的功能、使用方法以及注意事项等较为熟悉,并且能够保证向健身者的讲解与示范清楚无误。

第五,对时尚户外运动的相关知识有一定的了解,能够对一项或多项时尚户外运动项目熟练掌握,同时还能对参与者进行专项技术指导。

(2)休闲体育运动指导与服务方向毕业生的就业方向

休闲体育运动指导与服务方向的毕业生的就业去向主要有以下几个方面。第一,健康运动与康复机构、街道办事处和社区文化体育单位、公共体育服务与管理、学校以及户外运动拓展中心等。

4.休闲体育保健与康复方向

(1)休闲体育保健与康复方向毕业生应具备的素质

休闲体育保健与康复方向的毕业生必须具备一定的素质,具体来说,主要包括以下几个方面的内容。

第一,对变态心理学有一定的了解,并且能够对损伤与疾病对患者身心健康和社会适应的影响较为明确。

第二,对人体生理学与解剖学、基础医学、病理学、保健学的知识能够较好地掌握,并能够对此进行熟练运用。

第三,具备给患者开出合适的休闲体育治疗方案的能力,同时,还要能够对治疗方案进行操作和规划。

第四,对休闲疗法的基本理论有一定的了解,同时还要对休闲体育在保健与康复中的作用和地位有较好的掌握。

第五,对健康体适能的判定标准熟练掌握,能进行身体机能诊断与评价,同时还要对它在预防疾病和促进健康方面的意义和作用有一定的了解。

（2）休闲体育保健与康复方向毕业生的就业方向

休闲体育保健与康复方向的毕业生的就业去向主要有保健与康复中心、休闲会所、特殊人群服务机构以及心理治疗机构等。

（五）通过多样渠道增强师资力量

休闲体育专业的核心课程主要包括休闲学和休闲体育学等，但是，在我国，很少有教师能够胜任这些核心课程以及一些新兴的休闲体育项目。鉴于这种情况，为了使休闲体育专业得到更好发展，应该引进专业教师与校内调配、培养相结合。

在国外，尤其是在美国、加拿大、英国等国家，休闲体育已有上百年的发展历史，并且发展得比较成熟，同时也具有较为雄厚的师资力量。相较于此，我国休闲体育专业处于刚刚起步的阶段。因此，如果要使我国休闲体育专业实现跨越式发展，应该采取的措施主要有：对外界的成功经验进行积极吸收，大力引进国外高水平的专业师资，对发达国家休闲体育领域的新思想、新理论、新方法进行有效吸收，将我国休闲体育专业的创新平台建筑起来，同时，激发创新点也是非常有效且必要的。

鉴于我国休闲体育专业的发展状况，针对已开设或者预开设休闲体育专业的高校，应该选派一些优秀教师到美国、加拿大等休闲体育开展得比较好的国家去深造，学习他们的先进技术与方法，同时，还要积极开展学术交流和学术合作，将休闲体育良好的研究氛围营造出来，从而达到使教师的理论和实践水平得到进一步提高的目的。

（六）建设休闲体育专业的规范性

作为一个新兴专业，休闲体育专业的主要目的是满足社会发展需求，其具有较强的前瞻性和时尚性特点。休闲体育专业具有非常大的发展潜力，而且具有非常迅猛的发展势头。各高校不仅要对当前经济社会对休闲体育专业人才的迫切需求有一定的了解，而且还要看到休闲体育专业光明的发展前景，高度重视休闲体育专业的建设。有关专家与学者应该进一步加快对休闲体育专业的研究，积极建设休闲体育专业的规范性，从而达到使休闲体育专业健康快速地发展，形成专业特色的目的。在建设休闲体育专业的规范性方面，有以下两个方面需要注意。

1.规范准确，涵盖全面

休闲体育专业的规范性对休闲体育专业的建设起到了重要的导向性作用，为各校建设休闲体育专业提供了指导，同时，在休闲体育专业建设行为方面也要进一步规范。由此可以看出,休闲体育专业规范要准确、内容要全面,在其内容方面,应包含培养目标、招生对象及学制、主要课程、培养规格、能力和素质结构、知识、就业方向等。在进行休闲体育专业规范制定时,可以将社会体育专业规范、体育教育本科专业规范等作为主要的参考依据。

2.要凸显休闲体育专业特色

作为一个新兴独立的专业,休闲体育专业与体育类的其他专业是有一定的差别的。休闲体育专业规范要将休闲体育的专业特色充分体现出来。例如,可以通过目标、课程设置、实践环节等的培养,来凸显休闲体育专业的专业特色。

四、学校休闲体育教学的发展策略

(一)挣脱陈旧的体育课程教学理念的限制,认识到休闲体育的显著性优势

在体育教学过程中,我国的传统体育教学注重学生的专业知识和专业技术等方面的培养。在教学过程中,教师通过传统的教学方式来使得学生模仿练习,不断重复,最终掌握相应的技能。这一教学模式过于死板,缺乏创新,难以满足现代体育教学的需求。

在现阶段,积极推动休闲体育教学的发展过程中,应积极摆脱传统的教学思想和教学理念的影响,积极发挥休闲体育的多方面功能,推动休闲体育的发展。现阶段,休闲体育已经成为人们生活的重要组成部分,体育教学的目标也应进行相应的改变。具体而言,在体育教学中,应更加注重学生主体性的彰显,以学生为本,避免在教学时进行硬性灌输,而更应该积极发挥学生的积极性,推动学生充分享受体育运动,确立终身体育锻炼意识。在体育学习过程中,应使得学生具有良好的心理体验,通过体育运动锻炼保持积极、乐观、自信的心态。这样才能够使得学生在步入社会之后,更好地适应社会的发展。

休闲体育在促进学生全面发展、推动学生体育参与方面具有突出性优势,在教学内容、教学目标、教学实施等方面凸显了"休闲"的本义,因此很容易受到学生的喜爱。[①]

---

① 邱雨.休闲体育与学校体育教育融合的创设性思考[J].当代体育科技,2016(15).

（二）通过不断丰富体育教学形式的方法，逐渐提升学生的体育意识

休闲体育具有多方面的功能和价值，但是在教学实践过程中，要想使得休闲体育与体育教学更好地结合，促进两者的协调统一，需要教师积极完善体育教学形式，促进休闲体育教学的开展。教师应积极转变学生的思维，使其逐渐认识到体育运动锻炼的重要意义，在此基础上开展教学活动。在学生具备了一定的基础之后，再根据学生的兴趣爱好来深入开展教学活动，使得学生养成体育锻炼的意识，在以后的工作和生活中，保持良好的生活方式。

（三）根据实际情况选择适合本校开展的休闲体育项目

我国地域广阔，不同地区具有不同的自然和人文特点。因此，在开展休闲体育教学过程中，应根据学校资源、学生需求和地区资源等方面的实际，来开展相应的休闲体育教学。

休闲体育教学活动对于场地器材具有一定的要求，如果没有这方面的资源，休闲体育教学活动很难开展。学校在开展休闲体育教学活动时，应首先对学校的基本情况有所了解，选择适合本学校的休闲体育运动项目。在结合学校实际的基础上，还应对学生的需求进行了解，选择一些学生感兴趣的运动项目，将其纳入到体育教学体系之中。

我国北方地区，冬季寒冷而漫长，东北的学校在开展体育教学时，可结合本地区的实际情况，开展一些冰雪休闲体育运动，建立冰雪体育旅游、冰雪休闲体育的相关专业。我国的东南沿海地区，濒临海洋，可开展一些滨海休闲体育运动项目教学，设立相应的滨海休闲体育专业。我国西部地区多山，可开展一些山地类休闲体育运动项目，设立相应的山地休闲体育的相关专业。另外，我国历史悠久，民族众多，不同的民族创造了丰富的文化，民族传统休闲体育运动项目也较多，相应的学校可积极开展民族传统休闲体育项目教学，设立相应的民族传统体育运动专业。

总而言之，不同地区的学校，应根据自身的实际情况，开展相应的运动项目教学，设立相应的传统休闲体育专业。这些项目的选择与当地的实际情况密不可分。当然，与传统体育运动项目相比较，这些新颖的体育运动更容易吸引学生的眼球，激发学生的体育兴趣。①

---

① 邱雨.休闲体育与学校体育教育融合的创设性思考[J].当代体育科技,2016(15).

第四节　学校休闲体育文化的建设探讨

一、我国学校休闲体育文化应确立娱乐化的价值取向

教育不仅是为了促进学生知识和技能的提升,更是为了促进学生的全面发展。对于体育教学而言,不仅要促进学生的身体健康的发展、运动技能的掌握,还应促进学生心理的发展。

上一节对我国的大学生的余暇时间的利用情况进行了分析,学生拥有较多的余暇时间,运用余暇时间来进行休闲娱乐是学生的一种普遍的生活状态。休闲活动多种多样,应避免低级的休闲娱乐活动,促进学生形成积极、乐观、向上的生活态度。通过开展休闲体育活动,能够促进学生身心得到一定的发展,具有多方面的积极意义。[①]

在体育教学中,如果只是依照传统的体育教学目标来组织相应的体育活动和课程,难以调动学生学习的积极性,难以实现体育教学的目标。通过开展休闲体育活动,能够有效调动学生学习的积极性,学生在开展相应的休闲体育活动时,能够充分享受运动的快乐,放松身心,促进自身的发展。休闲娱乐活动虽然并不注重规则,具有一定的自由化特点,但是在开展休闲体育活动时,学生能够更好地促进身心的发展。

学校体育树立娱乐化的价值取向,在一定程度上能够促进"健康第一"思想观念的落实。休闲体育活动不仅能够实现身体的锻炼,更能够促进学生心理的健康发展,全面体现了"健康第一"的体育教学思想。在开展休闲体育活动时,应确立娱乐化的价值取向,能够促进学生积极参与其中,实现体育教学目标更好地实现。

二、我国学校休闲体育文化应体现多元化的发展理念

现代社会文化和价值观念多元化的发展,这是一个开放、包容的社会。在学校休闲体育文化发展过程中,应积极促进休闲体育文化的多元化发展。注重休闲体育文化的多元化发展是由休闲体育多样性和其价值和功能的多

---

① 李卫星,王全军.学校休闲体育文化建设初探[J].教学与管理,2010(27).

元化所决定的。休闲体育丰富多样,不同的人群在参与休闲体育活动、选择休闲体育活动方式、参与休闲体育的目的都会有一定的不同。因此,校园休闲体育文化应注重多元发展。

在学校休闲体育文化发展过程中,如果不能做到多元化发展,便禁锢了休闲体育的发展,也使得休闲体育失去了其存在的意义。我国学校休闲体育参与的对象是学生,不同的学生其心理特点和兴趣爱好都具有很大的差别,在注重个性发展和创新意识培养的现代教学环境下,休闲体育的多元化发展显得尤为重要。①

三、我国学校休闲体育文化组织制度的完善

(一)畅通参与途径

现阶段,学生自发开展的体育活动多为各种形式的球类运动,这些活动形式对于体能和技术能力等方面都有一定的要求,并且多为一些集体性活动。如果学生想参与相应的活动,便需要具有一定的专业技术,这样才能够开展活动。例如,在学校中,男生普遍开展篮球运动,如果不能掌握基本的篮球技能,则不能够与打篮球的同学一起进行休闲比赛。学生自发开展的这些体育活动多为掌握这些技能的固定人群,而如果没有掌握相应的技能,则即使想要参与也比较困难。

在学校中开展休闲体育活动时,应积极对学生进行引导,满足学生的体育需求。自发形式的体育互动使得很多学生的体育需求不能够得到满足。学校应有目的地建立相应的休闲体育俱乐部,将学生分为不同的级别,积极促进学生相关运动技能的掌握,有序开展相应的休闲体育活动。学校建立的休闲体育俱乐部应积极促进学生充分参与其中,获得参与运动锻炼的乐趣,构建和谐的休闲体育文化途径。

(二)建立多种参与机制

学校休闲体育文化建设过程中,应以休闲体育为核心,完善相应的文化体系,促进学生多种参与机制的建立。学校不仅要建立相应的休闲体育俱乐部,还应加强其管理,并在组织和制度方面建立完善,形成良好的休闲体育系统。在这一过程中,应注重学生的积极参与,促进学生的自我管理,促进校园休闲体育文化的健康发展。

---

① 李卫星,王全军.学校休闲体育文化建设初探[J].教学与管理,2010(27).

(三)完善评价与激励制度

在进行校园休闲体育文化建设时,应建立和完善相应的评价和激励制度。对于教师而言,应积极组织和引导学生参与相应的休闲体育活动,对其工作进行考评。对于学生而言,也应对其参与休闲体育的广度和深度进行评价和激励,调动其参与休闲体育的积极性。

四、我国学校休闲体育文化物质环境的改善

学校休闲体育的发展离不开物质文化环境的建设。我国学生的人均体育场地设施相对较少,这在一定程度上限制了学生参与体育运动。在休闲体育文化发展过程中,更应注重物质环境的建设和改善。学校要注重相应的体育场馆和设施建设,还应注重校园体育资源的利用。同时,还应建立相应的场地设施使用的相关制度,使得休闲体育文化的实施与开展具有制度性保障。①

---

① 李卫星,王全军.学校休闲体育文化建设初探[J].教学与管理,2010(27).

第六章　多元文化背景下学校奥林匹克运动文化的发展审视

在多元文化背景下,学校奥林匹克运动文化发挥的作用越来越显著,得到了越来越多人的重视。本章主要以学校奥林匹克运动文化的发展为研究对象,分别从奥林匹克运动文化概述、学校奥林匹克运动文化发展现状、奥林匹克运动对学校体育的具体影响、学校体育和奥林匹克文化的结合、奥林匹克运动文化的体育教材建设、学校奥林匹克运动文化体系建设六大方面进行阐析,进而更加科学透彻地剖析出学校奥林匹克运动文化发展过程中的各方面情况,促使学校奥林匹克运动文化实现可持续发展。

第一节　奥林匹克运动文化概述

一、对奥林匹克文化的界定

在人类发展过程中,对文化提出了很多不同的见解,主要有广义文化和狭义文化两个方面。广义文化是指人类在各类实践活动中创造出的物质财富和精神财富;狭义文化是指除人类创造出的物质财富外,还包括精神财富、意识形态或文化艺术活动等,主要体现特定社会阶段政治与经济的观念形态。剖析狭义文化发现,学术界对其有很多种解释和认识。

截至目前,任何一种奥林匹克文化的定义都没有得到广泛认同。这里主要对熊斗寅和孔繁敏两名权威人士提出的奥林匹克文化定义进行重点阐析。

熊斗寅是我国奥林匹克方面的权威学者,他指出奥林匹克文化是奥林匹克运动的所有思想以及活动内容,主要包括广义与狭义两个方面。广义奥林匹克文化有古代奥林匹克传统、现代奥林匹克运动指导思想、奥林匹克运动倡导的奥林匹克精神、顾拜旦向往的奥林匹克理想、《奥林匹克宪章》中各项原则及详细规定、奥林匹克运动会仪式、不同种类的文化艺术活动。狭义奥林匹克文化指和奥林匹克存在关联的文化艺术活动,具体是指奥林匹克的标志、旗帜、格言、徽记、会歌,奥运会的火炬、开幕式仪式、举办期间的文化艺术表演、科学报告会、新闻传播等。

孔繁敏是我国从事奥林匹克体育文化教学与研究的学者,他指出广义奥林匹克文化是指奥林匹克运动的所有思想体系以及活动内容,是奥林匹克运动在各种类型的时间活动中创造出的物质财富和精神财富。他认为物质财富就是物质文化,具体是奥林匹克运动优化和提升人体技能,使用不同类别的场馆和器材等物质文化设施,以及随之而来的文化形态。精神财富就是精神文化,也是狭义上的奥林匹克文化,大体包括奥林匹克运动对人内心的作用、对社会行为的作用以及存在关联的不同种类文化艺术活动。不管是古代奥林匹克运动,还是现代奥林匹克运动,其包含的物质文化和精神文化都极多。

在很多方面的研究中,奥林匹克文化往往用来指奥林匹克精神文化,即在有效传播奥林匹克精神文化的过程中,对人们的内心深处以及社会行为产生作用。

二、奥林匹克运动的文化性质

(一)奥林匹克文化是以体育为载体的文化

分析奥林匹克运动的常见内容可知,通常由竞技体育、大众体育及其存在关联的文化活动构成。就文化视野方面进行分析,其属于将体育作为载体的文化。体育和文化存在的关系是集联系和区别于一体。体育是文化的组成部分之一,属于文化中的身心文化或体育文化。体育在文化范畴内,但是体育存在独立的功能和领域。从狭义视角展开分析,体育和文化的关系是彼此影响、彼此促进。文化的价值、政策以及传统都会对体育产生制约作用,而体育也会对文化的创造、传播以及具体形式等方面产生作用。体育可以对改善人体物质结构产生推动作用,属于人实现自我完善的一项关键性物质形式。体育有利于人类内心世界以及社会行为的完善,是文化精神的外在反映。体育的产生和发展凝结着人类祖祖辈辈的智慧结晶,深受广大群众的重视和欢迎,因而体育中蕴含着强烈的文化功能。体育不但是国与国之间、人与之间交往的连接物,而且是国与国之间、人与人之间开展文化交流的连接物。分析奥林匹克运动可知,其包含的一项重要目标是使世界各个国家以及人们之间的沟通更加顺畅,推动世界和平。此外,体育还是一种机体语言,换句话说就是一种"国际通用语言",其实现了对各个国家意识形态的伟大超越,是达到国际文化交流最容易操作的工具。立足于体育方面发展文化,能够增进友谊,这属于奥林匹克运动在人类文明方面发挥的积极影响。

不可以在奥林匹克运动与体育中间画上等号,原因在于奥林匹克文化的载体是体育,但奥林匹克运动并非单纯的体育。奥林匹克文化与体育文化之间的不同点比较明显,不同之处是奥林匹克运动追求的是将体育、文化、教育三者实现无缝对接,即奥林匹克运动包含体育、文化、教育三方面的内容,体育仅属于奥林匹克运动的常见表现形式。皮埃尔·德·顾拜旦作为现代奥运会创始人,指出奥林匹克运动并不是只用来增加肌肉力量,其还包括智力因素和艺术因素。自正式创始奥林匹克运动以来,皮埃尔·德·顾拜旦就坚决抵制把奥林匹克运动当成单方面的体育竞技运动。曾任国际奥委会主席的萨马兰奇,将奥林匹克大体含义理解成体育运动和文化的充分融合。

对于每四年举办一次的奥林匹克运动会,不但是世界体育盛会,而且是文化交流盛会。奥林匹克运动会的连续开办,不仅能让世界各国人民聚集在一起,同时对人类文明进步有着不容忽视的作用。

(二)奥林匹克文化是以教育为核心的文化

古代奥林匹克运动会得以产生的背景是:地理环境因素、城邦政治文化背景、城邦宗教文化背景、起步时间较早的教育制度。公元前7世纪,在古希腊教育制度中已经能找出体育教育的踪迹,古希腊人提出健康精神往往存在于健康躯体中。深入研究古代奥运会可知,其要求运动员同时具备强壮的体魄和优良的品德,这些仅能是教育产生的作用。在竞赛中赢得胜利的运动员往往会被人们无限崇拜,这对希腊社会以及全体群众都是敬重英雄、敬重美德的教育。

皮埃尔·德·顾拜旦不仅是现代奥运会创始人,还是杰出的教育家,其复兴奥林匹克运动会的关键目标是以教育作为出发点。19世纪中叶,资本主义在整个欧洲越来越盛行,使得整个社会风气越来越差,同时法国民众迫切想要洗清普法战争的雪耻。皮埃尔·德·顾拜旦在迫切想重振法国的情况下,主动加入革新教育、振兴奥林匹克运动会的队伍中。1894年7月,其在发表的文章中指出:要保留体育运动的以往特征,具体是指高尚性质与骑士性质,目的是让体育能够一如既往地在现代社会教育过程中发挥以往作用。由此可知,皮埃尔·德·顾拜旦主张大力推崇古代奥运会以及希腊早期体育教育,其对古代体育在教育方面的价值高度认可,由此使其把教育当成出发点来振兴奥运会。

就现代奥林匹克运动而言,其充分融合了文化和教育。奥林匹克文化突出强调的强身健体、优良品质、友好和谐等均能视作是教育产生的作用。现代奥林匹克运动会对古希腊教育理念以及奥运精神都进行了大力传承,其主要宗旨是让奥林匹克精神对青年产生教育作用,由此构建出和平、美好的世界。奥林匹克主义是奥林匹克运动的源头。《奥林匹克宪章》大体指出,奥林匹克主义就是使人的体质、意志以及精神都得到强化,同时实现全面发展的生活哲学之一。奥林匹克主义主张有机结合体育运动、文化、教育三个方面,形成把奋斗当成乐趣、起到榜样的教育作用,同时将崇尚基本公德当成基础的生活方式。从奥林匹克主义的大体含义可以得出,教育功能是奥运会具备的一项功能,教育是奥运会的实质性任务,奥林匹克运动的文化属于教育方式之一,同时充当着奥林匹克运动的文化核心。

(三)奥林匹克文化是以西方文化为主导的多元文化

剖析奥林匹克运动的演变历程能够得出,西方文化在奥林匹克文化中占据主导地位。古代奥林匹克文化由古希腊文化孕育而成,而古希腊文化属于西方文化发展的基石,古希腊人在哲学、历史、雕塑、建筑等方面都取得了很多成果,在古希腊文明持续传承的过程中,慢慢发展成了西方文明的精神源泉。由于欧洲是现代奥林匹克运动会的诞生地,所以西方文化对奥林匹克运动的思想体系、组织形式、竞赛内容都产生了难以磨灭的作用。在现代奥林匹克运动的发展历程中,在全部举办地中西方国家占有很大比例,同时西方人在国际奥委会全体成员中也占很大比例,常见比赛项目往往都是西方现代竞技体育项目。在奥林匹克精神、奥林匹克主义以及奥林匹克宗旨等方面,都能够很容易找出十分鲜明的西方文化色彩。

伴随着奥林匹克运动全球性号召推广范围不断拓宽的情况下,一定会促使奥林匹克文化更加丰富多彩,即常常说到的紧跟世界发展节奏。从实质角度进行分析,其地域性特征和民族性特征相对显著。国家不同,则由此举办的奥运会也会在文化特征上存在明显区别,在开幕式、闭幕式、比赛项目、艺术活动等方面都存在很大差异。通过分析奥林匹克运动会纳入的日本柔道等民族传统体育项目可知,奥林匹克运动会在发展过程中始终扎根在民族文化土壤中。各式各样的文化特色相互融合,扬长避短,共同发展成了当前丰富多彩的多元文化。

多元文化不但紧跟时代发展的步伐,而且在加强各民族间的沟通和友谊方面有很大的积极影响,还是人类文明进步的重要象征。多元文化和奥林匹克运动宗旨十分吻合。

(四)奥林匹克文化是催人向上的世界先进文化

产生于人类长期的社会实践,贴合社会发展走向以及广大群众实际追求,在社会发展历程中有主动指导价值的催人向上的文化,即世界先进文化。现阶段的奥林匹克文化是构成世界先进文化的一个组成部分,其包含西方文化中的优良结晶,属于众多文化形态以及精神文明中的一种。

奥林匹克文化反映了三方面内容:第一,反映了世界各国人民共同敬重的理想;第二,反映了广大群众对今后社会的期许;第三,反映了实际生活中难能可贵的真、善、美以及正义。经受了长达两千多年的反复洗礼,在由古代发展到现代的过程中,奥林匹克文化逐步发展成了绝大多数人可以接受的文化。在体育方面明显体现了奥林匹克文化具备的先进性,具体反映在奥林匹克主义、奥林匹克宗旨、奥林匹克精神等方面。促使个体实现和谐发展以及友好往来,由此构建出美好安定的世界,是奥林匹克文化先进性的突出表现。

奥林匹克文化在推动个体发展、维持个体尊严、国与国之间以及民族与民族之间的平等方面都有正面作用,包括友谊、竞争、创新在内的良好品德将个体价值、体育价值、社会价值紧紧绑在一起,蕴含的英雄主义、集体主义、爱国主义也达到充分统一。在人类逐步创造的精神财富中,奥林匹克文化是不可忽视的一个组成部分,有着极为旺盛的活力。

站在全局的视角展开分析,古希腊是奥林匹克文化的起源地,现代西方是奥林匹克文化快速发展的地方,在现阶段奥林匹克文化正朝着更好的方向发展。不管是参与奥林匹克运动的国家,还是参与奥林匹克运动的民族,均在通过多种途径推动奥林匹克文化的发展进程。在体育、文化、教育三者不断交融的过程中逐渐形成了奥林匹克文化,而奥林匹克文化的载体和核心分别是体育与文化,随着时间的推移,奥林匹克文化逐渐发展成了多元文化以及世界先进文化的组成部分之一。从本质来说,奥林匹克文化就是鼓舞广大群众不断向前,使人们的尊严得到维护,对社会和谐进步发挥积极作用的文化。从人类出现到当前,现代奥运会是规模最大、内容最丰富、涉及范围最大的世界性体育盛会和文化盛会。

第二节　学校奥林匹克运动文化发展的现状分析

以其他国家作为比较对象,能够发现我国学校奥林匹克文化发展的情况不容乐观。产生这种现象的原因涉及很多方面,主要有学生自己的内在因素、国家体制和学校教育目标等客观因素、历史发展过程中遗留的因素、社会实际情况等。彼此联系、彼此限制是这些原因存在的具体关系。在现阶段,学校奥林匹克运动文化发展的现状如下。

一、教育体制存在弊端、未得到相关管理部门重视

近些年来,虽然时时刻刻都在倡导素质教育,但应试教育工作也在时刻开展着。从本质上来说,应试教育就是将考试设定成唯一途径的选拔式淘汰教育。随着升学压力和就业压力的不断加剧,师生、家长、社会都慢慢产生了一种思维定式,即学习内容和考试内容实现高度统一,对除此之外的学习进行舍弃。在对学校工作业绩进行评判时,教育管理部门往往将就业率与考验升学率作为重要标准,并没有将校园文化建设以及学生实际人文素质进行高度关注。通常情况下,学校在提出教育理念时需要和素质教育要求相吻合,但践行教育理念时常常会走上应试教育的道路。在实现中国现代化的过程中,奥林匹克文化是不可或缺的文化因子,在学校中具有不可替代的作用。然而,相关调查表明,我国大部分学校均未将其列入教育大纲中,详细可行的教学要求以及监督评价体制更是无从谈起。

我国教育的实际情况是:先进教育理念在实际教学实践活动中转化成教育行为的难度很大。一方面,素质教育是政府教育部门反复强调的内容;另一方面,在评判高校教育工作时,依旧通过有无设置博士点、有无设置硕士点、博士点和硕士点实际数量、科研成果情况来判定,同时依旧会对学校实施等级评定,将所有学校划分成很多个等级。针对这种情况,很多学校一边完成形式上的教育改革,一边苦于应付上级相关部门的考核制度。显而易见,在这种存在很多弊端的教育体制中,完成素质教育难度很大,促使学校奥林匹克运动文化获得发展更是难上加难。

二、学校领导、师生对奥林匹克文化的认识不足

在 2008 年北京奥运会成功举办和 2022 年北京—张家口冬奥会积极筹备的背景下,我国广大群众对奥林匹克的认识越来越深入,但深入理解奥林匹克文化内涵的人却十分有限,即便是学校的教师和学生深入理解奥林匹克文化内涵的人也比较少。通过调查 99 名学校体育教师得出,了解教育是奥林匹克运动核心内容的教师仅有 25 名,了解构建更加和平美好的世界是奥林匹克运动宗旨的教师以及对奥林匹克主义常见内容有合理认识的教师更少。通过调查 550 名高校大学生得出,仅有不到三分之一的学生对奥林

匹克主义重要内容有合理认识,了解奥林匹克运动涉及的活动内容以及奥林匹克运动组织体系的三大支柱的学生则更少。

分析这两项调查结果可知,大部分人依旧没能深入认识奥林匹克文化,它依旧属于新鲜事物中的一种。对于绝大多数人来说,认识奥林匹克文化的过程中还存在很多盲区。一部分人指出,奥林匹克运动属于体育部门涉及的内容;另一部分人指出,奥运会即举办体育赛事,尽最大努力获得金牌;还有一部分人提出了教育质量会受奥林匹克教育的消极影响。由此可知,学校领导、教师、学生对奥林匹克运动文化认识模糊,是学校奥林匹克运动文化发展现状之一。

三、学校奥林匹克运动文化发展空间小

分析我国现阶段的体育教学状态可知,在学校充当不同角色的人对奥林匹克运动文化认识不足的问题比较明显。实施科学有效的体育教育的学校不多,截至当前依旧有部分学校的体育课还停留在放羊式的状态,体育教师对学生学习奥林匹克运动文化情况不过问,只是指导学生进行自由活动,即便有些体育教师积极传授奥林匹克运动文化的相关知识,但常见教学内容是运动技术,同时往往是分离开学习,会对单个技术展开考评。很少教师会通过学理阐析以及功能阐析来解释学习相关技术的原因,指导学生将奥林匹克运动文化和实际生活联系起来的教师更少,高效传授奥林匹克运动文化的教师则屈指可数。

实质上,包括奥林匹克文化教育在内的体育教育价值十分突出。一方面,体育的本质功能是实现身体健康发展,同时其还是具有代表性的规范文化,能够对学生社会行为起到规范作用,这是学校其他学生难以比拟的,或者仅有很少学科具备。其不仅可以让学生在真实情境或模拟情境中感受社会规范行为的深远意义,同时可以培养和增强学生遵守社会规范的意识,由此让学生在今后更加顺畅地适应社会生活。另一方面,学习奥林匹克运动文化可以使学生形成竞争意识、公平意识、协作意识,逐步养成奋发向前的品格。发展奥林匹克运动文化的深远意义都是现代学生必须拥有的基本素养。

但需要说明的是,绝大多数学生接受完很多年的体育教育后,依旧对体育抱着"玩玩"的心理,对奥林匹克运动文化的认识存在很多盲区。奥林匹克文化对学生身心健康、对学生终生的深远影响、对全社会的重要意义等问题,只有很少的体育教师会进行详细讲解,由此学生不能真正理解奥林匹克运动文化也在所难免。经过调查发现,绝大多数学生都对体育活动以及奥

林匹克运动文化有浓厚的兴趣,这不得不说是学校奥林匹克运动文化发展过程中一个遗憾。倘若不能深入改革学校的教育理念、教学内容、教学手段,则学校奥林匹克运动文化的发展空间将越来越狭窄,学校体育今后的发展空间也会越来越小。

四、学校奥林匹克教材短缺、专业师资力量匮乏

通过对我国不同种类的学校进行调查,发现体育科目仍旧没有得到重点关注,体育依旧被很多学校忽视。在教学实践中,常常会发现体育教学经费被投到其他方面、体育场地被其他活动占用、体育器材急需完善、体育器材价值没有被深入挖掘,同时这些问题始终未得到学校领导的妥善处理。

在20世纪90年代以前,全国范围内的学校都没有涉及面广、自成体系、和奥林匹克文化相关的教材。进入20世纪90年代后,在我国积极申办奥林匹克运动会的影响下,和奥林匹克文化相关的出版物表现出了增长趋势,但依旧难以满足我国广大学生的实际需求。

在教学活动中,教师发挥着主导性作用,教师要对包括奥林匹克文化在内的各类文化进行传授,在专业知识和课外知识两方面都要稳固基础。发展学校奥林匹克运动文化是体育教师和其他科目教师的共同责任。采用哪种方式在每个学科都融入和奥林匹克文化存在联系的知识,是很多学者一直深入研究的问题。因为我国奥林匹克运动起步时间比较晚,绝大部分教师并未对其形成深入认识,参与奥林匹克文化发展方面的培训机会也极少。在奥林匹克教材短缺和专业教师短缺的双重影响下,对学校奥林匹克运动文化的发展产生了很大的阻碍作用。

五、媒体对奥林匹克运动文化的报道少

在现阶段媒体作用巨大的社会背景下,所有文化的发展都和大众媒体存在着千丝万缕的联系,大众媒体对体育运动的作用更加明显。大众媒体在奥林匹克运动文化的发展过程中发挥了很大的作用。从1990年第11届亚运会结束后,我国体育传媒的发展速度不断加快,但报道奥林匹克运动时往往只转播技术表演或战术运用,不存在深厚文化内涵的动作常常无法长期留在历史舞台上。

倘若大众媒体只对跆拳道比赛、散打比赛以及自由搏击比赛进行转播,没有对武德和体育精神进行有效传承,学校的学生只接受到技术比赛和暴力表演,则必然会产生很多消极作用。毋庸置疑,大众媒体对学校学生也有

很大的积极作用,在大众媒体的作用下,学生能对很多在奥运会中赢得比赛的运动员有深入了解,为学校的学生树立良好榜样。例如,有些优秀的奥运会运动员对学生的正面影响不只是局限在运动生涯的辉煌和退役后的转型,其崇高品质和鲜明个性也会对学校学生有正面影响。媒体不但是推动奥林匹克运动文化的重要工具,其产生的实际作用还取决于广大群众怎样运用它。针对大众媒体的舆论导向作用,建议大众媒体适当增加报道奥林匹克运动文化的比例。

六、组织力量及校园文化氛围不足

群体活动是校园文化常见的出现形式,参与人数多、涉及范围广、参与动机多元化,开展活动过程中不仅倡导主动参与,同时坚决抵制过度自由。在现阶段,学校往往有很多不同等级、不同类型的学生团体组织,但和奥林匹克文化相关的社团组织寥寥无几。许多学生都因为未能找到思想先进、活动新颖的组织而倍感迷茫。由此可知,完善组织、自觉提倡、充分激发学生参与组织的积极性十分关键。

"蓬在麻中,不扶自直"出自《荀子·劝学》。健康向上的环境可以推动个体朝着更好的方面发展。尽管我国各个学校都在校园文化氛围建设方面投入了很多精力,但是调查发现很多学校的体育设施及体育器材都不符合国家相关规定。《普通高等学校体育场馆设施、器材配备目录》中对不同学校规模必须达到的标准做出了详细阐述。

除此之外,改善学校软环境更是刻不容缓,学校的师生对奥林匹克运动文化的认识往往还停留在表面,没有从根本上理解发展奥林匹克运动文化的深远意义。倘若不存在发展奥林匹克运动文化的有利条件,则充分激发学生进一步探究奥林匹克运动文化的目标将无从谈起。学校应当牢牢抓住我国积极举办奥林匹克运动会的契机,发动各方面力量营造出发展奥林匹克运动文化的良好氛围,对学生学习奥林匹克运动文化发挥推动作用,在奥林匹克文化发展方面投入更多精力。

第三节　奥林匹克运动对学校体育教育的影响分析

一、奥林匹克运动和学校体育教育的关系

(一)奥林匹克运动是体育与文化、教育相结合的产物

推动个体实现全面发展、加快社会发展进程、促使人和自然的和谐发展,是奥林匹克运动在教育方面的主要功能。《奥林匹克宪章》中写到:奥林匹克运动宗旨是通过不存在歧视、仅存在奥林匹克精神的体育活动来对青年产生教育作用,以此努力构建出更加和谐、更加美好的世界。张海峰在关于《北京 2008 年奥运会教育计划》中写到:在 2005—2008 年间,全国各地的小学、中学以及大学基本上都设有奥林匹克讲座,由国际奥委会文化与教育委员会编写的《奥林匹克教育课本》成为我国很多学校的一项教学内容,同时将奥林匹克教育、学校体育必修课、学校运动充分融合在一起,使得我国很多学生在加入奥林匹克运动的过程中感受到了乐趣,在学生参与奥林匹克运动实践过程中逐步将奥林匹克价值观渗透到内心世界,推动我国众多学生开始充当传播和践行奥林匹克精神的人,同时逐步发展成创造今后理想世界的人。尽管我国学校体育教育改革获得了比较理想的成果,但依旧包含很多急需解决的问题。部分师生依旧觉得技术是参与体育课程的唯一收获,参与体育活动仅可以强身健体,体育的本质就是蹦跳,体育运动参与者往往是头脑简单、四肢发达等。在这些因素的影响下,使得我国学校体育改革紧紧停留在形式层面。在对体育实践进行大力发展的过程中,还需对体育道德建设、体育精神建设、体育理论建设投入相应的精力。北京奥运会的成功举办以及北京—张家口冬奥会的积极筹备,均可以为我国学校体育稳步发展营造出有利的环境。学生在深入学习奥林匹克相关知识的过程中,对其深度认识奥林匹克精神具有积极影响,由此能够推动学生从根本上理解体育文化,并自觉参与体育活动。

大力推广奥林匹克教育的学校,能够对学生形成健康向上的价值取向产生积极作用,具体包括形成均衡发展的理念、集体主义理念、公平竞争理念、奋发向上的精神;奥林匹克"以人为本"教育理念进一步拓宽了学校体育教育改革的考虑范围,向其注入了旺盛的生命力;奥林匹克教育和素质教育目标之间存在统一关系,有助于提升学生整体素质乃至全民素质;绿色奥

运、人文奥运、科技奥运三项理念的提出,有助于学生形成环保意识、积极传承人文精神、主动投身于科技领域。

(二)寓奥林匹克教育于体育教育之中

由于奥林匹克文化对奥林匹克精神加以传播时的常见载体是体育运动,所以当今体育教学有效实施奥林匹克教育是相当必要的。学校体育和奥运会倡导并反映的公平竞争、完全透明、相互协作等体育道德以及价值观十分吻合,以此作为出发点,将奥运教育贯彻到体育教学中有十分突出的必要性。实质上,奥林匹克教育的常见目标群体是青少年,是利用体育运动实现奥林匹克精神的大范围传播的教育活动。从本质来说,奥林匹克教育常见内容由体育运动与健身教育两部分组成。学校需要对特色体育活动予以高度关注,以此来提高学生身体素质,促使奥林匹克精神更加深入人心。常规体育课、早操、课间操、学校运动会等体育健身活动中都蕴含着浓厚的奥运精神,在正常开展学校常规体育教学的前提下,大力开展踢毽子和武术等体育活动,进而使学生的体育文化生活更加丰富多彩。从全局出发,积极开展实践课、理论课、探究课等丰富多彩的体育教学形式,同时使其和课改精神充分融合在一起,努力让校本课程得到快速发展,将分析与推广奥运知识和奥运项目的内容纳入校本课程中,促使奥运精神与体育精神在无形中深入学生内心,推动学生逐步形成健康的体育价值观,激发并增加学生加入体育活动的热情,使学生体育文化素养得到明显改善。借助丰富多彩的体育实践活动,对学生内在潜力进行深入挖掘,将"更快、更高、更强"的精神成为学生内心世界的一部分,促使学生意志更加坚定,培养并增强学生奋发向上的精神,最终使该精神逐步成为学生的人生追求。

学校体育不仅是奥林匹克运动的摇篮,还是奥林匹克运动的发展基石,而且奥林匹克运动是很多学生参与乐趣之一。在我国金牌数量呈上升趋势的背景下,我们需要认识到无数学生积极参与体育活动的深远影响。

二、奥林匹克运动对文化教育的贡献

(一)开展爱国主义教育

皮埃尔·德·顾拜旦指出,国家要独立完成本国奥运会参赛运动员的挑选工作,以此对运动员代表国家利益有更加深入的认识,认识到运动员能够体现国家形象。参赛运动员在奥运会体育赛事中的具体表现,对民族、国家或地区均有象征性作用。针对这种情况,很多国家或地区将奥林匹克运动当成爱国主义教育的有效途径。

(二)改造人体的生物学

纵观奥林匹克运动的整个发展过程,都对挑战人体极限投入了很多关注。伴随着竞技运动发展进程不断前进,人体极限也在被不断打破,而挑战人体极限实质上是奥林匹克独有的品质;竞技运动能够使人体形态机能改变速度加快,使人体生物学适应水平得到大幅度改善,不断增加仿生学原理的应用范围,使得体育设施条件朝着现代化方向改进。

(三)使人类精神财富更加多样化

现代奥林匹克运动包含的不同类型活动,尤其是奥运会和精神文化充分融合在一起,使文化调节和控制个体社会行为的价值充分体现出来,对广大群众的精神世界产生了直接性影响,由此发展成让人们敬重的社会文化活动。

三、奥林匹克竞技运动与学校体育融合的基础

(一)终极目标的一致性

分析奥林匹克主义可知,其将核心内容设定成了教育,同时将教育放在首要位置。奥林匹克创始人都清晰地发现,要想让竞技运动充分起到推动人类均衡发展的积极作用,一定要让体育和教育充分融合在一起,并且将文化有机结合起来。另外,奥林匹克运动会往往会规划出一系列庄严肃穆的仪式,推动参与奥林会赛事的运动员可以始终遵循崇高的道德标准以及公平意识。通过使运动员追求人类理想、维护国家尊严、热爱自己的祖国,使得运动员内心世界得到净化,对无数青少年来说还是效果极佳的教育手段。奥林匹克运动有很多成功案例值得青少年学习,对无数青少年都发挥了鼓舞作用。对于教育而言,体育是不容忽视的一项内容,体育在达成教育目标的过程充分反映了内在价值。在学校体育以及其他社会领域,"参与比取胜更重要"等理念均被多次引证。

(二)内容方法的相似性

分析现代竞技运动可知,其蕴含着旺盛的生命力。在社会不断向前的过程中,现代竞技项目逐年增加,学校体育在现代奥林匹克竞技运动方式与内容的影响下日益完善。换句话说,倘若不存在现代竞技运动,则当前的学

校体育发展现状也不会这样好。在对现代学校体育项目进行划分时,着重参考了奥林匹克运动竞技项目的划分方法,并且体育运动开展和奥林匹克竞技有紧密联系。学校运动会到世界大学生运动会、体育教学到训练竞赛、场地器材到裁判规则均借鉴了奥林匹克运动竞技模式。

(三)相互发展的协同性

在现阶段,学校体育实践中奥林匹克运动数量不断增加。奥林匹克运动对很多社会领域都产生了巨大作用,逐步发展成了不可小觑的社会力量。与此同时,奥林匹克精神、奥林匹克理想、奥林匹克宗旨、奥林匹克格言被越来越多人熟知,对无数名学生都产生了鼓舞作用,奥运会冠军慢慢被人们当成时代豪杰,发展成青少年崇拜的对象,某些情况下青少年会模仿奥运巨星的所有动作和行为。储备人才、输送人才是学校体育为奥林匹克运动贡献的两种力量。要想在奥运会竞赛中拔得头筹,必须经过很长时间的刻苦习练,恰好学校体育就具备难以替代的人才优势。在其他国家,很多高水平运动员均是被学校直接输送到运动队。

四、奥林匹克运动发展对学校体育的要求

(一)重组学校体育内容

很长时间以来,体育教学和课外体育活动都是学校体育的重要内容,同时体育教学是核心内容。在实践过程中,在体育教学组织以及评价复杂性的影响下,学校体育评价过程中更加倾向于运动训练与竞赛两方面的内容,尤其是倾向于竞赛。运动训练和竞赛是评价过程中更加客观的内容。长此以往,不同类型的学校逐渐将重点定位在运动训练与竞赛两个方面,和这两方面相吻合的不同竞赛活动随之增多。原本是推动学校体育发展的运动,慢慢发展成了制约学校体育前进的因素。不同等级的学校开始通过投入很多人力、物力以及财力,来对不同类型的竞赛活动进行应付。深入分析可知,学校体育就是为培养出均衡发展的个体,而形式多样、内容多元化、深受学生欢迎的奥林匹克运动在学生中具备很大的影响力,倘若能够使用奥林匹克运动进一步丰富学校体育课堂,同时充当课外体育活动中不可替代的部分,则可以促使更多学生加入进来。

体育课是学校体育的一个组成部分,国家在这方面的规定是每周一节课,但这与达到学校体育总体要求还存在很大差距。针对这种情况,学校体育应将重心从体育教学或运动训练逐渐过渡到课外体育锻炼。不同等级的

教育(体育)行政主管部门需要对该方面进行重点引导与管理,分别立足于教材选编、组织管理、评价等角度加以引导。原因在于奥林匹克运动的项目、形式以及评价均存在可操作性。除此之外,以上内容对众多学生来说,均能够形成很大的吸引力,尤其是很多学生都对奥运会项目有浓厚的兴趣。

将奥林匹克教育落实到学校体育全过程,不但是对体育后备人才进行培养的系统性工程,还是学生接受思想品德教育过程中难以替代的部分之一,五彩斑斓的奥林匹克运动能够让很多青少年产生兴趣,进而将青少年对体育活动的热情挖掘出来,这就是奥林匹克运动在世界各个国家发展形势比较理想化的本质原因。在学校体育中开展奥林匹克运动教育,对学校体育和整个学校教育均有积极作用。

(二)改变教育模式

不管体育教学改革采用哪种形式,均未能彻底改变以往"传习式"教学手段,仅仅改革了教学手段、教学组织形式等。学校体育重心从课堂体育教学逐步过渡到课外教育活动,能够有效增加学生的自由空间,使学生更加自由地挑选具体内容、具体方法以及具体手段,进而促使教学发展为教师教授内容和学生想学内容充分一致的教学模式。在这种情况下,体育教学应当服务于课外体育活动,而并非截然相反的。长此以往,课外体育活动开始完善与延伸课堂体育教学,对学生自觉加入课外体育活动产生了巨大作用。

学生体质问题是学校体育应当解决的问题。在现阶段,学校体育在选编教材、组织管理、实施评价等方面均将教师需求当成重点考虑内容,学生仅需要达到特定身体评价指标即可。这种追求客观意义上的量化标准,仅能发挥有助于学生练习的作用,但多数情况下会让学生出现将该量化标准当成目标的念头,由此会对学生发展产生很大作用。

客观来说,学生在课堂上接受的知识难以满足学生实际需求,需要在课外时间与空间中进行补充。对于课堂教学而言,教师尽可以在固定时间与空间内传播不同领域的知识,从特定角度来说是发挥引导作用。尤其是对于奥林匹克运动教育而言,课堂中仅可以顾及重点和难点,将可以激发学生主动性的部分凸显出来,真正意义上的教育应当在课外。

第四节　学校体育与奥林匹克运动文化的结合研究

对于现代奥林匹克运动会来说,不但是全球范围内发展时间最长、整体规模最大、综合水平最突出的综合性国际体育竞赛,同时还是影响力最大、参与人数最多的社会文化活动。作为世界文化之一,现代奥林匹克运动具备不可小觑的感召力,其往往通过自身蕴含的文化内涵在潜移默化中改善个体的思想观念以及社会生活。奥林匹克运动反复强调:体育必须是教育方式中的一种,体育运动需要在道德规范中以及公平参赛的前提下,对个体均衡发展产生积极作用。奥林匹克运动倡导的教育价值以及文化价值,获得了世界各国不同领域人士的重视。

就 2008 年北京奥运会来说,其对树立我国国家形象、增加经济效益、推动文教发展和科学发展都有很大的正面作用,同时能实现奥林匹克文化和我国传统体育文化的密切沟通和有机结合。一方面,在学校教育中,学校体育是一个重要构成部分,承担着弘扬人类优良体育文化的担子,学校体育对大范围推广奥林匹克文化、促使奥林匹克文化朝着多样化方向发展均有关键影响;另一方面,奥林匹克教育拥有与之对应的内涵、手段、理论,伴随着奥林匹克文化的大范围推广,将使学校体育在发展过程中拥有更加多样化的教育内容、教学手段、教学方式。由此可知,在现代教育以及奥林匹克运动全球化的形势下,奥林匹克文化传播和我国学校教育这两方面互动和交融的发展走向将越来越明显。

一、现代奥林匹克文化与学校体育文化的契合

(一)对人的教育——相同主题

竞技运动的力量并不能完全代表奥林匹克运动文化的独特性,基础扎实的文化力量同样能代表其文化独特性。文化力量不仅能作用于个体的行为意识和伦理道德,同时还能作用于个体的心理情感等方面。这些潜在文化功能,推动体育运动逐步融入世界友好进步的潮流中。就奥林匹克运动教育实质为阐析对象,其与学校体育间的关系是彼此关联、相辅相成。

学校体育是向学生实施全面发展教育的关键一环。要想使学校体育教育达到很高水平,必须达到几点要求。第一,使学生在应对合作和竞争、赢与输方面做好准备;第二,有助于提升学生的社会技巧、加快其道德与审美的发展速度;第三,向今后涉及体育、身体活动、娱乐领域的职业奠定技能基础和理论基础;第四,在吸纳青少年儿童时,始终贯彻平等原则,不因性别、文化背景、实际水平而区别对待;第五,采用多种途径,促使全部青少年儿童都可以掌握实现终身体育而必须具备的体育知识和体育技能。在过去的很长一段时间,应试教育导致我国学校体育对"使学生学会运动"教育投入了过多精力,随之慢慢发展成以学科、教师、教材为中心的教育传统,进而使得

学校在"让学生学习运动"和"让学生在运动中学习"上投入的精力出现了严重失衡,对学校体育实现革新与优化产生了很大的阻碍作用。随着现代奥林匹克运动在学校体育中所占比例的不断增加,使得我国学校体育在改革理念、改革内容、改革手段等方面的动力越来越大。集教育和文化观念于一身的现代奥林匹克运动,将为我国传统学校体育文化的革新创造出良好的发展平台。

(二)"以人为本"——相同发展理念

进入 21 世纪后,"以人为本"成为学校体育广泛传承的关键性价值观念之一。社会发展的前提条件是人的发展,社会发展过程中最为关键的资源是个体的内在潜力以及创新能力,社会发展终极目标是实现个体全面发展。从本质上说,个体全面发展是增加生存可能性的过程,立足于全局进行分析,人类发展最具象征性的是健康、长寿、接受高质量教育、生活中幸福指数高。强壮的体格是个体实现全面发展的物质条件,学校体育承担着推动社会主义建设者实现全面发展的重担。

现代奥林匹克运动是现代竞技运动的主流,在经过过去一百多年的发展,逐步产生了自成一体的文化体系,同时发展成了全球范围内规模和影响范围都首屈一指的体育文化运动。

现代奥林匹克运动"以人为本"文化传统主要反映在两个方面。第一,现代奥林匹克运动的产生与发展历程和人文主义存在难以割舍的关系。中世纪欧洲解体后是近代奥林匹克运动的萌芽时间,因为文艺复兴对约束个体的中世纪精神进行坚决否定,就人与人体的研究和发展,才在最后变成一种可能。由于现代体育将人性发展与人体发展当成重要任务,所以才使形成和发展的可能性得到提升。所以说,现代奥林匹克运动不但自文艺复兴阶段人文主义发展而开端,同时最后发展成了构建世界人文主义教育的关键环节。第二,现代奥林匹克哲学思想将核心内容设定为发展人体的身体以及精神世界,提出参与体育运动不仅能强健体魄,还能使人的人格更加健全,反映出了对人类发展意义方面的人文关怀。

(三)青少年——现代奥林匹克文化和学校体育文化的主体

在奥林匹克的教育根本、多重文化内涵、独特运动形式、青少年身体发展特征的影响下,使得奥林匹克运动在青少年群体中颇受欢迎。分析现代奥林匹克运动可知,其不仅使人类爱玩、想要竞争的本性得到满足,并且和青少年想要实现自我发展、自我挑战的心理发展特点相吻合。随着竞赛规则约束作用的长期渗透,青少年开始在不知不觉中认识到遵守规则和公平竞争的积极作用。由青少年过渡到成年人的整个过程中,有效加入体育运动的教学环节,对青少年实现社会化成长有积极影响。社会化成长不但是奥林匹克运动追求的教育目标,而且是学校体育的一项关键性教育任务。

为顺利举行 2008 年北京奥运会,我国相关部门投入了大量资金来构建数字奥运,建设奥运会体育场馆和电子通讯等,这对社会整体体育锻炼环境带来了多方面改善;同时在全民健身事业不断发展的情况下,使得广大群众的体育参与意识获得了大幅度提升,自觉加入体育运动队伍中的人日益增加,整个社会逐渐产生了积极主动的体育运动氛围。随着这两项策略的不断践行,为青少年树立终身体育意识、形成终身体育习惯、养成合理的体育生活方式提供了有积极作用的社会环境,同时为学校达到终身体育教育目标和教养目标带来了有利的社会物质条件以及文化氛围。除此之外,在现代奥林匹克运动全球化的发展形势下,利用学校体育来向青少年传授奥林匹克教育的相关内容,同时有助于尽快达奥林匹克运动的大众化发展目标和全球化发展目标。向学生提供与体育偶像近距离接触的机会,能够使青少年追求奥林匹克运动的动机更加强烈,能够引起更多青少年将自身注意力和精力投入到奥运会以及奥林匹克文化中,从而使奥运文化和学校体育文化实现有机结合。

(四)体育运动——现代奥林匹克文化与学校体育文化同源的教育素材

紧紧围绕奥林匹克运动的竞技运动,凭借自身的大范围开展、规则的客观性、竞赛制度的正义精神、运动项目的丰富多彩、运动内容的娱乐功能、效果日益明显的推广方式,在全球范围内的开展领域不断扩大,我国学校体育是其最开始传播的部分。分析我国学校体育产生和发展的整个过程可知,在我国学校体育刚刚形成时,将现代奥林匹克运动会设定为主流内容的竞技运动就将其锁定在学校,沿海城市学校体育和大中城市学校体育在形式和内容两方面占据主导位置。相关历史记载,第 2 届远东运动会于 1915 年在上海市举行,在我国参赛运动员夺取足球、排球、游泳、田径锦标后,学校传授的兵式操逐渐走向没落,田径运动和球类运动得到了越来越多人的关注。在此之后,西方竞技运动占据主流地位的现代奥林匹克运动率先波及我国沿海大型城市的学校体育课外活动,后来慢慢被部分学校吸纳到体育课教学内容,伴随着 1922 年北洋政府学制的大幅度革新,《学校课程标准纲要》中正式纳入了田径运动和球类运动。在此之后,军事训练等内容慢慢被竞技运动项目所替代,竞技运动项目逐步在我国学校体育课程中占据主导地位。截至当前,我国学校体育的主导性内容依旧是以现代奥林匹克运动为主流的竞技运动形式。

新中国成立之后,我国学校体育改革先后经历了教学改革和课程改革,核心部分是挑选学校体育教材以及具体教学内容。在对该项问题进行探讨的过程中,最为关键的探讨点是是否将竞技运动设定成主线来制定学校体育教材体系。不管最终的争论结果是什么样的,实践表明发展学校体育必须将现代奥林匹克多样化的运动教育素材考虑在内,并且发展现代奥林匹克运动不可以脱离实现人类全面发展教育的根本内容,否则将会误入歧途。在学校体育改革实践不断深化的情况下,有人提出了"竞技运动教材化"的观点,这对竞技运动和学校体育内部存在的矛盾有一定的缓解作用,但未能完全解决该项问题。毋庸置疑,不管学校体育教材内容体系是将学科当成中心,还是将学生实际需求当成中心,现代竞技运动的主流项目依旧是能够有效激发青少年学生兴趣的学校体育教育素材。

从全局来分析,随着现代奥林匹克文化所占比例的不断增加,学校体育的教学内容、教学方法、教学手段等发展活力越来越强大;与此同时,在学校体育不断发展的过程中,从客观方面对实现奥林匹克文化大范围传播以及多元化发展产生了积极作用。我国学校体育担负着弘扬我国体育文化的重任,当前还处在改革课程、教材、教学过程的探索时期,随着奥林匹克文化在学校体育中比例的增加,将为学校体育改革和发展提供崭新的切入点。

二、学校体育与现代奥林匹克运动文化结合的措施

第一,奥林匹克运动能够形象反映世界运动文化发展历程,在我国学校体育和现代奥林匹克运动文化实现有机结合的过程中,将把中国运动文化精华和西方运动文化精华充分融合在一起,将实现人类全面发展作为一项追求。我国"人文奥运"理念的提出,明显反映了现代奥林匹克文化和我国传统体育文化的相互借鉴、相互融合。各种文化之间的彼此尊重、主动借鉴精华,从根本上来说就是一种普遍价值。学校体育需要将我国青少年学生踊跃参与和期盼我国举办奥运会的内在潜力发挥出来,在我国各级学校对奥运文化和我国传统体育文化进行有效传播,借助体育文化实现对学生实行体育人文素质教育的目标,使学生的体育文化素养得到大幅度提升。牢牢抓住承办奥运会的机会,使我国学校体育文化和现代奥林匹克文化实现有机结合,在向学生有效传授各项运动要点时,让学生深入体会到体育运动中存在的精神价值与文化吸引力。

第二,在教育与奥林匹克运动全球化发展的背景下,我国传统学校体育

文化和现代奥林匹克文化反映出彼此融合、彼此借鉴的大体走向。我国成功举办第 29 届奥运会对世界体坛的深远意义是:推动现代奥林匹克运动的发展走向逐渐呈现出了多元化特征和全球化特征,使得我国传统体育文化在全球范围内的普及范围不断扩大。青年学生是我国今后发展的重要力量,积极承办奥运会能够有效培养和增强学生对我国传统体育文化的热爱程度,使学生认识到世界体育文化同时包含现代奥林匹克文化和不同国家的体育文化。传统体育是民族文化长期发展过程中慢慢沉淀的产物,反映了长期发展过程中和特定民族相生相伴的文化要素。以我国太极拳为例,它不但体现了我国祖祖辈辈人的社会价值,而且包含我国哲学的基本概念。很多历史实践活动说明,决定特定文化形态的发展进程是该文化形态和其他文化的交融、沟通、碰撞的实际情况。一种文化形态得到的文化资源越多,则发展进程越快,整体发展状态越完善。北京奥运会从多角度彰显了我国传统体育和现代奥林匹克文化的沟通和结合,对我国学校体育产生的实际作用将映射在我国传统体育插入现代奥林匹克文化体系并进行干预的实际情况中,有益于我国学生对我国传统体育运动形成浓厚的兴趣,使我国学校体育教学内容以西方竞技运动为主要内容、以我国传统体育运动为次要内容的现状得到改善。

第三,对现代奥林匹克运动与学校体育文化两方面的教育价值进行协调组合,有针对地借鉴奥林匹克运动的精华部分,对实现学校体育教学目标发挥有利影响。充当人类全面发展教育的重要环节,学校体育在实施人类身体运动教育的基础上,达到个体在身体、心理、社会适应能力三方面的统一。经历了长时间发展的现代奥林匹克运动不但是人类弥足珍贵的精神文明遗产,而且是开展青少年身心教育的优质素材,另外,也是颇受青少年学生欢迎的教育内容。学校体育选择的常见教学内容和教学方式,往往是青少年感兴趣的现代奥林匹克运动项目。由此可知,在深入探究我国学校体育教材体系的过程中,不但不可以选择"拿来主义"完成遵循竞技运动项目体系,而且不可以漫无目的地挤兑所有竞技运动项目加入学校体育教材体系。在规划和组建学校体育教材体系的过程中,需要充分反映学校体育的实质教育目标,将学生发展当成本质目标,始终将遵循现代教育规律作为基本原则,积极引进与改造部分竞技运动项目,使其发展成推动学生身心健康发展的教学途径。与此同时,因为现代奥林匹克文化的主导内容依旧是西方文化,在对学生世界观、人生观、价值观进行培养的过程中,东方文化和西方文化表现出了明显不同。针对这种情况,我国各个学校在对奥林匹克文化进行汲取的过程中,必须将我国传统体育文化和现代奥林匹克文化之间的关系处理好,使我国本土文化的独特魅力始终保留着。

第五节　奥林匹克运动文化的体育教材化建设探讨

一、奥林匹克文化体育教材化的现实意义

在体育教育改革持续进行的背景下,尽管当前体育教育理念获得了一定程度的改善,但还有两方面问题需要解决。一方面,传统的学校体育对强身健体、提高身体素质投入了过多注意力,没有对体育精神文化教育投入应有的精力;另一方面,单方面实现竞技体育的相关目标,对生活体育教育和终身体育教育视而不见。专门为了体育而开展教育,专门为了掌握运动技能而不断练习,没有兼顾体育精神教育的养成教育。在这种情况下,在"健康第一"教育理念的不断引导下,要对学生的体育精神教育进行大力倡导,要适当增加培养体育道德观念、爱国主义、集体主义、意志品质的精神教育的内容和时长,这不但和现阶段体育教育改革的实际需求相吻合,而且充分反映了完全对接主体教育与个性化教育的时代需求,是现代学校体育教育思想的主要价值倾向。奥林匹克文化能够在实施学生体育精神教育的过程中发挥积极作用,可以对过去学校体育教育在实施学生精神教育过程中存在的不足进行弥补,推动学生实现身体的全面发展。

在奥林匹克运动和我国文化不断交融的过程中,广大群众对奥林匹克运动的了解越来越深入,逐渐对奥林匹克的本质内涵有更加深入的认识。不管是人们将越来越多的注意力集中在奥林匹克方面,还是我国尽最大努力承办奥运会,均反映出我国广大群众对奥林匹克运动本质含义的认识日益深入,或者可以理解成奥林匹克的精神和追求已经逐渐渗透到广大群众的日常生活中。在我国积极申办奥运会的背景下,该趋势将越来越突出,而且会和学校体育发展之间联系得越来越密切。在学校积极传播奥林匹克文化,不但对奥林匹克运动的有效发展有积极作用,而且是我国学校体育发展的实际需求。在学校体育教育各项要求的影响下,学校体育开始朝着多元化和社会化的方向发展,学校体育教育需要使已经存在的文化内涵和文化氛围更加深厚,需要培养出和社会实际发展需求更加贴近的高素质人才,而且在学校传播奥林匹克文化对学校体育社会化有积极影响,其具备深远意义。深入剖析分析,奥林匹克运动对我国学校体育思想的作用越来越显著,其不但通过深厚的文化底蕴来加快我国学校体育的发展进程,而且一定能为21世纪世界文化融合发挥很大积极作用。奥林匹克文化体育教材化不

仅能广泛传播奥林匹克文化,也对学校体育发展有推动作用,还是奥林匹克文化传播的发展走向之一。

二、奥林匹克文化体育教材化的策略

(一)选择合理的奥林匹克文化素材

教材的教育性、思想性以及趣味性,是奥林匹克文化素材选择合理的重要标志。第一步是对体育素材与体育教材的内部意义有深入理解。体育素材是指存在对身体发展和心理发展有潜在作用、没有经过总结、提炼、加工、处理,依然保留着原本性质的原始材料。具体含义可分为两个层次,一个层次是体育外部环境为其内容的来源,和体育活动存在某种联系的日常生活与技能;另一个层次是体育内部环境为其内容的来源,是经过长时间的体育运动实践总结并确定的体育运动知识体系、技术体系、技能体系。前者属于单纯的"体育素材",后者属于学校体育教育过程中的"体育素材"。在体育本质的制约下和学校体育教育内容的客观制约下,同时在对之前已经存在的体育素材进行严格加工和处理的情况下,挑选出存在现实意义以及能够利用的体育教学材料,即体育教材。体育教材体系内容需要在三方面实现有机统一,即科学性和思想性、知识和能力、身体和心理。首先,通常教材是加工和处理科学信息后的结果,客观事实信息体是其主要源头,并且还依附在理性思维的营造组合,但是并不是仅仅依附在感性的粗浅以及基本事实,需要不断提升科学意义方面的实际成效;其次,一定要是对构建能力与累积知识有积极作用的载体,其能够保证获取能力和知识是在步骤、方式以及技术的多重影响下收获的,需要不断提升科学意义方面的可操作性;最后,需要保证在知识与能力体系有机结合的基础上,把思想、形态、观念、规范当成表达形式,需要不断提升科学意义方面的思辨性和理念性。

(二)着眼于融合西方运动文化的精髓,推动人的全面发展

"人文奥运"理念的提出,明显彰显了现代奥林匹克文化和我国传统体育文化之间的彼此交融。各种类型的文化间应当彼此尊重、彼此借鉴和汲取精华内容,从本质来说这属于一种普遍价值。学校体育需要对青少年对我国承办奥运会的积极性和热情进行深入挖掘,让学校通过各种途径来有效传播奥运文化与中国传统体育文化,运用体育文化向学生开展体育人文素质教育,使学生体育文化素养得到大幅度提升。牢牢抓住我国积极申办奥运会的机会,有效改善奥林匹克文化和我国学校体育文化的交融程度,不

仅能让学生掌握各项运动,还要让学生体会到体育运动内在的精神价值以及独特的文化个性。奥林匹克文化体育教材不仅要结合奥林匹克精神,还要积极借鉴和汲取西方运动文化的精髓,进而实现推动人类全面发展的目标。

(三)有针对地吸收奥林匹克运动的精华,为实现学校体育教育目的发挥作用

分析人的全面发展教育可知,学校体育是一个构成部分,其往往在践行人的身体运动教育的过程中,使人的身体、心理、社会适应能力实现有机统一。在设计和确定学校体育教材体系的过程中,需要充分反映学校教育的教育目标,将学生发展当成根本目标,将贴紧现代教育基本规律作为根本原则,积极借鉴良好的竞技运动项目,使其慢慢发展成实现我国学生全面发展的教育途径。除此之外,要妥善处理好本土文化和外来文化的关系,保证本土文化的独特魅力不受影响。

(四)使奥林匹克文化实现全方位的教材化

把奥林匹克运动的所有思想与活动内容教材化,即将奥林匹克文化全方位的教材化。因为奥林匹克文化由表层结构、中层结构以及深层结构三部分组成,所以革新以往学校体育不仅仅是把运动项目纳入学校体育教材,而是把奥林匹克文化蕴含的不同层次融合在体育教材中,使奥林匹克涉及的人、器材、场地、项目等方面达到教材化,使奥林匹克文化实现大面积的传播和弘扬,使奥林匹克文化和学校以及学校体育实现紧密对接,进而让奥林匹克文化对学生产生教育作用。

(五)改良奥林匹克文化体育教材化的呈现方式

保证教材内容是图片和文字科学结合,不仅能让学生对知识深厚的奥林匹克运动产生浓厚的兴趣,还有利于学生深入了解奥林匹克运动的多重文化内涵。利用不同途径,使学生应对大容量知识教材的学习方法得到改善,但和学生参与的体育实践活动存在关联比较少。深度剖析教材特征,通过增加文章中的图片数量来激发学生兴趣、优化学生学习方法之外,在呈现相关内容时还可以采用链接、思考和分析、艺术欣赏、知识窗等很多类型的栏目,提升学生学习奥林匹克文化知识的效率。对于体育教材而言,不仅要使奥林匹克文化理论知识教学的时长增加,在以奥林匹克项目为主流的竞技项目还需要加入奥林匹克思想,不可以只是单纯地照搬,对奥林匹克文化

内涵进行深入认识和灵活应用才是重中之重,这样才能对学生全面均衡发展产生推动作用。

三、奥林匹克运动文化的体育教材化建设探讨结论

(一)奥林匹克文化体育教材化促进学校体育的发展

随着现代奥林匹克文化介入程度的深入,使学校体育在发展过程中的教育内容、教学方法、教育途径的动力越来越强大。奥林匹克文化内涵被纳入中学和小学体育教材之后,将逐步革新人们的思想意识,逐步改变我国某些方面的问题。然而把奥林匹克文化纳入各级学校的体育教材体系中,教学实施过程中也会随之出现很多难题。与此同时,改变过去仅仅把竞技项目加入教材的操作模式,通过哪种方式把奥林匹克文化加入教材体系中,依旧要通过科学分析和讨论,一定要将对应的教育因素考虑在内。分析有没有遵循教育目的,是否和学生发展以及实际需求相吻合,是否和现代教育培养高素质人才的实际需求相吻合。

(二)奥林匹克文化体育教材化将促进奥林匹克文化的传播与发展

皮埃尔·德·顾拜旦在设计和构思奥林匹克运动时,将体育、文化、教育当成重要内容,是在融合体育、人文精神以及道德修养的情况下开展的。奥林匹克文化把身体、心理、群体等不同类型的品质科学融合在一起,从而使其大幅度提升的一种体育运动和文化教育的融合体,其将身体运动当成手段和学校体育构建出了大体框架,将其设定为学生的教育内容,明显反映了其一直存在的教育功能。国际奥委会将青少年和教师设定成奥林匹克教育最为重要的对象,本质原因是奥林匹克文化同时顾及了个体追求与社会价值追求,所以被当成学校体育的有益参照也理所应当。

(三)我国学校体育是最有效传播奥林匹克文化的方式

由于我国学校体育是奥林匹克运动的一个主要阵地,所以其原本也应当是奥林匹克运动的一个重要介入点。学校体育将逐步发展成传播奥林匹克文化的一种有效手段。把学校当成传播奥林匹克文化的重要阵地,不仅充分反映了奥林匹克运动教育的本质,而且对奥林匹克运动稳步发展有积极作用,同时和学校体育发展的实际需求相吻合。从本质分析,培育出全面

发展人才是学校体育的目标,而多元化内容、丰富多样的形式、颇受学生欢迎的奥林匹克运动能够对学生产生深远的影响,倘若通过这种方式使学校体育课堂更加有趣味性,充当课外活动中不可替代的内容,则可以成功吸引很多学生的关注和参与。不管是项目还是形式评价等方式,都能够保证奥林匹克运动的可操作性,同时无数青少年学生都对这些内容有浓厚的兴趣。将奥林匹克教育纳入学校体育,不但是体育后备人才的一项系统性工程,而且是向学生开展思想品德教育的关键环节,五彩斑斓的奥林匹克运动能够使学生参与运动的兴趣和热情得到有效激发。

第六节　学校奥林匹克运动文化体系建设策略

一、学校奥林匹克运动精神文化层建设

精神文化层在学校奥林匹克运动中占主导地位,是学校奥林匹克运动文化的核心内容。体育观是精神文化层的实质与核心,其对学校奥林匹克运动体系建设有决定性作用。

(一)树立正确的体育观

体育观的内涵是个体或社会对体育具备的意义与价值的理解和观点,该意义的价值对体育文化发展方向有决定性作用。体育价值观会受社会环境、实际态度、观念形态、思维走向、个体实际需求、兴趣爱好等因素的作用,结合这几方面的因素,认为在文化层次上占优势的高校师生的体育观应具体如下。

1.体育是生活的重要组成部分

体育锻炼不仅是潮流所向,还是一种科学、健康、文明的生活方式,学校的教师和学生应把它当成必不可少的内容。在教师和学生的生活、娱乐、健美、消费中都离不开体育,其是相互竞争、优化个性、彰显个体价值的重要方式,是强健体魄、除病祛疾、缓解紧张、友好往来的重要措施,应当把体育当成和衣、食、住、行同等重要的内容。

2.体育是竞争

在现阶段,竞争与挑战充斥在社会各个领域,当人们拥有积极向上的竞

争精神和奋发精神时,方可保证在形形色色的竞争中不被击垮。竞争是体育发展的重要动力,体育竞赛中积极夺取金牌等都是体力与智力的竞争。体育是竞争性特征最明显的领域,在体育运动竞争性特点的影响下,使得很多学生踊跃参与其中,逐步演变成学生深入理解公平竞争、奋发向上精神的最佳场所。在运动场上,在体育规则的严格束缚下,想要成为成功者的难度不断增加,只有付出努力,方可获得人们的肯定。体育运动往往会将人生过程中经历的复杂情感融入很短的时间内,促使参与体育运动的人接受各种磨难和心理冲击,深刻感受输与赢带来的情感体验,经过整个过程后,人们不仅会学到怎样战胜惰性和自我,还会学到通过哪种方式来为自身追求不断奋斗。对于生命力旺盛的青少年学生而言,他们是不安现状、追求梦想、持续创新的群体,在青少年学生渴求知识和掌握知识的过程中,都反映了他们积极进取的精神,而体育运动是进取精神的催化剂,进取精神是当今社会不断向前以及赢得成功必须拥有的素质。

3.体育是娱乐

娱乐功能是体育众多功能中的一种,体育活动能够充当轻松愉悦的同义词,学校老师通过空闲时间,来积极加入和观赏不同类型的体育活动,通过体育活动来更好地体会生活乐趣,对身体和心理发挥愉悦作用,以此免除紧张、焦虑等负面情绪的影响,推动学校生活更加有趣、更加有意义。

4.体育是消费

在我国经济蒸蒸日上、生活水平不断提升的情况下,教师和学生的空闲时间也在随之增加,体育在充实空闲时光、使日常生活多元化、改善生活品质方面的作用越来越突出,学校师生应当积极参与体育运动,逐步形成体育是消费的价值观。加入俱乐部交会员费、参与竞赛交参赛费、欣赏体育比赛购买门票、学习和掌握运动技术交学费,需要慢慢成为教师和学生共同以及自觉遵守的行为准则。由此可知,学校体育文化积极倡导"自我健康投资"是极为必要的,由此应建立正确的空闲体育消费意识。

5.体育是完善个性的重要手段

对有机体产生作用是体育的一项关键内容,其不但能对个体生理属性产生作用,而且能对个体心理属性产生作用,同时现代体育也能够充当社会教化方式对个性发展过程产生积极影响。

在体育运动中,参与者必须投入很多体力、智力以及情感,所以参与者往往不得不调动自身极限。参与体育运动的过程中,参与者能够了解并总结出自身在各个方面的劣势,并且能找出自己个性中的各项优势,最终对自身形成客观认识,同时选取恰当途径来弥补自身缺陷,将自身优势发挥到最佳状态。此类自我发现、自我认识、自我改造的过程,也是推动个性发展、实现个体社会化的过程。通常情况下,体育运动是群体性活动。群体常常会就个体行为实施评价,主要包括肯定和否定两种情况。对于体育群体而言,体力、机智、勇敢等品质均会被鼓舞,相反则会遭受谴责。分析学生不同类型的社会需求可知,社会参与和社会承认的层次相对较高。对于群体活动而言,没有严格按照群体规范做出的行为常常需要接受相应的惩罚,为充分适应群体,人们常常会自觉接受群体的各项束缚,这些束缚往往会让成员在潜移默化中使自身部分特性发生改变。

对于体育活动而言,不但要自觉接受外界环境的相关作用,而且要主动调整自我意识,推动自身自觉投入其中,实现强身健体、掌握运动技能的目标,另外,其还是个性慢慢发展的过程。对于体育活动而言,只有在坚持不懈地努力下,人们才能对自己的各个方面形成深入认识,主动朝着新目标前进,使主体的主动性得到有效发挥,最终对形成与发展个性、达到学生均衡发展产生积极作用。

6.体育是健身健心的理想途径

随着人们生活方式的现代化走向越来越突出,现代文明病对人们身体健康的威胁越来越大,学校的教师和学生也无法幸免。体育运动往往会用积极向上的形式,使众多教师和学生肢体活动单一化的问题得到缓解。在参与活动全程,随着能量不断消耗,对人们摄入的高能量可以产生均衡作用,使教师和学生对现代文明病的紧张情绪得到缓解,让他们的攻击性心理顺利排除,最终使其心理处于相对愉悦的状态,对其身体和心理的健康成长产生积极作用。

7.终身体育观

终身体育对"现在"和"将来"都十分重视,不但要充分满足学生身心发展的实际需求,而且要充分满足学生终身发展的实际需求。由此可知,体育并非只针对人们的特定发展阶段,而是要将人们的一生都考虑进来。在全国范围内大力践行全民健身的背景下,必须大范围宣传体育,使更多学生对身体健康是人生第一财富的认识更加深入,使学生真正感受到身体健康是当前人们生活的重要条件,并且和人们的生活、家庭、就业都有不可割舍的联系,使学生充分认识到体育对推动人们全面发展方面的深远影响,培养和激发学生参与体育的积极性,使学生逐步形成终身体育观念。

强壮的身体是所有活动的载体,倘若身体处在非健康状态,则所有计划和行动均会变成空谈。终身体育观被提出之后,已经基本上被世界各国接受和认可。日本学者指出,体育不只是发育阶段推动个体朝着更好方向发展的方式,应当是贯穿整个人生的生活内容;瑞士学者指出,要有效提升学生的积极性与热情,使学生在参与终身体育的过程中不断提升生活水平;韩国学者指出,要实现体育生活化目标;我国学者指出,大学体育的发展规律是从义务到科学再到兴趣最后到持久。随着终身体育思想提出时间的不断增长,越来越多人认识到体育不是只局限在人生特定时期,而是会贯穿在人生的各个时期,是现代人生活不可或缺的环节。让学生深入理解并形成的终身体育观,从以往单方面重视学生在学校短期效益的体育观逐步过渡到追求长期效益,这一定会对学生顺利适应社会、和社会协调发展产生积极影响。

(二)增强学生的体育意识

树立正确体育意识是当今学生需要达到的一项要求。换句话说,体育意识就是学生对体育的认识和理解,往往分为对体育运动意义的认识、对体育运动作用的认识、参与体育运动的渴求和具体要求。学校奥林匹克运动文化体系建设过程中,应当激发并增强学生的体育参与意识。

1. 转变体育教学观念,高度重视体育意识教育

纵观体育发展史可知,体育是随着社会发展而不断发展的。在很久之前,体育教学已经开始大力提升学生身体素质,同时对体育基础知识和基础技能的传授投入了很多精力,但没有在培养学生体育意识方面投入应有的关注。教师只是单纯地将体育当成一门知识与技能来加以传授,忽视了体育在情感、意志、习惯上的育人价值。尽管此类教育理念与手段在组织教学规范性、传授知识技能系统性上发挥过正面作用,但不利于学生的个性发展,在某些情况下会忽视学生生理发展水平、心理发展水平、认知水平的同步提升,对针对提高社会适应能力提出的实际要求存在忽视问题,对学校体育效能的发挥有负面作用。针对这些问题,转变传统教学观念是首要任务。首先,在教学实践活动中,要适当强化学生体育意识教育和学生健康意识教育,使学生逐步形成积极参与体育运动的渴求和习惯,保证学生在教育过程中接受切实有效的体育思想教育,逐步发展成生理和心理都处于健康状态的高层次人才;其次,要充分融合体育教育和终身体育教育,推动学生逐步形成终身体育意识。

2.积极传授体育理论,推进体育实践教育,全面培养体育意识

在素质教育推行范围不断增加的情况下,学生积累的文化知识不断增加,进而让学生脱离了对体育现象相对直接的思维方式,慢慢具备了理性思维与理性评价,在该时期积极传授体育理论知识对转变学生思维、形成体育意识都有着深远意义。为有效开展该项工作,体育教学应将体育客观过程和体育运动规律作为切入点,和学校体育教育特征充分结合起来,保证选取的体育知识与教学内容和学生体育需求相符合,结合体育知识教材内容来安排教学时数,将理论和实际充分联系在一起,促使理论对实践产生指导作用,最终在体育教学过程中真正达到从"要我学体育"到"我要学体育"的过渡。

(三)弘扬高尚的体育精神

在特定历史时期,在学校体育文化健身过程中积累、整合、提炼出的,充分体现校园体育文化的行为准则、价值观念以及意识的总和,是校园人体育精神生活方式以及意识形态的生动体现。校园体育精神是一种深层次精神文化,形成后会对学校所有成员形成难以抵御的作用,同时也存在连续不断的继承性。不管学校成员处于固定状态还是流动状态,当身处该精神氛围之后,内心世界都会产生激励和升华的反应,在潜移默化中被影响并逐步形成特定的精神品质,最终发挥更加深入的教育作用。我国很多学校从创立开始,就在积极借鉴和汲取社会体育精神文化的养分,同时对汲取的养分进行整合,从而发展成体育精神的一个关键环节,而且充当比较稳定的成分被保留下来,在长期发展中接受人类祖祖辈辈的调整和升华,逐步演变成学校文化中的精华。很多学校提出的校园体育精神,对很多学子的健康成长发挥了鼓舞作用,这种校园体育精神不仅一直保留至今,同时还会在今后形成难以抵御的影响力,并且鼓舞无数学子奋发向上。

在建设学校奥林匹克运动文化体系时,需要对包括爱国主义精神、集体主义精神等在内的体育精神进行弘扬。在体育比赛过程中,应当符合公平竞争、公开透明、实事求是、遵守规则的要求,通过尊重对手的体育道德精神来实现对学生的感化与教育,使学生逐步形成健康向上的体育精神。由于校园体育精神是学校所有教师和学生共同创造并且普遍肯定的价值观念,所以其具备潜移默化的凝聚力与感召力,在校园体育精神的作用下,逐步培育出了具备共同的理想追求、价值取向、道德情操的校园人,所有校园人之间存在强烈的认同感,并且会慢慢升华成校园归属感等。校园体育精神作为一种潜在力量,从本质上说属于影响力极大的激励因素,促使校园人在各

类实践活动中奋发向上、积极进取、不断挑战自我。特别是校园人在学校需要克服困难时,校园体育精神能够给予人们信念支持,成为校园人跨越阻碍、追求梦想、实现自我完善的巨大动力。校园体育精神形成之后,改变的可能性比较小,往往可以持续很长时间,而且会对学校所有角落产生影响,从不同角度对校园人的行为方式与价值观念产生影响。由此可知,通过体育精神来推动学风健身和校风建设具有深远影响。

(四)培养良好的体育道德和体育行为习惯

学校奥林匹克运动精神文化层建设的重要内容分别是优良体育道德和体育行为习惯。学校是知识和人才都比较集中的场所,而学生思想道德水平对中国社会主义事业今后的发展趋势有直接性作用。在学校奥林匹克运动精神文化层建设的过程中,一定要有效发挥校园体育文化的育人功能与导向功能,积极举办不同形式的体育活动,使学生思想道德素质实现大幅度提升。在校园体育文化活动中,可以通过多方面的体育道德与行为规范实现对学生的教育和感化。

利用多种形式的体育活动,特别是团体竞赛活动来实施品德教育,这和处在青年时期的学生的年龄特点比较吻合,特别是要把各式各样的运动项目对应的特点与要求融合起来,这样能够从多方位实现培育思想品德与个性的目标。把集体当成一个单位是体育活动的常见形式,原因在于更有利于开展群体教育,处在青少年时期的学生存在上进心、好奇心、好胜心都比较强烈的心理特征,他们往往会主动参与集体体育活动,因为在体育竞赛中组织与纪律都比较严密,同时其原本就包含很多道德因素,这对形成团结友爱、积极奉献的品德具有积极影响,同时还能在参与体育竞赛的过程中有效处理个人和集体、自由和纪律的关系,使参与者的集体责任感更加强烈。除此之外,体育竞赛还存在激励功能,对人们主动挖掘自身潜能有鼓舞作用,使人们自觉发扬拼搏精神;评比产生的结果是让学生明确认识自身努力程度将对集体荣誉发挥作用,同时集体荣誉还会反过来影响每个成员,这对培养和增强学生义务感与集体荣誉感有积极作用,能够使每个成员从内心深处赏识每位优胜者,可以使青年学生在精神方面获得满足,同时促使他们始终保持积极向上的状态以及胜不骄、败不馁的精神,最终使青年学生形成坚不可摧的意志品质。所以说,学校体育作为实施教育与分配空闲时间的方式,对避免和完善学生的不良品德具有独特影响。

需要说明的是,还可以充分发挥媒体作用,对我国运动健将在奥林匹克运动会比赛中的光荣事迹进行大范围宣传,增强教师和学生的爱国热情以及民族自豪感,促使师生逐步发展出健康向上的人生观和世界观。

(五)提高学生的体育文化素养

体育文化素养主要包括以下四个方面:第一是体育知识,即体育基础知识、体育保健知识、身体锻炼和评价知识、竞技运动知识等;第二是体育技能,即基本运动技能、身体锻炼技能、娱乐体育技能等;第三是体育意识,即针对体育形成的认识、观点以及参与意识;第四是体育兴趣与体育习惯。从很早之前开始,广大群众对体育的认识始终有将外在目标当成终极目标的趋势,对短时间内的体育成效投入了过多注意力,没有在培养体育文化素养方面投入过多关注。对于高校学生而言,已经具备较高的分析水平,所以可以高校体育本质职能向学生参与体育锻炼提供理论知识以及方法引导,从而使学生体育文化素养出现大幅度提升。因此,在现代高等体育教育体系中,倘若不存在体育文化素养环节或者体育文化素养环节被削弱,则会导致培养对象在身体和精神品质两方面出现不健全。

二、学校奥林匹克运动制度文化层建设

学校奥林匹克运动制度文化层是连接精神文化层与物质文化层的中间层面。制度文化层往往会通过个体行为活动或行为化的形式反映出来,是学校奥林匹克运动制度文化层建设中的重中之重。

(一)贯彻落实各项体育法规,改进管理理念和管理手段

从我国近代学校体育起步开始,体育、音乐、美术是"小三门"的观念得到绝大多数人的认可,并且被遗弃在学校教育的角落中。新中国成立之后,国家对学生开展三好教育,主张促使学生实现全面发展,但在"重文轻武"观念以及经济状况的制约下,没有明确确定学校体育的最佳位置,在高等教育中同样存在这种现象。从改革开放开始,尤其是实施素质教育、高度重视体育在素质教育中的基础作用之后,校园体育文化建设已经慢慢发展成学校文化建设的一个关键部分。对于学校而言,要想成功构建出独立的学校体育文化,第一步是对多方面的体育法规进行认真贯彻,对管理的观念和方法进行进一步优化,同时密切结合学校的整体现状,确定出适应的政策与实施措施,如此方可增加学校奥林匹克运动制度文化的发展动力,并且使学校奥林匹克运动制度文化的时代特征更加别具一格。

(二)加强运动队建设

在积极举办和有效控制的群体活动的情况下,要大力建设学校体育运

动队,尤其是要对群众基础深厚、特色鲜明的体育运动队进行大力建设。学校体育运动队不但在学校奥林匹克运动文化体育建设中能够发挥出作用,而且还是反映学校精神文明的一个切入点,可以增加学生的影响力,是学校的无形资产;从内部来分析,学校体育运动队能够有效凝聚教师和学生,是学校所有教师和学生的关注点以及热议的内容。毋庸置疑,进一步建设体育运动队,能够随之产生更加强烈的影响力与号召力,能够在学校奥林匹克运动制度文化层的建设中起到积极影响。

(三)适当开展野外生存活动

野外生存活动不仅能愉悦身心、提高身体素质、缓解和消除疲劳、提升个体生存水平等,同时野外生存活动具备的挑战性和刺激性是难以取代的,颇受各个年龄阶段学生的欢迎。就其他国家来说,很多学校都把野外生存当成体育教育内容以及终身体育难以替代的环节。就我国来说,很多学校都组建了学生开展野外生存的具有代表性的组织,远足、登山、攀岩等不同形式的活动都有开展。学校成立野外生存组织,使得校园文化生活更加多样化,反映出学校所有成员积极进取的精神状态。尽管野外生存活动有很多方面的安全隐患,但预防效果得到保障后,是可以在学校中加以推广的,可以把它纳入学校体育教育中,进而对学校精神文明建设发挥积极作用,增强学生的生存能力,培育学生的爱国主义精神和集体主义精神,对学校奥林匹克运动制度文化建设层建设发挥间接作用。

(四)利用校园网络,建立体育网页,丰富校园体育文化生活

在信息技术不断进步的情况下,当今社会的信息化趋势越来越明显,信息技术正在逐步渗透到社会生活的所有角落。由于网络文化存在开放性和民主性等多项特征,所以颇受学生的欢迎,随着时间推移已经慢慢发展成学生学习和生活中不可或缺的环节,对学生价值观、人生观、世界观、人格形成都有不容忽视的作用。各级学校可以对现代网络技术给予的各种便利进行广泛应用,构建出校园体育网页,在校园文化建设和学校奥林匹克运动制度文化层建设的过程中发挥积极作用。

第一,对开发教学内容信息投入较多关注,向广大学生提供高质量的体育教育教学服务;第二,组建网上体育俱乐部、多媒体教室、阅览室,给学生比较广阔的体育学习空间;第三,开设体育赛事、体育培训、体育欣赏、体育康复等栏目,促使校园体育活动生活更加多姿多彩;第四,通过电子邮件来展开体育交流;第五,构建网上光盘塔,使学生能够选择自主学习策略。

(五)优化体育教学内容

体育教学载体是体育教学内容,但现阶段的体育教学内容、学生求知欲望、心理发展状态难以实现同步。在规划和确定体育教学内容时,应当密切联系学生的实际需求,始终遵循从学生学习情况、今后工作需要和生活需要出发的原则,对体育教学内容的娱乐性、健身性、终身性进行重点关注,适度削弱竞技性的地位,促使学生获得懂、会、乐的体育效应。

很多人都知道,倘若学生对体育教学内容以及有关运动项目未产生浓厚的兴趣,与之对应的学习动机也不会很强烈,这时学生课内表现往往为被动学习状态,基本不会参与课外体育锻炼。在知识和社会经历长期沉淀的情况下,学生的自我意识会越来越明显,自身兴趣会在很短时间内往个性化方向发展,对没有产生兴趣的事物越来越排斥,自觉参与学习活动则无从谈起。因为学生在学习过程中没有发现体育教学的深远影响,内心世界只有疲劳与乏味的感受。在此之后,无论教师在体育教学中怎样开展教学活动,学生主动加入教师安排的意义非凡的学习活动的可能性都会很小。教材内容的科学性、可接受性对校园体育文化建设以及学校奥林匹克运动文化体育建设都有深远影响,要将学习价值当成挑选体育教学内容过程中的重要因素,主动选择那些同时具备民族性、世界性、健身性、娱乐性、科学性、可接受性的能够加以塑造的教学内容。彻底舍弃和学生今后生活和职业不相关、实用性特征和时代感不明显的内容,另外也要删除学生在学习时被竞技规则制约而出现被动掌握或掌握难度大的内容,从而使学生在体育文化方面的需求与兴趣得到有效满足。由此可知,教师和学生必须做到一起努力,挑选出那些学生有浓厚兴趣、现代健身氛围浓厚以及娱乐性特征显著的体育活动,通过这些项目使学生兴趣得到最大限度的满足,最终从根本上实现体育教学目标,对学校奥林匹克运动制度文化层建设发挥积极作用。

除此之外,在体育课中可以适当添加某些运动处方原理、运动生理效果、运动健身效益等内容。在开展运动技术技能教学的过程中,切莫仅仅把注意力集中在跑、跳、投、打球、踢球等环节,这样不能称之为高质量的教育。体育教育的实质是在传授体育文化知识的过程中使学生的体育文化素养得到显著改善,倘若不存在文化,则无法形成教育。

(六)优化体育教学方法

就思想认识角度来说,需要站在传递体育文化的视角来开展体育教学。以往的体育教学大多偏重于传授运动技术,制定教学方法时没有将培养学生创造力和思维力放在重要位置。教学内容选择和教学组织安排都是决定体育教学效果的重要因素。倘若教学内容科学有效,但教学组织形式违背了学生身心发展特点,则体育教学效果必然会受到影响,因此,体育教学组织安排是十分关键的一个环节。

在现阶段的体育教学方法中,以往"填鸭式"现象已经基本不存在,教师为主导、学生为主体的教学体系已经占据主要位置,要求体育课堂教学必须具备很多种别具特色的教学形式,教师和学生以及学生和学生之间要进行多边互动活动。要积极利用图片资料和网络系统等多媒体教学手段来实施具体教学活动,另外也能通过电视实况转播以及现场组织观看体育比赛等方式开展体育文化教育。

就教学组织而言,应当把"活泼、自由、愉快"设定成主旋律,将具体课堂纪律和形象愉悦的教学氛围充分融合在一起,对信息多向交流与教学环境实施有效改善,使教学组织形式竞技化的问题进行有效解决,原因在于教师向学生传递的是体育文化,并不是只局限在竞技运动训练方面。我国各个院校要把教学相长观和主导主体观两方面的问题处理好,积极扩大"发现教学"和"兴趣教学"等崭新方法的推广范围,积极使用新型的教学手段,使学校体育教学得到优化,从而为学校奥林匹克运动制度文化层建设提供更好的条件。

三、学校奥林匹克运动物质文化层建设

学校奥林匹克运动物质文化层是学校奥林匹克文化建设的基础,是学校奥林匹克文化中感染力较强的层面。学校奥林匹克物质文化主要组成部分是体育场馆、器械布置、体育建筑特色、学校所在地域。当体育设施和运动器材都达到各方面要求时,不但能够营造出良好的学校奥林匹克运动文化环境,同时学生踏进校园后就会在无形中接受体育环境的影响,最终使学生产生心灵冲击并对奥林匹克运动产生追求的想法。我国各级学校应将学校奥林匹克运动物质文化列到学校奥林匹克文化体系建设的总体规划中,进而实现学校奥林匹克运动文化体育建设在软件和硬件两方面的统一,发展成人文和自然和谐的有机整体。

(一)经费投入是关键

因为体育经费不足是我国各级学校长期以来存在的问题,所以导致体育场馆设施建设和学校实际需求存在巨大差距,很多学校体育场馆面积和学生总人数之比没有达到相关要求的最低标准。在现阶段,我国体育场馆在数量和质量两方面都存在很大问题。因此,许多学校在体育物质以及奥

林匹克运动物质条件上都有短缺问题,进而无法在短时间内向学生提供感官刺激,学生难以产生追求和参与体育运动的想法。相关调查表明,很多学生认为自身对体育运动以及奥林匹克运动的兴趣来源于在体育器械方面的满足,单方面奔跑以及机械重复难以满足他们对体育运动以及奥林匹克运动的渴求。在社会不断发展的情况下,绝大多数教师和学生在体育文化活动中更加倾向于追求新颖、快乐、优美,但由于实际需求和体育设施存在尖锐矛盾,造成很多要在体育文化活动以及奥林匹克运动文化活动中追求快乐、充实、自我完善的教师和学生难以实现该夙愿。

经费短缺和投入太少是导致学校体育场馆设施建设滞后的直接性因素。在学校素质教育开展程度不断加深的情况下,体育教育已经成为素质教育的一个重要组成部分。我国很多学校在积极更新理念的情况下,应当对体育工作和学校奥林匹运动文化建设投入更多注意力,循序渐进地增加体育经费投入,将体育设施建设当成评判校园环境和教育环境的一项关键指标,从而保障学校评估指标体系的合理性和有效性,将体育设施设定为考核学校办学条件和办学质量的一项重要内容,对学校体育设施建设的实际情况起到监督作用,从物质方面保障体育文化以及学校奥林匹克运动文化的层次与水平。

(二)提高体育物质设施利用率

在经济发展速度加快、广大群众生活品质提升以及空闲时间不断增加的情况下,从事奥林匹克运动的人口出现了上升趋势,我国各级学校要在场地优势、器材优势、人才优势方面服务于市场,然后利用市场来推动高校体育发展。我国学校应当不断改善体育场馆在经营方面的实际情况,提升体育场馆效益,增加开放力度和开放时间,科学配置场馆资源。积极借鉴其他国家的场馆经营成功的经验,在满足学校体育教学与训练需求的情况下,促使学校体育物质设施逐步转变成经营型。积极贴近全民健身热潮,向社会各个领域开放体育场馆,积极践行会员制,督促会员缴纳相应费用,组建和奥林匹克运动相关的俱乐部,将开放对象设定成学校所有师生以及市民等,在周末开展体育特色服务活动,增加师生和市民等群体的休闲娱乐空间,通过不同类型的短训班以及相关活动来促使学生参与进来,同时使体育场馆获得充分利用。

(三)建设体育物质设施要呈现出文化底蕴

学校奥林匹克运动物质文化是学校奥林匹克文化体系的物质载体,是学校总体奥林匹克运动文化的外在象征,其核心内涵是学校奥林匹克运动文化中的精神文化层。学校奥林匹克物质文化建设的根本目的是推动自身逐步发展成学校奥林匹克运动精神文化的载体,而建设物质文化并不是根本目标,仅属于方法和途径。所以说,摆脱学校奥林匹克精神文化建设与和奥林匹克运动精神文化不和谐的物质文化建设将会丧失文化建设的意义。学校奥林匹克运动物质文化蕴含的精神文化,是学校奥林匹克文化建设中实质性与根本性的重要环节,是学校奥林匹克运动文化体系建设的本质原因,倘若对精神文化建设的深远影响视而不见,则会导致学校奥林匹克运动物质文化建设仅仅停留在形式上。由此可知,学校奥林匹克运动物质设施需要通过特定文化底蕴来反映出内在的体育精神气质。

学校体育物质建设不仅要保证实用性、美观性以及协调性,还要在其中投入人文关怀,充分彰显独特的魅力,有效激发审美张力。对于建筑创意来说,要把学校所处地域的气候特征考虑在内,在外观方面要突出开敞和通透,在组合空间过程中要做到灵活多变,有效防止各类缺陷的出现,通过动态感意象来彰显特色,符合学生在心理方面的实际需求,充分调动学生参与学校奥林匹克运动的积极性。

除此之外,体育物质设施建设要将层次性摆在重要位置,使点和面充分融合在一起。由于学校是传播各类知识的殿堂,所以在建设大众设施的过程中要适当建设某些适宜的艺术精品,从而进一步增加校园体育文化环境的实际空间,使得校园体育文化以及学校奥林匹克运动文化的内涵更加多样化,使学校体育文化以及学校奥林匹克运动文化的品位得到大幅度提升。通过深入挖掘学校奥林匹克运动的文化底蕴,有效增强教师和学生深入认识学校奥林匹克运动文化的积极性。

第七章 多元文化背景下学校竞技体育文化的发展审视

在当前多元文化的发展背景下,在体育领域内,各种体育文化的结合是一大趋势,这是顺应时代发展的一股潮流。而在竞技体育高度发展的今天,要促进竞技体育的进一步发展,加强与学校体育的结合是尤为必要的。本章就重点对现代多元文化背景下我国学校竞技体育文化的发展做出详细研究与分析。

第一节 竞技体育文化概述

随着现代竞技体育运动的高度发展,竞技体育逐渐走向经济化、市场化的发展道路,由此也形成了一个逐渐完善的文化发展体系,这是与现代社会发展背景相吻合的。因此,加强竞技体育文化的研究对其未来的发展具有重要的意义。

一、竞技体育文化的概念

随着现代社会的不断发展,竞技体育文化也是始终处于不断发展和变化之中的。时至今日,竞技体育已逐渐建立和形成了一定的文化体系,它的内涵不断丰富,其本身也被现代社会赋予了更多、更丰富的含义。关于竞技体育文化的含义,众多的专家与学者都做了大量的研究,其研究的观点主要集中在以下几个方面。

学者李龙和陈中林认为,在竞技体育文化发展的过程中,和谐的内涵都充斥其中,这主要表现在建构人自身的和谐,造就和谐的人的个体,就是要使一个人既有健康的身体,又有健全的人格,有正确的世界观和人生观,能正确地看待和处理个人与环境的关系;建构人与自然的和谐,是指既要关注人类,又要关注自然,实现人与自然携手,生物与非生物共进,过去与现在统一,现代与未来对话,时间与空间协调;建构人与人的和谐,人与人之间公

— 173 —

平、公正的关系,每个人享有权利与义务对等,在整体上没有根本利益冲突、个体之间存在一定利益冲突的前提下,能达到相互激励、相互促进又相互依赖的人际互助社会构想;构建国际社会关系和谐。①

学者曾志刚和彭勇认为,竞技体育文化具有民族精神,能够弘扬民族精神、彰显民族个性、展示民族特色和魅力,有利于促进精神文明建设。竞技体育文化具有人本思想,主要表现为奥林匹克运动中的人本思想和竞技体育运动的大众文化。②

白晋湘则认为,中国民族传统体育文化注重个人修养,以"健"和"寿"为目的,融进了身心合一、动静结合的导引养生、武技的发展,然而削弱了体育运动中的竞争性;西方竞技体育文化始终向着竞技性、惊险性、公开性、健美性、趣味性方向发展,注重人的全面发展,而忽视了人竞争中的道德教育,容易产生残忍与暴力。③

学者李秀则认为中国传统体育文化在价值上表现出"中庸""中和"的主体价值原则,在整个体育过程中,强调"养生化"的价值主线和"意念""境界"对生命的价值。而西方体育价值则更倾向于通过运动竞技选拔出最优秀的人,是一种对人体外形的称颂,肌肉的健美、体格的健壮是其追求的目标④。

学者邱江涛和熊焰认为,竞技体育是一种特殊的体育文化现象,以竞技体育文化为内核的奥林匹克运动穿越了一半体育文化的范畴,成为社会发展的主流文化,更说明了竞技体育文化的特殊性,⑤他们认为竞技体育文化具有多样性、互动性、规则性、渐进性、选择性和功利性的特征。

张恳和李龙认为:"竞技体育追求的是身心的和谐一致,展现的是力量的较量,表现的是一种充满活力、积极向上的拼搏精神,中国现代竞技体育文化展现的是一种精英文化、彰显的是一种和谐理念、传播的是一种礼仪文化、具有浓郁的民族文化特色、包含大量的健身文化元素、体现出一种道德文化。"⑥

通过上述诸多学者对竞技体育文化的概念表述,基本可以总结出作为

---

① 李龙,陈中林.现代竞技体育文化的和谐内涵[J].体育学刊,2007(3).

② 曾志刚,彭勇.竞技体育文化的几点内涵探析[J].井冈山大学学报,2006(2).

③ 白晋湘.论中国民族传统体育文化与西方竞技体育文化的冲突与互补[J].北京体育大学学报,2003(5).

④ 李秀.中国传统体育文化与西方竞技体育文化的对比研究[J].职业圈,2007(7).

⑤ 邱江涛,熊焰.竞技体育文化特征探析[J].吉林师范大学学报(自然科学版),2004(3).

⑥ 张恳,李龙.我国现代竞技体育文化的特征[J].体育学刊,2010(8).

体育文化的重要组成部分和奥林匹克运动的核心范畴的竞技体育文化包含了参与竞技的人自身的和谐、人与自然的和谐、人与人的和谐和国际关系的和谐等内容,同时在竞技比拼中还要秉承公平、公正和公开的原则和充满活力与积极乐观向上的拼搏精神。

二、竞技体育文化的特征

竞技体育文化有着非常丰富的内涵,其特征也是异常明显的。总体来看,竞技体育文化的特征主要表现在以下几个方面。

(一)多样性特征

在竞技体育领域,存在着多种角色,如教练员、运动员、运动队管理人员等,通过这些角色的通力合作,整个竞技体育运动队才能获得一定的发展。对于观赏竞技体育赛事的观众而言,高水平、高质量的体育赛事对他们来说非常重要,这能使人们获得愉悦的心理体验,起到重要的宣泄情感的作用。而对于竞技体育赛事的组织者而言,体育活动只是他们的一个工具或产品,要想获得经济利益或者社会影响力,就必须要将竞技体育作为一个商品来经营,以多样化的手段与措施去追求商业利益,可以说对利益的追求是竞技体育运动队的根本目的。如西班牙皇家马德里足球队的来华访问、NBA 中国赛等都是属于商业赛事,其根本目的是从中获取商业利益,从这一点上来看,竞技体育中的不同角色都直接地产生了经济效益和社会效益。

总体而言,竞技体育本身的内涵是非常丰富的,参与竞技体育的运动者或者观众都能从中获得一定的帮助或享受,这也充分反映出现代社会人们的体育价值取向。体育文化的多样性在一定程度上反映了不同角色以不同目的或价值取向以及参与方式而形成的文化形态,众所周知,体育活动内容的多样性与历史传统、民族文化、地域环境等因素是分不开的,正是在这样的背景或条件下才产生了多种形式的体育文化形态,体育文化也因此获得了多样化的发展。

竞技体育文化的发展也是如此,其在内容上也具有特殊的指向,以足球世界杯为例,运动员参加世界杯比赛要根据所指定的内容进行,但对于观众而言,观众可以自愿选择自己喜欢的比赛场次,具有自由性的特点。另外,对于大众体育项目而言,大众体育具有较强的健身性,但缺乏竞技体育的"竞争性"。由此可见,活动内容的多样性也对活动方式的选择产生一定的作用与影响。由于活动目的与内容的不同,活动主体就会以不同的方式参与其中。总之,在竞技体育中,运动员自身价值的体现是通过训练和比赛体现的,而普通民众则是通过观看赛事或参加组织者活动来体现的。

(二)选择性特征

竞技体育文化的选择性特征主要表现在竞技体育中活动主体的选择方面。通常来说,在竞技体育活动中,不同的主体具有不同的选择,并且这种选择是根据体育活动的内容、社会角色等来确定的。例如,通常情况下普通人是不可能参与到高尔夫球、一级方程式赛车等运动中的,而这些项目的运动员则具备这种条件。

总体而言,竞技体育活动内容的选择性主要受活动内容本身和不同参与主体的制约和限制。在竞技体育运动中,运动员选择的内容具有高度的专门性,但一部分运动员在其他运动项目上也具有较高的竞技能力与水平。如乔丹既是篮球高手,又是棒垒球高手。确定竞技体育活动的内容后,就要选择合适的活动方式。在这里需要注意的是,尽管人们选择了同一个活动内容,但受客观因素的影响和限制,所选择的活动方式存在着明显的差异。以竞技体育运动员和大学生为例,二者同时选择了足球这一项目,但他们所参与的运动方式则不同,前者更加注重运动的竞技性,后者则注重运动的健身性和娱乐性。

(三)规则性特征

竞技体育文化的规则性特征,主要表现为竞技体育活动的主体在参与运动比赛的过程中受各种规则的限制和制约,如果超出规则的限制,活动主体就会受到一定的惩罚。在竞技体育中,以篮球为例,运动主体要参加篮球比赛,首先就要了解篮球比赛的规则,在规则范围内进行活动,受篮球规则的制约,否则就不能参加此项活动。

总之,竞技体育活动主体的规则性特征是自我约束机制的产物,是体育不同于其他活动方式的准绳,也是体育文化内部多种形态的基础。否则,体育运动就不可能呈现出这种文化形态。

(四)互动性特征

体育文化不是在短时间内就可以形成的,它是在人与自然,人与人长期的发展中逐渐沉淀而成的,这种积淀只有人与人在特定条件下的互动中才能实现,而竞技体育文化也是如此。

在竞技体育领域,活动主体主要包括运动员、观众、运动协会和球迷协会等,而他们之间的互动则直接体现出竞技体育的互动性特征。在运动员、观众等开展互动活动的过程中,常会出现一定的问题或冲突,这是不可避免的现象。另外,在我国举国体制下,中国足球的职业化发展也受到举国体制和职业化发展的影响,是两种体制相互作用的结果。除此之外,在某些体育活动中,活动内容具有一定的相似性,这种特性使得它们之间发生了一定的迁移,如乒乓球与网球、篮球与橄榄球,这些运动项目之间就表现出深刻的互动性特征。

(五)渐进性特征

从历史长河来看,竞技体育文化的特征不是一成不变的,而是伴随着时代的发展而不断变化的。在长期的发展过程中,受历史、人为等各方面因素的影响,竞技体育文化的内涵也会发生一定程度的变化,这就是竞技体育文化渐进性特征的表现。竞技体育文化的渐进性特征主要表现在活动主体的纵横两个方面,纵是指活动主体实施体育后在身心发展方面的渐进性,横则是活动主体在实施体育后所形成的不同层次主体,在发展的过程中,这两个方面互相促进、互相影响,共同推动着竞技体育文化的发展。

在竞技体育运动中,活动方式的选择非常重要,而活动方式的选择则受多方面因素的影响,它具有一定的渐进性特征,也就是说运动主体在参与竞技体育活动的过程中,针对活动不断进行总结与归纳以更好地参加今后的体育活动,而在运动主体参与活动的过程中,运动器材、运动设备的更新则在很大程度上影响着活动主体活动方式的选择。如撑竿跳高中,合金材料的使用使得运动员更加容易获得优异的比赛成绩;游泳运动中,游泳衣的使用能帮助运动员迅速提高竞技运动水平。总之,竞技体育文化在长期的发展过程中总是表现出鲜明的渐进性特征。

(六)功利性特征

竞技体育文化具有一定的功利性特征,这是非常明显的。竞技体育文化的功利性主要表现在活动主体在获得胜利后所获得的利益和心理体验。可以说,一定程度上而言,处于社会中任何地位的人都是如此。总体而言,从事竞技体育的运动员,其功利性主要表现在自我价值的实现和生存手段的选择两个方面。

在竞技体育中,运动员所获得的社会认可、名誉与经济利益等都是功利性的直接体现。除此之外,不同的竞技体育活动,对于不同的活动主体而言也表现出不同的功利性特征。如足球、篮球、田径等运动项目,普通人主要观赏运动赛事的美,从中获得愉悦的心理体验,而政府官员或赛事组织者则能从中谋取利益,获得经济价值,二者所表现出的功利性特征是不同的。

另外,同一个运动项目,受环境、活动方式等因素的影响,也表现出不同的功利性特征。如南美足球，充满着艺术的元素，自由灵活；而欧洲足球则简单直白，追求纪律性，这就是同一个竞技体育项目不同活动方式的具体体现。

三、竞技体育文化的价值

（一）竞争观念

自竞技体育诞生以来，其本身就具有很强的竞争性，这种竞争性对中国文化产生了较为深远的影响，对促进人们竞争意识的提高也具有重要的意义。

受中国传统文化和历史因素的影响，中国人民曾经在很长的一段时期内被压制，国民素质低下，体质羸弱，甚至被称为"东亚病夫"。在这一时期，中国人民普遍缺乏一定的竞争意识，阻碍其向前发展。

在旧社会背景下，我们十分欠缺先进的观念和竞争的意识。而在西方竞技体育进入中国后，各种事物，尤其是西方竞技体育对中国体育文化形成了一定的冲击和影响。在西方竞技体育文化传播的过程中，一些健康的、积极向上的竞争意识开始渗透到社会各个层面，对我国的传统文化形成了一定的冲击，这对于促进中国多元价值观的建立与发展起到了重要的作用。西方竞技体育所倡导的竞争观念对中国体育运动产生了非常重要的影响。

（二）公平意识

在竞技体育中，任何比赛项目都有一定的规则，可谓"无规矩不成方圆"。在竞技体育比赛中，所有的参与人员，包括教练员、运动员和竞赛管理人员等都要按照既定的规则行事，如果不遵守规则就要受到相应的惩罚。可以说，如果没有一个公平、合理的原则，竞技体育活动便无法顺利的开展下去。竞技体育运动员在比赛中起点相同，其比赛成绩都由共同的尺度来衡量，若尺度不同比赛就无法进行；比赛结束后，个人必须接受在共同尺度下决出的胜负结果。

在竞技体育中，所有运动员都享有自由、平等的权利，要在正当的竞争条件下努力获得比赛的胜利。所有的竞技体育运动员在比赛中要贯彻公平竞争的精神，按照既定的比赛规则参加比赛，不允许不正当竞争的发生。因此，竞技体育中公平竞争意识倡导为人类文化的发展做出巨大的贡献。

（三）国际化观念

受各国历史传统、文化形态、观念意识等因素的影响，竞技体育表现出不同的特征，但是竞技体育是没有国界的，在长期的发展过程中，其已经成为全球化的人类语言，在增进各国间的沟通和交流等方面发挥着极为重要的作用。如中国的"乒乓外交"，就是竞技体育促进国与国之间文化交流的典型事例。

近些年来，我国的竞技体育获得了飞速的发展，其国际影响力逐步加大，在这样的形势下，我国竞技体育的地位越来越重要。在国际赛场取得的每一个成绩都增强了国人的信心，激发起了国人的自豪感。

竞技体育，尤其是奥运会所倡导的公平、公开、公正的竞争精神，实际上就是一种和平竞争的国际化观念，这种国际化观念对我国迅速适应经济全球化、政治多极化发展产生了极为重要的影响。

（四）规则意识

规则在竞技体育中尤为重要，竞技体育的发展必须要遵从一定的规则，体现出公平竞争的精神，否则竞技体育赛事就无法得到顺利进行。在竞技体育中，各种运动项目都有自己的竞赛规则，要求参赛者必须遵守，否则就要受到相应的处罚。

受政治因素的影响，由于中国台湾在国际奥委会中的席位问题，中国同国际奥委会断绝了一切联系。但是由于竞技体育规则的存在，使得中国必须要接受国际奥林匹克的非政治性原则。于是，经过双方间的协商，中国最终同意台湾在改名、改旗、改徽的条件下，保留其在国际奥林匹克中的席位，这是"一国两制"在竞技体育中的体现。

在按规则办事的原则影响下，我国于1979年重新获得了国际奥委会的合法席位，经过多年的快速发展，我国的竞技体育取得了令世人瞩目的成就，正向着体育强国的方向大踏步迈进，这是按规则办事的良好体现。

（五）娱乐思想

中国传统文化在很多方面都表现出较大的功利性，并一向轻视游戏，认为很多游戏都属于"玩物丧志""游手好闲"的活动。而西方的竞技体育则完全不同，其中很多运动都是从体育游戏中发展而来的，而这些体育游戏都带有较强的娱乐性。发展到现在，竞技体育获得了飞速的发展，但其娱乐性特征仍然存在，并有不同程度的展现。竞技体育运动参与者通过表现自我、战胜对手而获得了愉快地心理体验；观众也从中获得了美的享受。这就是竞技体育娱乐思想的深刻体现,发展到现在,观赏体育赛事已成为大部分人的一种生活方式。

(六)道德建设

在我国竞技体育教育中,各体育运动队会时常开展爱国主义、集体主义的教育,以帮助运动员树立正确的世界观和人生观,养成良好的运动风气。中国运动员在竞技赛场上所表现出来的"胸怀祖国、放眼世界,为国争光的精神;不屈不挠,勤学苦练,不断钻研,不断创新的精神;同心同德,团结战斗的集体主义精神;胜不骄,败不馁的革命乐观主义精神和英雄主义精神"对于我国社会各行各业都有良好的示范作用,同时这也是中华民族实现伟大复兴的宝贵财富和重要前提。

四、影响竞技体育文化发展的因素

(一)政治因素的影响

自体育运动诞生以来,其就与政治因素有着密切的联系。以奥林匹克运动为例,奥林匹克运动是在一定的政治、经济基础上产生的,有时候成为政治与经济服务的工具。

尽管奥林匹克运动自诞生以来就受到了政治、经济等因素的影响,并受到一定程度的干预和制约,但它对世界的和平与稳定也做出了重要的贡献。这充分说明了奥林匹克运动一方面受制于政治因素的影响,另一方面它又高于政治,有着自身独有的价值与功能,如果二者之间的关系处理得当,奥林匹克运动在维护世界的和平方面能发挥极大的作用。可以说,竞技体育与政治之间是相互影响、相互作用的关系。在一定的历史时期,出于社会政治的需要,政治在一定程度上制约着竞技体育的发展。但在现代社会,世界进入多极化时代后,竞技体育文化越来越广泛地服务于社会,也因而被政治青睐,二者相互作用共同促进了社会的发展。在当前社会背景下,竞技体育在很多时候都成为政治社会化的手段,奥运会、世界杯等无不体现出政治化的因素。竞技体育运动可以促进人们产生向上的凝聚力、向心力和爱国心,在其国家发展的历史进程中,无疑就成为联系社会各阶层的桥梁和纽带,成为政治家手中重要的砝码。[①]

发展到现在,竞技体育运动作为塑造和再现民族形象的重要手段,能在

---

① 袁海强.现代竞技体育的发展与代价研究[D].安徽师范大学,2005.

很大程度上体现一个民族的威望、乃至一个国家的国际地位,因此说,竞技体育文化的发展受到政治因素极大的影响。

(二)经济因素的影响

与政治因素一样,竞技体育与经济因素之间的关系也非常紧密,这主要表现在以下两个方面:一是竞技体育通过吸收社会资金的方式来满足自身发展的需要;二是竞技体育通过自己的生产方式能创造极大的经济价值,进而推动整个社会经济的发展。

1.社会经济基础是竞技体育发展的保障

众所周知,一直以来经济因素对奥运会的发展具有非常重要的影响。1896年,第1届现代奥运会就面临经济问题,为了筹集资金,希腊全国上下掀起了募捐活动,但募集所得只是杯水车薪。如果没有希腊侨民富商乔治·阿维罗夫的巨额捐赠,第1届现代奥运会恐怕就难以举办。

纵观奥运会的发展史,我们可以看到在经济发展背景下的现代奥运会发展情况,经济因素对奥林匹克运动发展的重要性无疑是巨大的。

2.社会经济为竞技运动的发展提供了必要的设施及条件

随着参加人数和比赛项目的增多,奥运会的建设在现代化道路上飞速发展。主办城市市政基础设施的建设以及体育场馆、运动设施、通信设备、奥运村的兴建,这一切都需要有强大的经济做后盾。例如,北京2008年奥运会投入2 800亿人民币,其中2 000亿用于市政建设;2012年伦敦奥运会投入84亿英镑用于基础建设;2016年里约热内卢奥运会投入139亿美元。由此可见,如此大的经济投入,如果没有一个良好的经济基础作保障,是难以顺利举办奥运会的。[①]

3.社会经济发展水平制约着竞技运动的规模和水平

无数事实证明,人类社会的发展离不开经济的推动。19世纪末,世界生产总值不足2 000亿美元;到了1996年,世界生产总值达到14万亿美元;2008年雅典奥运会有200多个国家和地区的1.4万多名运动员参加了比赛;2016年里约热内卢奥运会也有一万多名运动员参赛。这一切都说明了没有一个强大的经济实力作保障,竞技体育运动是难以获得顺利发展的。

---

① 袁海强.现代竞技体育的发展与代价研究[D].安徽师范大学,2005.

4.社会经济发展水平制约着竞技运动的结构和手段

随着现代社会经济的不断发展,竞技体育有了更加雄厚的物质基础,这主要表现在运动场地、设备、器材、运动员服装等几个方面,通过高科技手段的运用,以上设施、装备等相比以前都发生了质的飞跃,极大地提高了运动员的运动成绩。这无不显示出科技的力量,而科技手段的运用则是建立在雄厚的经济基础之上的,因此说,社会经济的发展水平在很大程度上制约着竞技体育运动的发展。

(三)科技因素的影响

科学技术的发展也对竞技体育的发展产生极为重要的影响。在现代社会背景下,要使全球亿万人在同一时间内能够同时关注与观看同一体育赛事,没有科技手段的运用是不可能完成的。正是由于现代科学技术手段的运用,才使得竞技体育运动在现代社会得到了迅速的发展。

在现代大型竞技体育运动会上,科学技术得到了极为广泛的应用,有效地保证了体育赛事的顺利举办。可以说,现代科技水平的快速发展,使得竞技体育更为大众化,获得了快速的发展。

大量的运动实践证明,现代竞技体育运动已逐渐演变成为一场"科技战争"。每一运动记录的产生,都包含诸多的科技要素。如游泳运动中高科技泳衣的使用,短跑运动中运动鞋的改造与使用等,无不包含着大量的高科技元素。

在现代社会背景下,频繁的体育赛事活动在拉近了人与人、国与国之间交往的范围和方式的过程中,极大限度地提升了科技的威力。竞技运动借助了科技,也推动了科技;而科技刺激了体育,也宣扬并牵引了体育。[1] 可以这么说,先进的运动手段、方法的产生以及先进的转播和通信设备是由科技发展的,竞技运动的场地、器材、设备、服饰等物质材料的丰富也只有在科技的光照下才显示了其神奇和壮美。科技的任务不只是简单地给予竞技体育以科学意义的伸展,更重要的是借体育这个舞台来探究时代和时代的体育价值。[2]

---

① 袁海强.现代竞技体育的发展与代价研究[D].安徽师范大学,2005.
② 周军,左新荣.论体育的社会功能[J].北京体育大学学报,2004(8).

五、竞技体育文化的发展

(一)竞技体育文化发展中存在的问题

1.竞技体育的商业化发展导致拜金主义盛行

随着现代竞技体育的高度发展,竞技体育的产业化发展程度越来越高,因此,竞技体育文化的发展也变得越来越商业化,这是竞技体育文化发展的一个趋势。在竞技体育文化发展的过程中,竞技体育运动的参与者,如教练员、运动员、管理者等都将追求利益作为参与竞技体育活动的重要目的,而比赛的胜负则直接关系到自身的利益,因此就出现了一些腐败现象,如"黑哨""假球"等,通过不正当手段的运用,他们获得了巨大的利益。对于一些优秀运动员而言,运动员取得优秀的比赛成绩,除了能获得一定的现金奖励外,往往还能得到大品牌公司的关注与巨额赞助,自己因此获得丰厚的收益。而对于本身实力有限的运动员而言,当他们面对巨大的利益诱惑时,往往会铤而走险,如采用服用兴奋剂等不正当竞争手段来获得利益,这就严重违反了竞技体育文化内涵中的公平竞争的精神,不利于竞技体育文化的可持续发展。

2.竞技体育资源的过度开发导致生态环境遭到破坏

发展到现在,各种规模、各种类型的竞技体育赛事层出不穷,在这样的情况下,竞技体育规模也不断扩大,场馆建设也需要加强。而竞技体育场地的扩建,体育场馆的改造等,都需要向大自然获取森林、绿地等资源,这在一定程度上破坏了大自然的生态环境。另外,再加上大型竞技体育赛事中对环境保护的措施不当,也会给一个城市带来严重的生态和环境问题。因此,竞技体育赛事的组织与管理人员在规划体育赛事时要考虑到环境保护的因素,在组织好体育赛事的同时做好环境保护工作。

3.各种利益的驱使使得强权政治不断侵入

自竞技体育诞生以来,其就与政治有着密不可分的关系。可以说,竞技体育的发展是离不开社会政治的制约的,即使是现代奥运会的创始人顾拜旦也从来没有考虑过竞技运动脱离政治,而他所希望的却是通过竞技运动来改善世界各国的政治关系。① 在世界各国的沟通与交流中,有时竞技体育在其中扮演着非常重要的角色。当然,政治干预竞技体育也有其消极的一面,如果利用不当就会造成竞技体育文化迷失的现象。1980 年美国和西方国家抵制莫斯科奥运会,原因是报复苏联之前侵略阿富汗;作为报复,1984 年苏联和东欧各国也抵制美国的洛杉矶奥运会,由于各国政治方面的原因,竞技体育成为一些国家抵制和报复的手段。当前国际竞技体育舞台仍然存在着强权政治、霸权主义的身影,这严重违背了竞技体育文化发展的内涵,非常不利于竞技体育文化的可持续发展。

4.过分追求成绩及运动爱好者的狂热导致暴力事件不断升级

暴力事件是指竞技体育比赛中运动员的各种暴力行为和观众观看比赛时所发生的一系列暴力行为。在竞技体育比赛中,对于一些身体对抗强烈的运动项目而言,如足球、橄榄球等,运动员在比赛中可以利用合理的身体接触和冲撞来获得优势,只要合乎比赛规则即可,然而有些运动员为了获得比赛的胜利,在比赛中故意采用"恶劣"的、违反竞赛规则的手段给对方运动员造成身体伤害,这严重破坏了公平竞争的精神。这种行为要受到严重的惩罚。尽管如此,在现代竞技体育中,暴力事件仍然时有发生,如 2005 年 7 月在北京首都体育馆举行的一场男篮比赛中,双方队员发生激烈的群殴,导致比赛中断;2010 年 10 月在武汉进行的一场青年女足锦标赛中,两队队员互相攻击,打斗场面非常火爆,持续了三分钟才得以制止;2012 年埃及东部塞得港举行的一场足球比赛结束后,球迷之间发生冲突,导致至少 73 人死亡,上百人受伤。像以上这几种暴力事件可以说是屡禁不止,时有发生,这严重违背了竞技体育公平与和谐的精神。

5.经济利益的驱使导致运动员培养理念出现异化

随着现代竞技体育赛事的不断增多,竞技体育也逐渐走上商业化的道路。在这样的形势下,受商业利益的驱使,一些体育俱乐部急于求成,过于追求运动成绩而忽略了年轻运动员的培养,这成为影响竞技体育赛事进一步发展的重要因素。运动员的比赛成绩与体育俱乐部的经济利益有着极为密切的关系,因此这就造成了运动员培养理念出现异化的现象。在很多体育俱乐部中,欠缺对运动员培养的理念,教练员只注重运动员的比赛成绩,而忽视了对运动员生理及身体机能的基本保护,忽视对其文化知识的培养,

---

① 庞建民,林德平等.对竞技体育中异化现象的分析与研究[J].体育文化导刊,2007(1).

致使其退役以后找不到适合自己的工作,难以适应现实生活。因此,当前竞技体育领域中对运动员的培养理念的异化现象,应该引起各体育运动队及职业俱乐部的高度重视,在重视运动员比赛成绩的同时,还要对其进行全面的文化教育,促使其全面发展,以更好地适应社会。

(二)竞技体育文化发展的理念

1.竞技体育文化中激发"享受体育"的发展方向

竞技体育是人类对自身运动能力的挑战,是人类对健与美的理想的不倦追求,是人类现代文明发展进步的一个窗口。① 在这样的理念下,使得竞技体育不能单单只是为了争夺最好的成绩而存在。而竞技体育文化也应该随即拓展出"享受体育"的发展方向。

"享受体育"的内容较为广泛,它可以是运动员在赛场上享受比赛的过程,裁判员在场外享受指导比赛的过程,更可以是场边观赛的观众享受欣赏体育比赛的过程。

人们追求的竞技体育的巅峰最终只有一个人或一支队能够攀登上去,大多数参与竞技体育运动的人都是名次上的失败者,有些运动员甚至为之奋斗了一生也没能站上过领奖台。他们也许是名次上的失败者,但这并不意味着他们参与竞技体育的事业是他们人生失败的选择。竞技比赛有胜有败,但是不论成功还是失败,运动员都能获得成功的喜悦和吸取失败教训的感受。在比赛当中许多优秀的运动员同场竞技,赛后各自都会有着其他人没有的人生经历和感触。因此,无论比赛的成功与失败,这些经历和感动都会是他们一生中谁都无法取代的非常宝贵的经验。因此,在竞技体育文化发展的过程中,要注意拓展"享受体育"的发展方向,这不仅能给体育运动参与者带来极大的价值,同时还能促进整个体育文明的发展与进步。

2.竞技体育文化中坚持"人文理念"的发展方向

竞技体育文化在发展的过程中,还要坚持人文体育理念的发展方向。人文体育理念是新世纪竞技体育非常重要的价值观,是社会快速发展和现代化建设的果实。竞技体育事业发展的最终目的,是人本身能够全面发展。人文体育理念主要表现在:"人的全面发展是一个提高生存机会的过程,从总体上说,健康、长寿、接受良好的教育和生活幸福美满是人类发展的基本

---

① 田麦久.试论我国竞技体育的科学发展与国际责任[J].武汉体育学院学报,2006(12).

标志。"①竞技体育文化坚持人文体育理念的发展方向,顺应了社会的发展规律,对全面贯彻和落实科学发展观,构建社会主义和谐社会提出了新的思路和方法。要加深人们对人文体育理念的理解,保证竞技体育发展以社会发展和人的全面发展为核心,坚持"以人为本"是促进竞技体育文化发展的动力。让全体人民都认识到经常参加体育锻炼,能够抵抗各种疾病的侵蚀,有效提高自身的免疫能力,在平时的生活和学习中能够保持精力充沛和提高效率,使人们保持心情愉快,提高生活质量和幸福的满意度。同时,还应该增加对运动员的人文关怀,在训练过程中对其开展科学知识的教育,培养其自学能力,提高运动员的综合素质,能够在训练和比赛中分清利害关系,坚决遵守竞技体育的比赛规则,建立健全运动员退役后的保障体制建设,这样有利于运动员没有后顾之忧,全身心地投入训练和日常学习当中。人文体育理念提倡无论是运动员还是体育锻炼者,都要合理地利用体育来发展自己,让体育带给自己快乐,促进身体和身心的全面发展。②

在竞技体育文化发展的过程中,坚持人文体育理念的发展方向还可以吸引更多的专家和学者加大对竞技体育文化的研究,丰富和拓宽中国人文体育方面的研究成果,在不断吸取国外人文体育理念的先进研究成果的同时,丰富我国的体育文化理论研究体系。

3.竞技体育文化中倡导"绿色奥运"的发展方向

奥林匹克运动会是当今全人类共同的盛会,是人类文明发展到今天的重要组成部分,同时它也对竞技体育的发展起着重要的作用。不过,奥运会毕竟是一项规模最为庞大的运动盛会,因此它对于各方面资源的消耗也较大。近些年来国际奥委会正力求倡导节俭办奥运的理念,与此同时,"绿色奥运"的理念也得以出现,并成为各奥运会主办国都要遵从的承办准则。

"绿色奥运",是指奥运会以及奥林匹克运动的开展应以不破坏自然环境为基本原则。它要求各举办国在准备阶段和进行阶段都要注重对现有资源的充分利用,并尽可能地对水资源进行保护,最大限度地对废物进行循环利用或合理处理;保护古建筑等自然和文化环境。竞技体育文化以"绿色奥运"为发展方向更能深刻地展现奥林匹克精神。③

除上述所说的各种资源的利用与保护外,绿色奥运还包含有纯洁体育、

---

① 联合国开发计划署.1994 年人类发展报告[M].北京:社会科学出版社,1996.

② 衣俭英.论科学发展观视域下竞技体育文化的发展方向[D].吉林大学,2013.

③ 肖焕禹,陈玉忠.奥林匹克运动与人类社会和谐发展的新理念探析——解读北京奥运三大主题[J].上海体育学院学报,2003(1).

阳光体育的含义在内,如要求运动员、运动队正视荣誉观和名誉观,强调参赛主体对维护竞技比赛公正性的责任,杜绝兴奋剂、不公正判罚、默契比赛等问题。在竞技体育发展的过程中,要努力推进竞技体育文化与社会方方面面的充分融合,促进体育与社会的和谐发展。

(三)竞技体育文化发展的对策

目前,我国竞技体育文化的发展势头是良好的,尤其是近些年来取得了一定的发展成果,但这是远远不够的。鉴于此,需要有针对性地采取以下措施来促使其进一步发展。

1.坚持全面协调、科学化的发展理念

摆正竞技体育事业在国家经济与社会发展中的地位,处理好竞技体育与体育事业之间的关系,以及竞技体育事业内部各要素之间的关系,这些都充分体现出了在竞技体育文化发展的过程中坚持"全面协调、科学化发展"的理念。从当前的形势来看,我国的竞技体育取得了举世瞩目的成绩,但是,这与体育强国的战略目标的实现还有着非常大的距离,鉴于此,就要求必须要坚持全面协调、科学化发展的理念,从而对我国竞技体育事业的科学化发展起到积极的促进作用。具体来说,主要从以下三个方面着手:第一,在竞技体育发展中,要促进中国体育事业与国家重大方针政策、经济建设、政治建设、精神文明建设等各个方面协调发展;第二,在发展竞技体育文化的过程中还要注重大众体育、学校体育和社区体育的共同发展;第三,在社会发展水平较低的地区,要采取必要的措施加强人们对竞技体育文化的认识,对我国竞技体育运动的发展起到全方位的促进作用。

2.坚持"以人为本"的发展策略

当前,人本思想已经成为重要的指导思想。在竞技体育文化发展的过程中,人也是最为重要的要素,因此,坚持"以人为本"的发展理念是非常重要的。对此,田麦久教授提出了自己的观点:"在竞技体育事业中贯彻'以人为本'精神的含义,就是要把竞技体育从业者(主要是运动员)的正当利益与合理诉求以及竞技体育关注者(即广大社会成员)的正当利益与合理诉求放在一起设计与行为的首位,而决不应该把对'成绩'、对'锦标'的追求放在首位。"①

---

① 田麦久.试论我国竞技体育的科学与国际责任[J].武汉体育学院学报,2006(12).

加深全民体育运动参与的意识,带动整个社会的体育运动风尚,增强人民的体质,提高国家的凝聚力,促进中国与世界其他国家的友好和平,是竞技体育发展的最终目的。因此,在竞技体育文化发展的过程中,要求在注重经济效益和社会效益的同时,还要对人的全面发展起到积极的促进作用。在运动员培养和训练的过程中,要发展和提高运动员的运动能力的同时,应加强对其文化知识的学习和培养,对运动能力和文化知识共同发展方面也要引起重视。总的来说,就是只有有效提高运动员的知识文化水平,才能在训练和生活中更深刻地体会到作为社会人的感受,在退役后也能更好地融入社会,提高社会适应力。而对于教练员和裁判员来说,要具备较高的职业操守和综合素养,在平时的工作中要重视和加强"以人为本"思想的学习,并把这一思想充分运用到实际工作中,只有这样才能杜绝"假球""黑哨"等不良现象的发生。

3.坚持人与自然的可持续发展

竞技体育文化在发展过程中是必须要遵循人与自然的可持续发展这一重要理念的,究其原因,主要是由于竞技体育的发展不能以牺牲大自然为代价。竞技体育运动作为人类社会活动的一部分,在其发展的过程中会对周围城市的生态环境造成一定的破坏和影响。如为了举办大型的体育比赛,必须要修建大型的场馆,准备必要的设施和设备,而这就需要大量砍伐树木,占据绿化之地等,这给举办城市的生态环境造成了极大的破坏。这种做法是不可取的。因此,在新形势下,人们应该反思这种破坏自然的行为所带来的代价,要采取必要的措施和手段促进人与自然的和谐发展。

4.坚持与国际社会的协调发展

竞技体育文化在发展的过程中并不是孤立的,在发展的过程中,竞技体育要与国际社会的协调发展相适应。自加入奥运大家庭后,中国就一直是其重要的一分子,并且取得了举世瞩目的成绩。在奥林匹克运动会上,中国有乒乓球、羽毛球、跳水、举重等自己的传统优势项目,在这些方面,取得优异的成绩并不难。但是即便如此,为了能够使我国竞技体育得到进一步的发展,也要主动将这些优势运动项目向全世界推广,加强同其他国家之间的沟通与交流,促进竞技体育的创新发展。

另外,我国在一些项目上也存在一定的劣势,这就需要向竞技体育强国学习,并且将成功经验与我国的国情有机结合起来,走出一条适合我国国情的竞技体育特色化发展道路。

六、发展竞技体育文化的意义

在现代多元文化背景下,发展竞技体育文化具有非常重要的意义,这不仅能促进人自身的和谐,促进人与人之间的和谐,人与自然的和谐,而且还能促进国际社会关系的和谐。

(一)竞技体育文化建构了人自身的和谐

在现代社会,人们开始逐渐意识到身体健康的重要性,追求人自身的和谐。一般来说,人自身的和谐主要包括健康的身体,健全的人格,正确的世界观、人生观和价值观,同时还包括人与自然和社会的和谐。在竞技体育发展的过程中,竞技体育文化对人自身和谐的塑造,主要体现为对人的身心发展一致的追求。古希腊格言:"如果你想强壮,跑步吧! 如果你想健美,跑步吧! 如果你想聪明,跑步吧!"就充分体现出人的身体的重要性,体现出人自身的和谐的重要性。

现代奥林匹克运动之父顾拜旦在其著名的《体育颂》中热情洋溢地礼赞:"啊,体育,你就是美丽! 你塑造的人体,变得高尚还是卑鄙,要看它是被可耻的欲望引向堕落,还是由健康的力量悉心培育。没有匀称协调,便谈不上什么美丽。你的作用无与伦比,可使二者和谐统一。"[①]顾拜旦用诗句的表达方式充分肯定了竞技体育塑造人们身体的作用。

除此之外,《奥林匹克宪章》也进一步延伸了竞技体育的和谐内涵:"奥林匹克主义是将身、心和精神方面的各种品质均衡地结合起来,并使之得到提高的一种人生哲学。"[②]由此可见,竞技体育的精神实质是对健康的人的塑造,促使人们发展成为身心全面发展的人。

(二)竞技体育文化建构了人与人之间的和谐

人与人之间的和谐主要是指人与人之间的公平、公正的关系,每个人都享有共同的权利与义务,整体上不会发生利益冲突,即使在现实生活中发生一定的利益冲突,也能通过沟通和交流的方式加以解决。竞技体育就体现了这种人与人公平竞争、和谐发展的原则。竞技体育遵循公平竞争的原则,运动员在统一的规则面前都必须要严格遵守,违反规则就要受到规则的惩罚,任何人都不能例外。所以在竞技体育中,规则在运动员面前是人人平等

---

① 常乃军,王岗.20 世纪的奥林匹克运动[M].北京:中华书局,2001.

② 仇军,李杰.现代奥林匹克与奥林匹克文化思潮[J].体育科学,1997(17).

的。在参加比赛的过程中,运动员们只能以自身的体力与技能与对手展开竞争,运动成绩是其判定比赛胜负的唯一标准。这充分表明了竞技体育中人与人之间的平等与和谐的关系。在竞技体育中,利益的分配有章可循,有则可依,虽然竞争异常激烈,但运动员的竞争都是在一个相对公平的环境下进行的,因此竞技体育中的这种文化内涵对构建人与人之间的和谐具有非常重要的意义。

(三)竞技体育文化建构了人与自然的和谐

大量的事实告诉我们,人类社会要想得到可持续发展,必须要考虑到人与自然之间的关系,只有人与自然和谐发展了,人类社会才有可能得到良好的发展。人与自然的和谐发展,是指既关注人类,又关注自然,实现人与自然的共同发展。与人类其他活动一样,竞技体育的发展也必须要依附于一定的自然环境,否则就难以获得发展。竞技体育的可持续发展既离不开对自然环境的利用,也离不开对自然环境的保护,二者必须协调统一。①

在现代社会背景下,人们逐渐意识到人与自然和谐发展的重要性,采取了一定的手段与措施来保护大自然,促进人与自然的和谐发展。国际体育社会在 20 世纪 70 年代就开始采取一定的措施保护自然环境。《奥林匹克宪章》中明确规定:"国际奥委会认为举办奥运会应当显示对环境问题的关心,并在其活动中采取体现这种关心的措施,教育与奥林匹克运动有关的各方理解可持续发展的重要性。"国际奥委会的确在"其活动中采取体现这种关心的措施",雅典、北京等著名城市都曾因环境污染问题在申奥竞争中落选。现代化、大规模的现代竞技体育需要人与自然和谐的氛围与条件,这两者之间能形成相辅相成、相互促进的良性循环和协调发展。

2008 年北京奥运会的成功举办,其中"绿色奥运"理念的提出受到了极大的赞扬,这是人与自然和谐发展在竞技体育中的深刻体现。现代竞技体育中蕴含的"绿色"理念的深层含义在于体育与自然环境的共生与相互关怀,在于体育在促进人与自然环境的和谐发展中所起的重要作用,体现的是人类在竞技体育中对大自然的关怀与人道主义精神。从这一层面上说,竞技体育文化中所蕴藏和弘扬的"绿色体育""绿色奥运"等理念在很大程度上促进了人与自然之间的和谐。

(四)竞技体育文化建构了国际社会关系的和谐

在古希腊奥林匹克运动会中就有着"神圣休战"的约定,这种竞技体育

---

① 李龙,陈中林.现代竞技体育文化的和谐内涵[J].体育学刊,2007(3).

的古老渊源中已内涵了各个政治主体之间和平、友好的基因。人类从动物祖先那里继承了暴力和攻击性的本能,这种本能在人类理性和道德伦理的约束下转为隐形。在文明社会里,竞技体育可以将这种暴力和攻击性的本能以有效而安全方式加以转移和宣泄,"体育运动的最大功能是替那些最不可或缺但又最危险的攻击类型(战斗热情)——加上一个健康而且安全的活门"①。竞技体育运动中蕴藏的丰富的文化内涵,不仅将攻击性引向有益的渠道,而且促进各个国家之间的相互了解,民族文化之间的相互交流,促进全人类的和谐共处。竞技体育促进国际关系和谐的例子有很多,如被我国称之为"乒乓外交"的中美外交史上一度被传为佳话的小球(乒乓球)推动大球;在2000年悉尼奥运会的开幕式上,朝鲜和韩国运动员在同一面朝鲜半岛地图的旗帜下共同入场等,这些都是竞技体育推动国际社会和谐的生动例证;在今天,党和国家领导人特别重视中国足球的发展,每逢出使欧美等足球强国,足球就成为一个重要的话题。由此可见,竞技体育在国与国之间扮演着非常重要的角色,对促进国与国之间关系的和谐发展起到了重要的推动作用。

第二节　竞技体育与学校体育的结合与发展研究

在现代社会背景下,竞技体育与学校体育的结合是促进竞技体育发展,挖掘竞技体育人才的重要手段与方式,因此这一模式理应受到高度重视。

一、竞技体育对学校体育的促进作用

(一)高水平运动队建设是高校体育发展的推动力

在我国大部分高校中,都有自己的高水平运动队,这些运动队的建设与发展能极大地丰富校园文化生活,学生不仅能从中观看他们的比赛,获得美的享受,而且高水平运动员则通过各种比赛提升了自己的运动水平,丰富了自己的阅历,由此可见学校高水平运动队的建设是一件一举多得的事情。大量的体育活动的开展,对学校文化是一个极大的丰富和完善,通常情况下,具有深厚的文化底蕴的大学都比较重视校园体育活动的开展,二者紧密

---

① 　[奥]康罗·洛伦兹.攻击与人性[M].北京:作家出版社,1987.

相连、相辅相成。可以说,体育运动不仅能增强人的体质,还能培养人良好的心理品质和精神意志,激发人的自我实现、创造奇迹的本能,对促进人的全面发展具有非常重要的作用。因此,高校建立高水平运动队,开展各种各样的体育运动,能极大地充实学生的校园生活,同时还能挖掘竞技体育后备人才,可谓一举多得。

(二)竞技体育丰富了学校体育活动,提升了学校的社会地位

奥林匹克运动中"更高、更快、更强"的精神不仅表现在运动会上,同时在日常人们健身中也发挥着非常重要的作用。可以说,竞技体育的这种精神在提高人们身体素质的同时,也激励人们自我价值的实现。人们参与各种体育活动的过程中,竞技成绩并不是最重要的,重要的是通过参加体育活动而增强了体质,获得了顽强的意志品质,建立了生活、学习和工作的信心。在学校中,竞技体育的这种精神对培养学生的竞争精神和创新能力发挥了极为重要的作用,是其他课程或学科不可比拟的。除此之外,高校高水平运动队的建设还能在一定程度上影响学校的知名度,一支高水平运动队往往能提升学校的知名度,增强学校的社会影响力,从而能促进学校更好的发展。

(三)竞技体育增强了学校的凝聚力

众所周知,竞技体育的影响力非常之大,尤其像奥运会、世界杯这些大型的运动会或体育赛事往往能吸引众多的观众参与其中,在社会中形成一股热潮,在赛事举办期间更是成为一道亮丽的风景线。在重大的国际比赛中,一个国家竞技体育运动队的成绩往往是与国家的荣誉感、国民的自豪感分不开的,成绩的好坏将直接影响到人们的心理。在学校中,学校竞技体育也是如此,在学校高水平运动队取得优异的比赛成绩或者在运动会上本班级取得好成绩时,总会激发学生们极大的热情,为自己的学校而骄傲。因此说,在学校中建设一个高水平竞技体育运动队,能增强学生的自豪感、荣誉感,增强学校的凝聚力。

二、"教体结合"模式的发展

发展到现在,"教体结合"的模式在我国许多高校中已非常流行,众多高校都获得了招收高水平运动队员的资格,在这种模式下学校能够充分挖掘具有潜力的运动员,为我国竞技体育的发展储备优秀的体育人才。

通过教育来振兴体育事业的方针,国家体育总局在很早就提起过,这种

模式对我国竞技体育和学校体育的发展都具有良好的作用。

(一)体育回归教育的长期战略

在现代竞技体育高度发展的形势下,让体育回归教育是一个非常好的模式。一般来说,虽然运动员的文化水平和运动水平之间没有什么必然或者直接的关系,但是从全局来看,运动员文化素质的高低将对运动水平的提高产生非常微妙的影响。在欧美等国,一般来说,运动员并不是在儿童时期就开始参加专业运动训练,而是先接受文化课教育,然后根据自己的爱好自愿参加各种体育活动,在这一过程中,具有特长和天赋的运动人才会被选拔出来进行专业训练,但是他们同时还会继续接受学校教育。这与我国运动员接受教育与训练的情况大不相同,我国运动员从儿童时期就进行专业的系统训练,欠缺文化知识的学习与培养,在这样的情况下,他们往往没有足够的文化基础,在退役后就很难在社会上立足,这种情况对我国竞技体育,乃至整个体育文化、社会的发展都是不利的。

将体育纳入教育范畴,是现代社会发展的一个趋势。这是教育与体育相结合与发展的一个高级阶段。在新的时代背景下,"教体结合"是竞技体育可持续发展的一个非常重要的条件,其实质就是通过高校教育来培养高素质的体育运动人才,在灌输运动员基本文化知识的基础上,培养其运动天赋,提高其竞技能力,使其得到全面发展,这是符合现代社会发展需求的。

(二)优化体制改革以"教体结合"为过渡发展模式

"教体结合"这种模式符合现代社会发展的要求,是一种既能培养高质量的体育运动人才,又能提高学校教育质量的模式,因此这种模式具有非常重要的影响和意义。"教体结合"模式不光解决了运动员文化教育的问题,还直接影响到我国竞技体育事业的可持续发展。

在"教体结合"模式下,学校教育可以为运动员提供强大的智力支持,培养出具有较高文化素质和竞技能力的运动员。在现代科学发展观的指导下,要实现"教体结合",就要事先确定好目标,将人的综合能力作为竞技体育的目标,使"教体结合"逐步升级为"教体融合",真正促进体育教育的发展。因此,让体育回归教育理应受到我国政府及教育部门的高度重视。目前,在竞技体育高度发展的大环境下,各国教练员训练理念的更新与运动员文化素质的不断提高,在一定程度上反映了体育与教育结合的一个发展趋势。可以说,体育不仅仅是身体的运动,还有智力因素的参与,因此体育与教育结合是再正常不过的事情了。以北京理工大学足球队为例,他们晋级中国足球甲级联赛的事迹就可以证明,运动员文化素质的提升对他们竞技能力的提高也具有重要的作用,较高的文化知识水平往往能使他们的训练和比赛达到事半功倍的效果。

"教体结合"模式的具体操作主要就是以承办高水平运动队的形式来实现的,在高校中建设高水平运动队不仅可以丰富校园的文化生活,带动学校体育的发展,而且还能挖掘和培养大量的具有潜力的运动人才。如清华大学运动员胡凯以及北京理工大学足球队所取得成绩就充分说明了这一模式的可行性。因此,值得在我国学校大力推广。

第三节　我国学校竞技体育人才的培养研究

一、我国学校竞技体育人才培养的管理体制与运行机制

(一)我国学校竞技体育人才培养的管理体制

当前,我国竞技体育人才培养的管理体制主要有政府主导型、社会主导型、政府与社会结合型三种。目前来看,我国高校竞技体育人才培养体制仍为举国体制下的政府主导型体制,在这种体制下,体育人才培养的各个环节都需要在相关的制度体系下展开。我国高校竞技体育人才培养的主管机构为中国大学生体育协会,中国大学生体育协会为非营利性体育社团组织,它是由全国高校的体育教师和体育工作者自发组成的,具有一定的专业性和全国性的特点,但这一组织的活动章程内容相对较为宏观,管理的范围相对较少。与美国、加拿大等国家的高校竞技体育人才培养的管理体制相比,我国高校竞技体育人才管理体制在政策法规方面还存在诸多问题,需要采取一定的手段与措施加以解决。

针对举国体制下我国竞技体育人才培养的情况,我国应加大管理体制的创新与发展。在改革的过程中,要结合我国高校竞技体育发展的现状,积极借鉴国外竞技体育人才培养的先进经验,不断完善我国高校竞技体育人才的培养制度,建立一个具有中国特色的竞技体育人才培养模式。除此之外,还要不断转变政府职能,推进大学生体育协会的改革,充分发挥各单项协会的职能作用,充分调动高校培养竞技体育人才的积极性,这样才有利于我国竞技体育人才的培养与发展。

(二)我国学校竞技体育人才培养的运行机制

1.选拔机制

目前,我国高校竞技体育人才的选拔途径主要有:招收专业体校和运动队的退役运动员;招收专业运动队现役运动员;招收中学体育特长生。

2.训练竞赛机制

目前,与国外高校竞技体育人才的训练竞赛机制相比,我国的训练竞赛机制还显得比较落后,因此建立一个有利于培养高校竞技体育人才的训练竞赛体制是一个亟待解决的课题。目前来看,国内举办的高校竞技体育比赛非常少,大型的体育赛事更是少见,当前主要有各省市的大学生体育运动会、中国大学生体育协会举办的单项竞赛和全国大学生运动会三种。除此之外,还有一些高校举办的校级对抗赛等,但这类赛事一般规模较小、参与人数不多、影响力也较小,难以形成大的气候。在这样的形势下,有专家提出可以将高校高水平运动队纳入国家体育系统,与各省市专业队展开竞争,这种设想具有一定的意义,但操作难度较大。因此,在未来的发展中,如何建立一个科学、有效的高校竞技体育人才培养的竞赛体制将成为重中之重。

3.动力机制

在现代社会背景下,利用教育系统构建一个新型的竞技体育人才培养机制将是未来发展的一个趋势。一般情况下,学校培养竞技体育后备人才必须要有一个合适的动力机制,这样才能保证竞技体育人才培养体系持续健康地发展。这一动力机制主要包括三个方面:一是学生运动员接受全面教育的需要;二是学校培养全面发展人才的需要;三是国家和社会对体育人才的需要。

要想更好地推进高校竞技体育人才培养动力机制的发展就需要各部门的相互协调与合作,还要保证各培养主体在一定的规则与范围内进行活动。因此,我们在构建竞技体育人才培养动力机制时,要从全局出发,充分发挥动力机制功效,对各种资源进行优化整合,使体育人才培养的各种功能都能得到有效的发挥。

总之,我国高校竞技体育人才培养的动力机制要符合我国的具体国情和学校的实际,要将各方面的长处与优势综合起来,充分发挥各自的效能,从而构建一个综合性、科学化、系统化的高校竞技体育人才培养动力机制。

4.激励机制

在培养高校竞技体育人才的过程中,建立一个有效的激励机制能充分激发竞技体育人才的积极性和创造性,帮助他们建立正确的价值观念,确立正确的行为规范。尽管目前我国的竞技体育的总目标没有发生根本性的变化,但高校竞技体育人才培养的目标始终是培养大量的高质量的全面发展的体育人才。在高校竞技体育人才培养的过程中,运用激励机制时要更加自由和灵活,结合体育人才的特点和具体实际采用多种激励手段,逐渐由精神激励向物质激励转变。在物质激励方面,也要采取适当的激励手段。

在建立的激励机制中,激励的标准应综合全面,能有效地激励体育人才提高自己的综合素质。因此,在确定激励标准时,应符合竞技体育发展的总目标,评判的标准要科学、综合和全面,不能仅仅以竞技能力高低、取得成绩好坏来评价运动员,可以采取一些可量化的标准评价运动员的综合素质,对于表现优秀的运动员将给予一定的物质激励和精神激励,从而充分激发运动员训练与比赛的积极性。

除此之外,激励还应体现出公平和效率。效率和公平是一对常见的矛盾,这一对矛盾可以说是竞技体育人才培养的动力基础,处理得当能很好地激励运动员,提升运动员的运动水平,处理不当则严重影响着运动员的发展。在高校竞技体育人才培养的过程中,所有运动员都拥有同样平等的权利,都拥有平等的资源分配权以及平等的激励机会。通过有效的激励机制的运用,能刺激运动员不断进步,从而提高竞技体育人才培养的效率,进而提升我国的竞技体育水平。

二、我国学校竞技体育人才培养模式的构建

(一)我国学校竞技体育人才培养模式的理念

在学校竞技体育人才培养模式中,培养理念是非常重要的内容。要建立一个科学的竞技体育人才培养体系,首先就要建立正确的培养理念。在现代社会背景下,常见的培养理念主要有以人为本理念、全面发展理念等。一般来说,培养理念的建立要包括以下几个方面。

1.培养目标

培养目标可以说是竞技体育人才培养模式的核心,它对竞技体育人才培养活动具有重要的调控和导向作用。在高校竞技体育人才培养模式构建

的过程中,其培养目标主要有两个:一是确立一个全面发展的竞技体育人才培养目标。在现代竞技体育高度发展的背景下,运动员的运动成绩已不是衡量运动员是否优秀的一个唯一的标准,一名出色的运动员必须要具有高超的运动技能和扎实的文化基础以及良好的人格,这样的运动员才是全面发展的运动人才。二是确立一个多渠道、多样化的多元人才培养目标。在我国现有的竞技体育体制下,我国的社会体育资源无法得到有效的利用。因此,在未来的发展中,要充分利用好社会中的各种资源,多渠道地挖掘竞技体育资源,为我国竞技体育人才的培养与发展提供良好的保障。

2.培养过程

竞技体育人才的培养过程是培养目标得以实现的过程,培养过程是否顺利进行将直接影响到竞技体育人才培养的质量和效果。一般来说,竞技体育人才的培养过程就是培养方式与培养措施的有机结合。高校竞技体育人才的培养过程是按照一定的竞技体育人才培养规律和要求而制定的一系列计划和所采用的各种手段与方法的总称。在高校竞技体育人才培养的过程中,要始终遵循以人为本和全面发展的总体原则,制定一个科学、合理的培养方案,按照既定的方案去培养体育人才。

3.培养制度

要想保证高校竞技体育人才培养过程的顺利进行,就必须要建立一个规范的规章制度,也就是要保证竞技体育人才培养的制度化和标准化,这样才能有利于体育人才的培养。在制定高校竞技体育人才培养制度时,可以从宏观、中观、微观的角度综合考虑,逐步落实与完善高校竞赛制度,制定教练员定期培训政策,设立奖学金制度等。

4.评价机制

在培养高校竞技体育人才的过程中,建立一个科学、有效的评价机制也是至关重要的,要将这一评价机制贯穿于体育人才培养的全过程。通过各种评价技术与手段的利用,对整个过程做出客观的衡量与判断,并对培养的过程进行科学的监控,这样培养出的体育人才才更加具有竞争力。在评价高校竞技体育人才的过程中,要将校外评价和校内评价充分结合起来进行,不断完善评价体系,以保证高校竞技体育人才培养的质量。

(二)高校基地多元化竞技体育人才培养模式的构建

高校基地多元化培养模式结合了"体教模式""校企结合模式"等多种模

式的优点,这是一种现代社会背景下培养全面发展的竞技体育人才的新尝试。这种模式以高校为基地,与体育系统、社会企事业单位、中小学等通力合作,目标是培养出具有高文化素养、高修养、高竞技能力的体育人才。

在培养理念上,高校基地多元化体育人才培养模式充分利用高校教育资源,为运动员全面发展的利益着想,以培养出优秀的新型竞技体育运动人才。在培养目标上,此模式以高校教育资源为主体,综合利用各种体育资源、社会资源等,培养多元化的体育人才。在培养过程中,在国家相关政策的引导下,传授给运动员基本的文化课知识,同时对运动员进行系统性的训练,另外,运动员也能得到社会企业所提供的一定的经费保障,这些都能为运动员的发展提供一个可靠的保障,从而促进我国体育事业,以及竞技体育人才的全面发展。

可以说,高校基地多元化模式是一种以学校培养为中心的多渠道人才培养模式。这一模式包含的元素众多,如学校教育部门、体育部门、社会企事业单位、体育俱乐部等。但这些元素之间又不是孤立存在的,而是相互联系、互相补充、相辅相成的关系(图 7-1)。

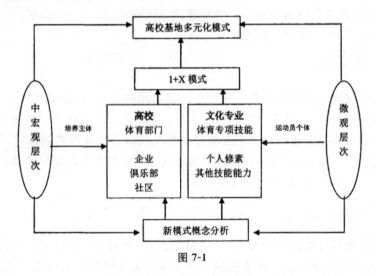

图 7-1

第四节　竞技体育学校化发展模式研究

竞技体育学校化发展模式也是一种竞技体育与学校教育相结合的人才培养模式,与举国体制下的竞技体育人才培养模式不同,这种模式下培养出的运动员普遍具有较高的文化素养,有利于运动员的长远发展。

一、竞技体育学校化发展模式的构成

竞技体育学校化发展模式是指以小学、中学、大学为载体,把竞技体育发展与教育相结合的运动人才培养模式。在这种模式下,小学、中学成为培养运动员的后备基地,大学则成为运动员进行专业化训练的场所。除此之外,还有一些具有运动天赋的人才由大学直接进入职业体育俱乐部参加训练与比赛,最后被选拔进入国家队,这也是一种有效的竞技体育人才培养方式。

图 7-2 所示的是竞技体育学校化发展模式下的竞技体育系统结构。图中粗箭头显示,小学、初中、高中和大学这几个非常重要的阶段,乃至进入国家队,都是按统一的顺序进行的。每一个阶段都有自身的特点,与其他阶段有着明显的不同,但最终目的都是为了培养大量的高质量体育人才。一般来说,该阶段竞技培养和文化教育都由教育系统统一管理。

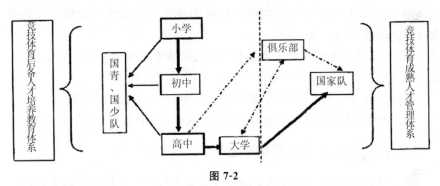

图 7-2

按照上图 7-2 所示,一些具有运动天赋的运动人才由高中或大学直接进入俱乐部(业余或职业),然后参加专业化的训练,最后进入竞技体育成熟人才管理阶段。竞技体育成熟人才管理阶段是在国家体育管理部门的领导下,由各俱乐部自己独立"经营"的一个发展阶段,俱乐部拥有培养体育人才的权利,对运动员进行专业化的训练,但需要注意的是,在竞技体育学校化发展模式中,国家体育管理部门只起到指导作用,履行指导职能,是一个纯粹的服务部门。

二、竞技体育学校化发展模式的管理体制

(一)结构调整

竞技体育学校化发展模式下的管理体制的变化主要体现在以下几点。

第一,原有的体育局根据实际情况进行分解,改变原有的体制结构,其中一部分仍然归国家体育部门管理,并管理群众体育,以及国字号队伍的建设。

第二,按照实际情况将体育局中学校体育的部分和教育局进行合并。解散原有的体校,与中小学合并。

第三,取消省市体工队,一些不适合普通学校开展的体育项目进入体育院校中,适合学校开展并受学生喜爱的体育项目融入高中、俱乐部和普通高校之中,采取必要的手段与措施展开各种活动。

(二)人员调整

竞技体育学校化发展模式下的人员管理主要体现在以下几点。

第一,国家体育局中原先工作人员仅有很少的一部分继续参与以前的工作。

第二,采取各种手段与措施吸引优秀的体育教练或体育教师投入学校竞技体育的建设与发展之中。

第三,选拔一部分体育人才参与社区体育或群众体育工作,一部分体育人才进入职业或业余俱乐部进行工作。

第四,设立社区体育组织,增加社区体育指导员的数量,并努力提高其综合素质。各级体校和体工队优秀教练员进入学校或相关社区体育俱乐部任职。

(三)经费与场地的要的调整

竞技体育学校化发展模式下的经费场地的调整主要体现在以下几点。

第一,减少竞技体育经费开支,将一部分开支投入学校体育之中,为在学校中培养大量的高水平竞技体育人才提供一定的帮助。

第二,增加社区竞技体育经费投入,加强群众体育场地设施建设,较多地开展群众运动竞赛,以促进群众体育的不断发展。

第三,加强群众体育的发展为我国竞技体育提供高质量的人才。

第四,各级体校及省市体工队训练场地转变为社区体育活动中心,并向社会人群免费开放,从而促进群众体育的发展。

三、竞技体育学校化发展模式下的竞技体育人才培养体制

(一)选材方法

通常来说,竞技体育后备人才的选拔和输出主要分为四个阶段:小学与

初中,初中与高中,国少队伍与小学、初中、高中,高中与大学、俱乐部之间的选拔与输出。体育人才的选拔都是建立在一定的标准与条件基础上的,而这一标准则是由国家教育部门统一制定的。

竞技体育学校化发展模式下的体育人才选拔非常注重运动员两个方面的发展,即文化课和专业技能。对体育人才的选拔与培养不仅注重专业技能,同时也注重文化课成绩的筛选。一般情况下,可以采取以下几种形式:①体育可以作为学生文化成绩的加分;②体育与文化分别划线,但需要二者都能达到一定的标准;③体育特招,可以适当降低文化课成绩。总体而言,竞技体育人才的选拔和输出,培养教育是一个至关重要的阶段,而成熟人才职业管理阶段又是重中之重,这一阶段体育人才的选拔主要有两种类型,一是各俱乐部人才的培养与输出;二是国家队和各俱乐部之间的选拔与输出,在这一阶段中,竞技体育人才的输出可以用"流动"或"转会"来表示。

(二)训练体制

竞技体育学校化的发展模式,其训练体制应建立在学校教育基础之上,以学校竞技体育训练为主,以职业俱乐部训练为辅。这两种途径都是建立在运动员自身发展基础上的,但所有的运动员都必须接受完九年义务教育后才进行专门化训练。其中一部分特殊体育项目可以选择在竞技体校中接受文化教育,但要保证充足的学习时间与内容。

运动训练是非常枯燥的,为了提高学生运动员进行运动训练的兴趣,中小学训练可以选择在放学后和周末进行,并采取趣味教学的形式;大学训练可以选择在下午、周末和没课的时间进行,但要保证训练的质量,按部就班地提高运动员的训练水平。除此之外,还可以采取多种形式对运动员进行文化课教学,如网络教学的形式就是一种有效的手段,这能帮助运动员在外出比赛期间不耽误文化课的学习。

(三)竞赛体制

在竞技体育学校化发展模式下,可以充分利用学校教育系统的各种资源,建立一个公正公平的竞赛体制,社会上各个单位也都有参与选拔与比赛的机会。国家级以下的比赛,学校的全部赛事由教育部门统一组织与安排;学校以外的竞技赛事可以采取社会赞助的形式进行,体育系统相关部门进行监督。一般来说,学校竞技赛事可以按小学、初中、高中等阶段进行一定的分级,各个学校加强沟通与交流,建立发展联盟。针对学生运动员的发展实际多举行一些体育比赛,尽量将体育竞技赛事安排在学校内进行。全国以及更高的体育竞技赛事则由我国教育部门和国家体育总局共同承办,通常情况下,小学和初中阶段尽量不设置全国性的体育比赛;高中阶段可以每年设置1～2次全国性的比赛;大学及以上水平的运动员则应参加尽可能多的体育比赛。在比赛中达到一定级别的运动员应进行建档注册,形成运动人才发展档案,并逐步建立起竞技体育人才信息网,以更加便利地选拔出高水平的运动员。

(四)文化教育体制

一般情况下,竞技体育学校化发展模式是建立在九年义务教育基础之上的,因此对运动员进行文化知识的教育非常重要。在学校中对运动员进行文化课教育具有极大的优势,学校的学习环境、师资力量、科学研究资源等都能为运动员学习提供良好的保障。

在具体的操作过程中,要根据各地区的发展情况、学校的实力,确定运动员文化教育的目标,文化教育相关部门要对运动员的文化教育定期与不定期的监督与考察,除此之外,还可以设立运动队文化课学习小组,小组成员展开学习与交流,共同提高文化课水平。其目的都是培养出高文化素质与高竞技能力的体育人才。

第八章　多元文化背景下校园体育文化体系的建设探索

　　校园体育文化是校园文化的重要分支,其在增强学生体质,促进学生心理健康,培养学生综合素质等方面发挥着至关重要的作用。健康且积极向上的校园体育文化有助于提升学生的文化修养,培养学生良好的道德品质,改善学生的体育观念,促进学生的身心和谐发展,并引导学生养成终身体育锻炼的好习惯。鉴于这些多元的价值,学校必须加强对校园体育文化体系的科学建设,使校园体育文化在多元文化背景下获得进一步发展。本章主要就以多元文化为背景探讨校园体育文化体系的建设,具体涉及校园体育文化体系建设的内容与原则、评价指标体系构建、建设策略以及新体系构建的理论与思考等几方面的内容。

第一节　校园体育文化体系建设的内容与原则

一、校园体育文化体系建设概述

(一)校园体育文化体系建设的定义

　　校园体育文化体系建设就是以一定的社会政治、经济、教育、文化、体育等条件为基础,以校园师生员工为主体,通过物质文化、精神文化、制度文化、行为文化等内容的建设满足校园体育文化发展需求的过程。[①]

---

　　① 张云凡.高校校园体育文化建设的研究:以上海交通大学为例[D].上海交通大学,2009.

校园体育物质文化、精神文化、制度文化、行为文化以及网络文化共处于校园体育文化体系这一系统中,这些内容是相辅相成的关系,缺少任何一项内容,校园体育文化体系都是不完善的。

(二)校园体育文化体系建设的特征

校园体育文化是一种大众文化,其充满了校园特色和健康的生活气息,层次和品位都比较高,而且具有健身、娱乐、传播文化等多元化的功能,是学生校园文化生活中的不可或缺的一部分。校园体育文化体系建设的特征是由校园体育文化的特征所决定的,具体表现在以下几个方面。

1.校园性

作为一种亚文化,校园体育文化与社会体育文化相比而言,最突出的特征就是校园性了,这也是二者的最大区别之一。校园体育文化具有相对的独立性,不管是对于社会文化而言,还是对于其他校园文化而言都是如此,不同校园的体育文化是有差异的。校园体育文化又具有弥散性,各种体育活动的举办都能够使校园体育文化在校园中的每个角落中散播开来,这样便形成了浓郁的校园体育文化氛围。

2.方向性

培养全面发展(德、智、体、美)的四有新人(有理想,有道德,有文化),且能够适应社会发展需求的人才是我国学校的主要教育目标。这一办学方向决定了校园体育文化体系的建设也必须体现出方向性,要立足这个目标来构建文化体系,并为这个目标服务。所以,学校必须在培养新型人才的目标基础上对校园体育文化进行建设,将体育文化作为一种特殊的思维方式、生活方式以及行为方式和生活方式传授给学生,并对健康文明、形式丰富的体育活动进行举办,促进校园体育文化品位的提高,对学生积极参与体育健身的热情进行激发,引导学生树立正确的价值观,促进校园体育文化体系的健康发展与不断完善。

3.大众性

娱乐性是校园体育文化的突出特征,这一特征形成的原因在于校园体育活动通常易于参与,有良好的学生基础。通常来说,体育着重的是满足人的身心发展需求和情感需求,所以不对参与者的技艺作过高的要求,也没有严格要求参与者必须掌握深邃的哲理,具备深厚的文化修养,所以说体育是具有普遍性的,人们可以自娱自乐地参与其中,从而达到强身健体、愉悦身心的目的。正因如此,体育对人产生了巨大的吸引力,广大师生也因受到吸引而积极参与其中。校园体育文化具有其他校园文化无可比拟的时间持久性和空间广阔性。

4.高层次性

作为校园体育文化活动的主体,师生的知识水平总体来说是比较高的,所以校园体育文化体系建设也具有了高层次特征,具体反映在理性认识高、活动设计标准高、品位高、欣赏水平高等几方面。学校师生,尤其是高校师生,他们是站在社会文化前沿,对新文化不断进行挖掘与创造的重要群体,是高层次的人才,他们对体育的需求已不再是简单的跑步、打球了,他们对具有时代气息的高层次、高品位校园体育文化有着更强烈的渴望,所以学校在建设校园文化体系的过程中,需设计将精神、文化、体育融为一体的高层次产品,以此来使师生对体育文化的需求得以满足。

5.实践性

校园体育文化包含体育文化与校园文化两个要素,所以体育的实践性(本质特性)在校园体育文化中有明显的反映。此外,学生一般都是充满活力的,希望自己能够亲身参与和体验体育活动,而且有明确的参与和体验目的,所以学校在对校园体育文化体系进行构建时,需依据学生的需求对各式喜闻乐见的体育活动进行举办,使学生在实践中对体育的乐趣、价值进行体验,通过这一途径对学生良好的体育道德和体育精神进行培养,有机结合体育理论与实践,促进学生的全方位发展。

6.开放性

在信息时代,校园信息的来源渠道在不断增加,校园中开始逐渐出现一些校外的社会体育形态及管理方式,学生的体育需求开始向外界倾斜了,这也体现出学校体育教育具有一定的社会功能。在这一背景下,校园体育文化体系建设也必须适应这种开放性,从而满足学生的需求,强化校园体育文化的社会功能。

7.多样性

丰富多样的校园体育文化活动内容是在学校体育与学校文化教育相结合的基础上产生的。校园体育与大众体育、竞技体育、娱乐休闲体育等都有着千丝万缕的联系,不仅如此,校园体育与文学、艺术及其他学科也有一定的交织,在此基础上,体育邮展、体育摄影、体育知识竞赛、体育征文等各种体育文化活动在校园中如火如荼地开展着,通过参与这些活动,学生能够充分展示自己的才能,实现自身的价值,获得满足感与成就感。

(三)校园体育文化体系建设的作用

1. 校园体育文化体系建设有助于促进文化繁荣

当前,我国对社会主义文化发展及繁荣十分重视,希望通过文化建设来对人民大众高度的文化自信进行培养,促进群众文明素质的提高,从而促进我国文化软实力的增强,对我国文化进行更广泛的弘扬,实现文化强国的目标。

要实现文化的发展与繁荣,仅仅依靠积累知识是不够的,关键还要提高人文素质和人文修养。学校具有文化传承功能,创新文化是学校尤其是高校的重要使命,所以校园文化的建设要能够推动文化的发展和繁荣。

校园体育文化有利于推动校园文化的积极健康发展,能够对学生勇于拼搏、乐观向上等优良的品质进行培养,从而可以实现学生的全面发展。未来社会的发展需要有身心健康的高素质人才添砖加瓦,只有科学构建校园体育文化体系,将校园体育文化在推动校园文化发展方面的作用充分发挥出来,才能实现社会主义文化及校园文化的进一步发展。

2. 校园体育文化体系建设有利于推动校园文化的发展

社会的进步与科技的发展虽然使人们有了更好的生活环境,但是由此带来的社会问题也不少,这些问题严重影响了学生的发展,使学生变得拜金、享乐、悲观虚无,所以学校急需强化对学生的人文素质教育。

"完全人格,首在体育"是我国非常著名的教育思想,其由我国教育学家蔡元培先生提出。我国很多教育学家也普遍认为,体育在促进学生体质增强、引导学生正确学习、培养学生终身体育意识与习惯方面具有非常重大的积极性影响。在体育教育中进行德育是合理的,因为体育教育中本身就包含一定的德育素材和方法,通过体育教育可以对学生的爱国主义精神、集体主义精神、拼搏进取精神、责任心等进行培养。学校体育能够促进校园精神的弘扬,促进学校竞争力的提升。

校园文化内容丰富,包括体育活动中体现出来的物质、制度、行为、理念等要素,这些要素对校园文化的建设发展都有积极的推动作用。不管是国外学校,还是国内学校,普遍对体育的品牌效应都很重视,发展学校的品牌体育项目,树立品牌形象,能够吸引社会上更多人的关注,能够使更多的人对校园文化内涵有一定的了解。例如，我国山东科技大学的篮球队、北京理工大学的足球队、清华大学的跳水队等在国内甚至是国外都有一定的影响力，这直接推动了学校体育文化的发展与传播。

校园体育文化能够丰富师生的社会生活、体育生活，能够推动师生个体的发展。对校园体育文化活动的积极举办有利于促进学生身体素质、社会适应能力的提高，有利于对学生的公平竞争意识、团队协作精神进行培养，从而促进积极向上的校园文化氛围的形成。

3.校园体育文化体系建设有利于推动国家教育思想的传播

《国家中长期教育改革和发展规划纲要》中提出："我国在较长一段时期内的教育改革和发展的战略主题为：坚持全面发展，主要是全面加强和改进德育、智育、体育、美育。"[①]在学校体育教学中，我们必须树立健康第一的指导思想，保证学生有时间参与体育课程和课余体育活动，并全面推动体育教学质量的提高。此外，学校还应积极开展心理健康教育，促进学生心理健康水平的提高。

以上这些思想表明，国家在教育规划和战略思想方面在不断创新，不再单一强调培养学生的专业知识水平，逐渐开始将学生的身心素质培养及专业技能学习对等起来。这样的教育思想有利于对适合中国特色社会主义发展的全面人才进行培养，有利于使学生形成健全的人格。教育思想的转变要求我们对科学合理的校园体育文化体系进行构建。

4.校园体育文化体系建设有助于对学生进行思想政治教育

随着大众教育的不断发展，学生的数量在不断增加，而且学生的精神需求也在不断增加。所以不管在什么学科的教学中，都应该贯穿思想政治教育，对学生积极健康的道德观进行培养。同时，思想政治教育结果是否与社会的价值取向相符，也是由学生已经形成的道德观所验证的。

新时期，校园体育文化体系建设是对学生进行思想政治教育的新途径，同时也是建设校园精神文明的有效路径。体育文化的内涵独特、形式开放、内容紧跟时代，因而有利于学生正确人生观、价值观的树立，有利于学生养成良好的心理与道德素质，有利于提高学生的认知水平，同时也有利于学生通过恰当的渠道来发泄自己的情绪及情感，从而实现全方位的发展。

---

① 刘亭.滨州学院校园体育文化建设路径的研究[D].山东体育学院,2014.

5.校园体育文化体系建设有利于培养学生的综合素质

思想文化素质、身心素质、技能素质、创新素质等都是学生应具备的素质,这些素质总称为综合素质。学校教育不仅要对专业技能型人才进行培养,还要对复合型人才进行培养,而且培养出来的这类人才必须是思想健康、身心健康、技能全面、专业突出、创新能力高的全方位发展的人才。

体育文化活动可以对学生的学习和生活状态进行调节,可以使学生掌握重要的知识和技能,可以促进学生的身心健康发展,能够使学生保持积极向上的情绪。所以说,校园体育文化体系建设是培养学生综合素质的重要途径,这也是校园体育文化的重要功能。

6.校园体育文化体系建设有利于培养创新人才

作为学校的一种文化现象,校园体育文化是和学生共同成长和发展,在这个过程中,不管是学生,还是校园体育文化,都在不断完善,不断走向更高的阶段。"更高、更快、更强"的目标时时刻刻体现在体育运动中,体育运动的过程实际上也就是不断超越、不断创造的过程。总而言之,体育文化活动能够将人的想象力和创造力激发出来。体育的精神在其他领域也是适用的,体育精神激励人们走向成功,向更远的目标迈进。在校园中,体育文化活动的土壤是学生成长的沃土,也是创新人才发展的沃土,其对学生的不断发展具有积极的引领和指导作用。

二、校园体育文化体系建设的内容

(一)校园体育文化体系建设的内容结构

建设校园体育文化体系应从五个方面着手进行,即校园体育物质文化、精神文化、制度文化、行为文化以及网络文化,为了对这些内容的关系有一个直观的认识,特以高校为例来用图片的形式表示,如图8-1所示。

从图8-1来看,校园体育文化体系建设的内容主要包括以下几方面。

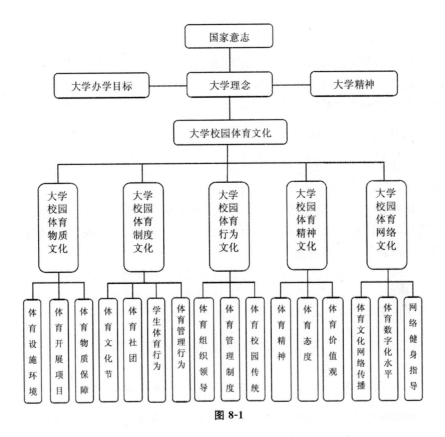

图 8-1

1.体育物质文化

学校体育经费、体育项目、体育场地设施都属于校园体育物质文化的范畴,而校园体育文化的发展是以这些物质条件为基础的,离开这些物质,学校无法开展体育项目,也无法举办体育活动。

2.体育精神文化

校园体育价值观、体育态度及体育精神是校园体育精神文化的主要内容。学校体育文化发展的目标、层次以及规模分别是由体育价值观、体育精神和体育态度决定的。

3.体育制度文化

体育规章制度与条例、学校体育传统是校园体育制度文化的主要内容,都是为了对体育活动进行规范而制定的,而且具有明显的强制性。

4.体育行为文化

校园体育规范行为是校园体育行为文化的主要内容,这是在长期的体育活动过程中由学校师生共同约定俗成的。简单来说,学校成员在校园体育活动中的表现就是校园体育行为。

5.体育网络文化

校园体育网络文化主要包括体育文化网络传播、体育健身网络学习指导、体育活动数字化水平等内容。校园体育网络文化是一项崭新的校园体育文化内容,其是在信息网络环境下逐渐形成的。这一新型文化是计算机网络与学校体育文化相互融合而形成的,属于一种虚拟文化现象,其对于校园体育信息与知识的传播非常有利。

校园体育网络文化具有一定的整合功能,可以将各种各样的文化吸收进来,并对其进行整合,所以说这一文化现象是丰富多元的,其能够为校园体育文化体系的建设提供网络服务与技术支持。

(二)对校园体育文化体系建设内容的简单探讨

1.校园体育物质文化是校园体育文化建设的基本条件

校园体育物质文化是一种实体文化,校园体育文化活动的开展需要具备一定的体育物质设施条件与良好的体育物质环境,而这些都属于体育物质文化的内容。所以说,在校园体育文化体系的建设中,首要工作就是要推动校园体育物质文化建设,如果没有这一文化,其他文化的发展就无法成为现实。

校园中全体师生员工及校园文化知识的智慧全部凝聚在学校体育场地设施、体育项目、体育雕塑、体育图书等物质文化中,师生的体育情操、体育价值观能够从这些实体中体现出来,而且又会受到这些实体的影响。校园体育物质文化对学生的影响是潜移默化的,是"润物细无声"的,其在塑造学生健全人格、陶冶学生情操、振奋学生精神等方面所发挥的作用是不可估量的。另外,体育场馆建筑物是校园体育力量、精神及成功的象征,体育器材设施是体育标准化的象征,它们都是开展体育教学和训练活动所必须具备的物质条件,是促进学生身体素质提高、丰富学生物质文化生活的基础设施,而且学校的发展水平也能够从该校场馆的建设状况、设计水平及其所蕴含的文化内涵中反映出来。

2.校园体育精神文化是校园体育文化良性发展的可靠保障

校园体育精神文化在校园体育文化体系中居于核心地位,学校师生共同的体育心理、体育观念以及体育精神是校园体育精神文化的主要内容,这些内容是在师生长期参与校园体育文化活动的过程中形成的。一定的社会文化背景与意识形态会影响这一文化的形成与发展。

良好的校园体育文化对于体育文化群体的形成是有帮助的,虽然这个群体只是小范围的,但其相对来说是开放的,是具有精神内涵的,而且群体成员的体育观念、精神一般都是比较良好的。这个群体中的成员不仅会相互影响,而且会积极影响到群体外的学生,久而久之,这个群体的规模就会不断扩大,校园体育精神文化的发展也会越来越好。

3.校园体育制度文化是校园体育文化规范进步的行为准则

校园体育制度文化主要包括学校相关部门制定的与体育有关的规章制度与管理条例,学校制定这些制度与条例,主要是为了使师生体育文化活动的正常开展能够得到保障。体育教学、课外体育活动、运动训练、体育竞赛等与体育有关的内容都有相应的规章制度。此外,校园体育制度文化也会涉及有关师生共同认同的体育思想和意识。如果没有这些体育制度,学校体育活动无法有序开展,只有对体育管理制度、体育规章制度进行建立、健全与完善,促进科学规范的体育活动准则的形成,才能对校园体育行为进行有力的规范与约束,才能对学生遵守规则、服从管理、适应社会等基本素质进行培养,因而也才能更好地推动校园体育文化的健康发展。

4.校园体育行为文化是校园体育文化组织实践的参照体系

校园体育行为文化是一种活动性质的文化,其是学校在对校园体育文化活动及文娱活动进行宣传、组织、管理的过程中产生的。学校体育活动及组织机构都能够从不同的角度体现文化行为,如体育组织管理活动、体育社团、学生个人体育活动、体育文化节等。学校体育文化发展的脉络与未来发展趋势在一定程度上能够从这些组织和个人的行为文化中体现出来,因此在研究校园体育文化的发展历史时,可以将此作为重要的研究参考资料,对这些内容的参考与研究有助于校园文化行为的不断改进和修正,有助于对学生的实践活动进行更为科学的指导。

5.校园体育网络文化是校园体育文化发展传播的信息平台

校园体育网络文化作为一种虚拟文化现象和新的体育文化传播方式,

旨在对学生积极参与体育运动进行正确指导。校园体育网络文化以其丰富性和多元性对各类文化进行吸收与整合,因而成为各类校园体育文化和谐发展的平台。

(三)校园体育文化体系建设中应突出的重要内容

1.突出体育物质文化的文化底蕴

作为校园体育文化的外在标志,体育物质文化体系的建设至关重要。物质文化的建设水平会对校园精神文化的建设起到直接的影响,因为精神文化建设是以物质文化的建设为基本载体的,也就是说,后者是前者的手段。校园体育建筑是校园体育物质文化的主要载体之一,学校的校园文化特点往往能够从该校的体育建筑的风格中直接表现出来。所以,在设计与修建校园体育建筑时,要注意体育文化内涵的突显,要能够将校园体育精神文化和制度文化的特点彰显出来。

此外,设计与建设学校体育场馆还需要对校园本身的文化特点进行考虑,可以将一些优秀体育运动员代表的壁画、具有体育文化内涵的艺术作品适当添加在设计中,这有利于校园体育文化环境的优化及校园体育文化品位的提升。因此,在校园物质文化体系建设中,应对物质载体的文化底蕴进行大力挖掘,以此来对广大师生的体育兴趣、体育热情进行激发。

2.突出体育制度文化的品德培养

体育制度与条例、体育裁判规则等是校园体育制度文化的主要表现形式,这些主要是为了规范与约束校园体育文化参与主体的行为而制定的。校园体育文化制度组织性和纪律性非常严密,其本身所蕴含的道德因素十分丰富,有助于对学生的优良品德(互帮互助、遵纪守法、乐于奉献等)进行培养。体育评价制度也是校园体育制度文化中的一项重要内容,这项制度的制定与实施有助于引导学生对过程与结果、成功与失败的关系进行正确的处理,有助于鼓励学生勇于面对生活中的挫折与困难。所以,在建设校园体育制度文化体系的过程中,要将体育制度文化在培养学生品德方面的作用充分发挥出来,对制度文化中的教育价值进行深度挖掘,使学生养成良好的品德与习惯。

3.突出体育精神文化的人文精神

构建良好的校园体育精神文化体系,有助于为师生提供优良的精神环境,只有在这种环境下,师生的精神才会有所升华,才会在不断的引导与激励中形成高境界的精神品质。所以说,校园体育精神文化会对师生产生持久深远的影响,而且在校园体育精神文化体系建设中也必须突出人文精神的重要性。

三、校园体育文化体系建设的原则

(一)以人为本原则

坚持以人为本是构建校园体育文化体系的根本所在,所以学校必须在坚持以人为本原则的基础上培养德、智、体全面发展的高素质、创新型人才,要以不断变化的体育教育改革实践和师生的实际情况为依据对校园体育文化的丰富内涵进行深入的探索,从而使校园体育文化的育心、育人功能得以实现。

人的参与是构建校园体育文化体系的基础与前提,因此在构建过程中,必须以教育方针为指导,注重人的主体作用,促进参与主体的主观能动性的充分发挥,为学生搭建合适的平台来使其充分展示自己的才华和特长,从而促进尊重体育和人才、尊重创造的良好体育机制和体育文化氛围的形成。此外,还应将一切积极因素充分调动起来,促进人的聪明才智的发挥,在整个文化体系的构建过程中贯穿以人为本的教育理念。

(二)教育性原则

构建校园体育文化体系需对体育文化的教育价值进行充分挖掘。校园体育文化对于促进学生思想道德素质水平的提高有非常重要的作用。在校园课余活动中对各种形式的体育活动进行组织与举办,有助于学生思想道德素质的提高。促进学生心理健康发展也是校园体育文化教育功能的体现。良好的校园体育文化对于学生良好体育精神和道德品质的形成具有积极的推动作用。

(三)导向性原则

校园体育文化的环境、氛围、内容及形式对师生品德规范及行为习惯的形成具有一定的引导作用,在不同校园体育文化环境中的师生会形成不同的体育行为习惯和体育道德,这也是不同学校体育文化的主要区别。

(四)多元化原则

校园体育文化活动是丰富多彩的,不管是活动内容还是活动形式,都是如此,所以说校园体育文化具有多样性。正因为校园体育文化具有多元化特征,不同学生的不同需求才能够得到满足,学生才能够找到适合自己的体育平台充分展示自我,充分实现自我价值。多元性的校园体育文化活动能够为校园文化添加生机与活力,能够促进独具特色的校园体育文化的形成。

(五)系统性、开放性的原则

高校校园体育文化是社会主流文化一个不可缺少的重要组成部分,它们之间是局部与整体、分支与主流、流和源的关系。因此,高校校园体育文化不是孤立存在的,而是同城市社区文化、企业文化、街道文化等文化现象一样,同属于社会文化的范畴,并属于相互开放的同一系统。一方面,高校校园体育文化的形成、发展和创新受到社会主流文化的影响和制约,它只有不断地从社会主流文化中吸取营养才能欣欣向荣、根深叶茂;另一方面,高校校园体育文化的发展又会对社会主流文化产生深刻的影响,这是因为高校校园体育文化大都为某一地区文化的制高点,其对社会其他文化具有很强的渗透力和辐射力。随着市场经济的不断发展,大学城学、研、产功能的发挥,高校与社会的联系越来越密切,高校校园体育文化与社会主流文化的联系也日趋加深,并逐渐融为一体。

(六)普及与提高相协调原则

要想促进体育的发展,就必须走大众化发展之路,因为如果没有普及,就谈不上提高,没有体育参与者,体育市场就不会形成,而没有市场的体育难以持久维持生命。所以,在构建校园体育文化体系的过程中,必须对形式丰富、层次多元、风格各异的校园体育文化活动进行开展,促进校园体育文化活动的覆盖面和影响力的不断扩大,使学生可以有更多的机会来参与体育文化活动,让不同基础与水平的学生都能够参与到体育活动中,使他们在体育文化活动中展现自我,形成良好的素质与道德,这样才能更好地普及校园体育文化活动。

在校园体育文化体系的构建过程中,在普及的基础上,要注意提高校园体育文化的层次与品位,因此不仅要开展群众性的体育活动,举办一般的知识型体育讲座,还要对高水平的体育赛事及文化活动进行举办,从而实现"提高"的目标。

(七)继承与融合相结合的原则

在知识经济时代构建校园体育文化体系,就要将校园体育传承和融合先进文化的功能充分发挥出来,对中华民族的优秀精神文化进行大力弘扬。所以在具体的构建过程中,要将民族文化中的精华部分充分利用起来,继承校园体育文化历史发展中沉积的优秀部分,同时融合本地特色文化的精髓,并以时代发展的变化为依据将人类的文明成果广泛吸纳进来,从而对浓厚且特色鲜明的校园体育文化氛围进行营造。构建校园体育文化是一项系统且巨大的工程,因此必须进行有序的组织和周密的部署。学校领导是校园体育文化体系构建的主导者,教师是主角,学生是主体,要明确三者的定位,使其各司其职,各尽其能,并团结起来,通力合作将这项工程顺利完成,并在之后不断完善该工程。

第二节　校园体育文化评价指标体系的构建

一、校园体育文化评价指标体系的构建原则

(一)目标性原则

明确校园体育文化评价目标是构建校园体育文化评价指标体系的基础与前提,对评价指标体系进行设计需要以明确的目标为中心,要使设计出来的指标体系能够将校园体育文化的发展客观、全面、真实地反映出来。典型的指标是构成校园体育文化评价指标体系的主要内容,选用这些指标时,要确保其能够从不同的角度与方位将校园文化的水平真实地体现出来。同时,对于一些关键性的指标不可遗漏,这些指标直接关系着评价目标的实现。此外,与评价目标无关的指标可以不做选用。

(二)导向性原则

在选择校园体育文化评价指标时,要确保这些指标与学校的现实情况是紧密相关的,而且这些指标必须是有前瞻性和先进性的,可以将学校体育文化的未来发展趋势反映出来。需要注意的是,对校园体育文化发展的本质特征及社会的时代特征进行综合分析与考虑也是选择评价的前提之一。只有这样,才能将校园体育文化评价指标体系的导向作用充分发挥出来,才能使校园体育文化评价工作的开展更有方向性。

(三)客观性原则

客观性原则指的是构建校园体育文化评价指标体系时,要严格遵循相关的客观规律,最大化地提高评估结果的科学性与准确性。校园体育文化评估是否与实际相符,是否能够客观进行和有效实施,都与选取的指标有很

大的关系,所以构建评价指标体系时,必须遵循科学性原则和客观性原则。

(四)定性、定量相结合原则

要想确定事物中的各项因素是否存在相互制约的关系,就需要对其进行定性分析,即了解事物存在与发展的规律性;而要想知道不同事物之间是否存在某种关联,就需要对其进行定量分析,即通过数学的方法进行研究,而且研究结果比较有说服性。在构建校园体育文化评价指标体系时,定性分析与定量研究的方法都要用到,前者是主要方法,后者是辅助性的方法。

二、校园体育文化评价指标体系的构建程序

(一)校园体育文化评价指标的提出

有关人员以《学校体育工作条例》《全民健身计划纲要》等相关文件为参照,以我国体育文化背景为立足点,在对校园体育文化结构、内涵、内容、建设水平等进行综合分析的基础上,初步提出了校园体育文化评价的相关指标,其中有 3 个是一级指标,50 个是二级指标,涉及校园体育物质文化、精神文化和制度文化三方面的内容,具体见表 8-1。

表 8-1　校园体育文化评价指标一览表①

一级指标	二级指标
校园体育物质文化	1. 学校教职工体育经费
	2. 学生体育经费
	3. 体育建筑(标志性)
	4. 体育场馆布局
	5. 体育场能否使师生锻炼需求得到满足
	6. 体育教材
	7. 体育图书
	8. 体育标识
	9. 体育雕塑
	10. 体育知识讲座
	11. 体育活动方式
	12. 体育广播

① 顾春先,邬红丽,肖波,何文涛.中国高校校园体育文化指标体系研究[J].体育科学,2010(08).

续表

一级指标	二级指标
校园体育物质文化	13. 体育宣传栏
	14. 体育课出勤率
	15. 学生体质测试达标率
	16. 学生每周锻炼次数和持续时间
	17. 学生对体育比赛和新闻是否关注
校园体育精神文化	18. 体育观念
	19. 体育文化价值体系核心理念
	20. 标志性体育人物
	21. 学校校训
	22. 体育口号
	23. 体育精神
	24. 体育锻炼价值取向
	25. 体育锻炼的动机及态度
	26. 身心健康状况
	27. 体育道德观
	28. 体育运动精神
	29. 体育教学环境所持态度
	30. 身体自尊态度
校园体育制度文化	31. 体育政策执行状况
	32. 体育管理情况
	33. 校园体育文明规范制定情况
	34. 是否成立学生体育社团(协会)
	35. 体育社团数量
	36. 体育社团规章制度制定情况
	37. 校园健身日、周、月管理办法
	38. 学生体质和心理健康是否建立预警机制
	39. 体育教师奖励制度
	40. 体育教师工作守则
	41. 是否成立高水平运动队
	42. 运动员守则
	43. 竞赛制度制定情况
	44. 成文体育课堂常规的制定与实施情况
	45. 是否举办体育文化节
	46. 院(系)是否举办体育文化节
	47. 体育文化节的举办次数及师生参与状况
	48. 开展"全国亿万学生阳光体育运动活动"情况
	49. 教师是否定期指导体育社团的活动
	50. 是否具有社区或其他体育公共服务

(二)校园体育文化指标的筛选

在筛选上述三个一级指标时,可以对特尔斐法进行采用。使用这一方法之前,可以先将一组有名望的专家选好,通过问卷调查来对这组专家的意见进行咨询,经过反复且详细的调查与分析,最后得出结论,尽可能将这组专家的一致意见总结出来,从而预测未来结果。再通过问卷调查的方式,列出重要、比较重要、一般、不重要四个等级,为这些不同的等级赋值,它们对应的分值分别为7、5、3、1,在最后一轮做权重打分的工作。一般用各指标所得分值的算术平均值来表示专家意见的集中程度,用每个指标最终分值的变异指数结果来表示专家意见的协调程度,意见的协调度越高,变异系数就越小。

(三)校园体育文化指标体系的确立

如果调查发现专家对三个一级指标的意见比较统一,或者说对这三个一级指标比较认同,没有明显的分歧,那么在随后的开放式问卷调查中,专家对这三个指标也是较为赞同的,那么,他们也就会在一级指标方面达成共识。所以,采用经过修正后的一级指标可以相对科学地对校园体育文化体系建设水平进行衡量。因此要将所有的一级指标保留下来。

有些专家对上述一级指标的选定是不认可的,希望能够加强校园体育行为文化。行为这种活动是本能的、下意识的,是在人与环境相互作用、影响的基础上形成的产物,主要通过外部的肢体动作表现出来,同时也反映学校成员内在的心理和生理作用。通常来说,校园体育精神文化建设的直接表现形式和校园体育文化主体的行为活动的客观外化形式都是校园体育行为文化形态,从这一方面来看,校园体育行为文化属于校园体育文化的外部结构范畴,所以应将其纳入指标体系中。

(四)对校园体育文化指标体系的检验与确立

在校园体育文化评价指标体系构建中,对指标体系建构效度的检验需要用到因子分析结果的共同度这一概念。作为一种多元化的统计分析方法,因子分析能够增强因子变量的可解释性。即在对如何丢失最少信息进行研究的基础上,将许多原始变量浓缩成少数几个因子变量。分析结果的共同度与其中包含的原有变量的信息量是成正比的。

研究发现,高效度的共同性系数需大于0.5。为了促进因子分析结果的客观性的提高,在浓缩原始变量时,避免浓缩后的因子变量太多。经过周密的分析后可以判断校园体育文化评价指标体系的结构效度是否良好。最后通过因子分析法进行检验能够对校园体育文化评价指标体系进行最终的确定。

第三节 校园体育文化体系建设的策略

一、校园体育物质文化体系建设

校园体育文化体系建设是以校园体育物质文化体系的建设为基础的,物质文化是校园体育文化体系中的"表层文化",外显性特征突出,能够最直接地将体育观念对外展示出来。校园体育物质文化体系建设的进度与质量会受到体育经费、体育场馆设施、体育器材、体育环境等因素的影响。所以要重点从这几方面着手来对校园体育物质文化体系进行建设,具体策略如下。

(一)加大体育经费投入力度

充足的经费是学校顺利开展体育文化活动的保障,体育图书音像资料的购置,体育场馆的建设与维护,体育器材设备的购置与维修等都需要投入一定的经费,学校运动会、比赛以及课外活动的正常举办也离不开经费这一保障条件。

(二)对体育场馆、器材设施的现状进行改善

当前,我国学校体育场馆设施普遍存在数量不足、满意度差、利用率低等问题,要想顺利举办各项体育文化活动,必须及时扭转这一现状,为营造良好的体育文化氛围奠定基础条件。

有些学校的体育器材不管是在数量上还是在质量上都是大体上令人满意的,在此基础上,如果可以进一步改善,提高场馆器材的标准,增设器材设备,那么将更有利于校园体育物质文化体系的构建。

(三)促进校园体育环境的优化

优化校园体育环境,实际上就是强调营造一种浓郁的体育文化氛围,当前我国学校中现有的体育环境难以促进体育知识的推广与传播,也很难将师生的体育热情激发出来。所以为了充分发挥校园体育环境的作用,需要

进一步优化校园体育环境,营造良好的体育文化氛围,具体就是要采用多种形式的宣传手段和方式来加强对体育的传播,使学校师生通过更多的途径和渠道来深入了解体育运动。

二、校园体育精神文化体系建设

作为校园体育文化体系中的内核,校园体育精神文化属于"深层文化",内隐性特征突出。校园体育精神文化体系的建设应重点从体育观念、体育风尚、体育道德、体育理想等几方面展开。

(一)体育观念

引导学生树立正确的体育观念,使学生能够更加全面地认识体育和体育精神,从而积极参与体育活动。

(二)体育风尚

鼓励学生经常参与体育锻炼,养成良好的阅读体育报刊、观看体育比赛、参与体育活动的习惯,从而促进校园体育风尚的形成。校园体育风尚一旦形成,就会相对稳定地保留下去。

(三)体育道德

鼓励学生发扬体育精神,对学生良好的体育道德品质进行培养,为校园体育精神文化体系的建设奠定良好的道德基础。

(四)体育理想

对于学生的体育理想与学校体育教学内容之间的矛盾,教师应进行巧妙的解决,满足学生对体育健身及学习其他方面知识的需求。

校园体育精神文化能够发挥持久的作用,能够对每个体育文化主体产生积极的深刻的影响,因此要将这一文化的建设工作全面重视起来。

三、校园体育制度文化体系建设

校园体育文化体系的建设离不开合理完善的体育管理机制和健全规范的体育规章制度,这是具有约束性与强制性的强有力的保障。要想顺利开展校园体育文化活动,就要先构建科学规范的校园体育文化管理体系,促进各类体育制度的完善,对体育管理模式进行改革,使体育管理质量不断提高。工会、体育运动协会、体育社团应充分发挥自身的作用，对适合本校的管理环境进行创设，以此来推动校园体育制度文化的发展，具体可以从以下几方面来着手。

(一)建立校园体育文化组织管理机构

组织与管理校园体育文化活动，首先需要对专门的组织管理机构进行设立，这些组织机构要充分发挥自身的作用，对学校的体育资源进行优化整合，促进校园体育文化的协调统一和持续发展。校园体育文化建设的专门机构每学年都要统计各系院、部门、体育协会(社团)在本学年计划组织的体育文化活动，并对这些即将举办的活动进行整体的规划与统筹，具体从活动举办时间、活动规模、活动场地、活动宣传等方面着手进行，在此基础上对校园年度体育文化活动方案进行制定，然后明确各部门、系院、社团的职责。

(二)制定完善的群体工作管理规章制度

构建校园体育制度文化体系还要对群体工作管理规章制度进行制定与完善，对群体工作的范围和内容加以明确。当前，我国很多高校都没有设立专门的管理机构来负责群体工作的管理，所以在规划、组织及管理群体工作方面问题重重，漏洞百出，这就对校园体育文化的发展造成了严重的制约。基于此，体育部门应成立群体办公室，将学校群众体育活动的组织、宣传和管理工作全面开展起来，推动群体工作的有序进行。

(三)对体育社团进行规范化管理

我国一些高校中的体育社团虽然成立已久，但是长期都没有一个规范完善的管理制度，对具体的管理模式也没有进行构建，一直都在摸索中开展社团活动，这就导致社团工作缺乏计划性、前瞻性和规范性。对此，高校的体育社团应在"请进来，走出去"思想的指导下学习其他高校的社团管理经验，并对适合本校的体育社团发展模式进行构建，从而充分发挥体育社团的功能。

四、校园体育行为文化体系建设

构建校园体育行为文化体系关键是要不断促进学生参与体育运动的热情和积极性的提高，营造良好的校园体育文化氛围，对多种形式的体育活动进行举办，对大型且具有广泛影响力的体育文化节进行组织，大力举办校内外体育交流活动，这些都是推动校园体育行为文化体系发展的关键举措，具体策略分析如下。

（一）对校内各体育活动资源进行有机整合

当前，我国各校开展的规模比较大的体育活动主要有田径运动会、学生体育联赛（球类项目）、教工体育联赛（球类项目及其他项目）等。这些活动在规模、形式、内容等方面具有明显的差异，而且在活动举办期间，各部门之间的沟通很少，合作力度较弱，甚至有些比赛在时间上发生了冲突，而且受场地、资金等因素的限制，活动规模受限，影响力自然也就会减弱，这样导致的结果就是虽然耗费了大量体育资源，但是预期的活动效果和校园体育文化建设效果却没有实现。

基于以上这些问题，学校体育部门应加强对体育活动尤其是体育赛事活动的统筹规划，尽可能在每学年举办一次大型的体育文化节，在举办过程中，做好宣传与动员工作，加强各部门之间的沟通与协作。这不但能够使广大师生多种多样的体育需求得到满足，同时还有利于体育文化的弘扬和学校特色体育传统文化的发展。

具体来说，学校可以通过以下几种路径整合体育活动资源。

1.建立课余体育俱乐部

体育俱乐部是校园中的重要体育组织，学生参与俱乐部是自愿的，参与目的以健身和娱乐为主。课余体育俱乐部的建立有利于对学生的体育学习兴趣和体育锻炼积极性进行激发；能够使学校体育场馆和设施的利用率不断提高。此外，体育俱乐部具有强大的凝聚力，拥有共同目的的学生参与到俱乐部中，相互沟通与交流，相互帮助与学习，从而建立了深厚的友谊，提高了社交能力。学生积极参与体育俱乐部举办的活动有利于促进体育活动能力的提高，能够为其终身体育行为习惯的形成奠定基础。

2.建立专业体育运动队

作为课外体育活动的一个重要组织形式，专业体育运动队能够为那些拥有体育特长的学生提供良好的展示自我的平台。学校体育运动队的发展一定程度上代表了学校精神文明建设的水平，组建运动队、提高运动队的实力有助于促进学校知名度的提升。学校专业体育运动队还可以产生强大的凝聚力，能够对全校师生构成吸引，使其关注体育运动，并参与到体育赛事活动的讨论中。此外，体育运动队的建设还能够促进学校体育影响力的不断扩大。

3.开展体育文化节

体育文化节是一种比较特殊的课外体育活动形式,其基本内容是体育与健康,主体是全校师生,这一活动形式将竞技体育、健身体育、娱乐体育有机地融合在一起,丰富了校园体育活动的内涵。开展体育文化节能够为学生参加体育活动提供良好的机会,也可以使学生有更大的空间选择活动内容和形式。体育文化节具有知识性、教育性、健身性、娱乐性等特征,因而可以促进学生体育知识的丰富,体育学习兴趣的提高,能够使学生通过参与体育文化节的相关活动达到强身健体、娱乐休闲的目的。

(二)深入改革体育教学课程

对学校体育教学课程进行深入改革也是构建校园体育行为文化的重要策略之一,具体从以下几个方面来着手进行。

1.有针对性地设置课程

针对不同的专业对不同的详细的教学大纲、教学计划及培养方案进行制定,如果学校所有专业都采用一套教学大纲来开展体育教学工作,那么学生的专业技能将难以取得有效的提高。例如,针对美术类、历史类需要写生和野外勘探的专业可以对野外生存训练、定向运动等课程进行设置;针对飞行技术专业可以对运动损伤与防护、擒拿格斗等课程进行设置。[①]

2.增加课时,丰富教学内容

受教学资源、教学场地等因素的影响,现阶段我国高校中一般只在大学一、二、三年级开设体育课,而且每学期体育课时较少,这就导致学生的体育学习需求难以得到满足。基于此,高校应根据本校的实际情况适当增设体育课程,增加体育课时,丰富体育教学内容,大力开展学生感兴趣的新兴运动项目,从而满足学生的需求,提高学生学习体育知识和参与体育活动的积极性。

学校在选择教学内容时,要以学生的特点和实际情况为出发点,选择的内容要与学生身心特点相符,是学生容易接受的内容,那些对运动技能要求过高,学生很难掌握的内容不适合作为体育教学内容。此外,体育理论课的比重应适当增加,在理论课教学中增加有关身体锻炼常识、锻炼方法、运动损伤处理、运动营养等方面的理论内容,以丰富学生的体育知识。同时,对

---

① 刘亭.滨州学院校园体育文化建设路径的研究[D].山东体育学院,2014.

体育欣赏课程也应该进行专门的设置,该课程以学生的内心体验为特征,以欣赏者的视听为主要手段,旨在使学生对体育的真谛有所感悟,并获得精神上的满足与愉悦。在理论课教学中还可以贯穿爱国主义、集体主义等方面的教育,从而引导学生树立正确的价值观和体育观。

3. 完善体育教学评价机制,注重培养学生的综合体育素质

在校园体育文化教育中,应积极促进体育课程评价机制的完善,在评价中不要一味强调学生对运动技能的掌握情况,而对学生的体育综合能力不予关注,要全面综合地实施评价。

(1)在评价内容上,不仅要对学生的体育基础知识、基本技能掌握情况进行评价,还应对学生在体育参与过程中的体育态度、体育表现进行评价。

(2)在选用评价方法时,要将过程性评价和终结性评价结合起来。

(3)在完成评价工作后,不仅要嘉奖对体育基本知识掌握良好、技能表现优异的学生,还要表扬那些进步明显、表现出良好体育精神的学生,从而对学生参与校园体育文化活动进行有力的鼓励与激励,最终通过培养学生的综合体育素质来对学生终身体育意识和行为习惯进行培养。

五、校园体育信息文化体系建设

加强校园体育信息文化体系建设主要是为了向学生提供获取体育知识与信息,参与体育文化活动的渠道及平台。体育课堂教学、系院学生会的宣传发动、体育社团活动是学生获取体育信息和参与体育活动的三种传统渠道。这三种渠道中,第一种与体育教师密切相关,需要体育教师言传身教,第二种和第三种则与学校或系院的学生工作者密切相关,尤其是与院系社团的学生会主席、辅导员相关,他们是院系体育文化活动的重要组织者,也是指导与管理社团活动的主要人员。他们的体育观念、体育文化认知水平会对体育文化活动的宣传与开展效果、体育文化氛围的营造等造成直接的影响,进而对校园体育信息文化体系的构建造成巨大的影响,因此要加强对这些重要人员的培养,引导其树立正确的体育观念,提高其体育认知度和体育活动的组织管理能力。

此外,建设校园体育文化体系还需要加强对校园体育文化的宣传,只有形成舆论,营造出浓郁的体育文化氛围,才能积极影响师生的观念和行为,才能对校园体育文化体系的建设产生推动作用。校园体育信息文化体系的建设策略具体有以下几种。

(一)开设体育理论选修课,举办体育讲座

体育理论选修课、体育知识讲座、体育报告会是学生获取体育信息的重要渠道。简单的体育健康知识和体育运动理论难以满足学生对体育知识的需求,所以学校可以通过开设选修课、举办体育讲座和体育报告会等形式来弥补传统渠道的不足,使学生对体育运动有更全面的了解,能够对国内外体育热点和动态及时加以掌握。向学生介绍体育明星轶志、体育趣闻、运动减肥和科学饮食等知识能够满足学生求新的心理需求。

(二)为学生获取体育信息提供更多的渠道

学校可以通过设计体育文化报、体育文化杂志、体育海报等途径来对体育文化活动进行宣传,使学生全面了解本校校园体育文化活动。报纸、杂事、海报上的内容可以是通知公告、体育报道,也可以是赛事通讯等,这样学生在耳濡目染中就会了解更多的体育文化知识,获取更多的体育动态,从而进一步产生参与体育学习与锻炼的激情。只有提高了学生的热情和积极性,才能使校园体育文化氛围变得更加浓郁。

(三)加强对校园网络这一信息载体的充分运用

在当今,学校师生的工作、学习以及生活都已经离不开网络文化了,师生获取和掌握的体育知识与信息中,有很大一部分是通过网络途径实现的,对此,学校应对体育运动协会的网站系统进行设计与完善,并及时更新系统中的内容,使学生通过该系统能够对最新、最前沿的体育信息加以了解,同时在网络系统中还可以对讨论专区或论坛进行设立,加强与学生的互动,了解学生的需求,从而进一步改进网络系统,满足学生需求。

(四)辅导员充分发挥自己的作用

在建设校园体育信息文化体系的过程中,学生工作从业者、辅导员所发挥的作用是不容忽视的。学校院系的体育文化活动一般都是由这些人员组织的,社团活动通常也由他们组织和管理,所以要加强对这些人员的培养,从而使其能够在校园体育文化体系的建设中充分发挥自身的作用。

此外,在学校日常管理和开展校园文化活动的过程中,应将校园体育文化的独特魅力、优势与功能充分发挥出来,通过体育文化活动的开展加强对学生的思想教育。通过构建学校思想教育的网络和渠道来科学引导学生的日常体育行为,这不仅可以促进学校思想政治教育工作的开展,而且能够拓展体育信息文化建设的渠道和平台,并使原有的渠道更加畅通。借助这些

渠道和平台,可以陶冶学生的情操,培养学生的坚强意志品质,促进学生心灵的净化和人格的升华,从而为学生的全面均衡发展奠定基础。

第四节　构建高校校园体育文化新体系的理论与思考

我们在谈到构建校园体育文化体系的策略时,普遍会提到加大体育场地设施的建设力度、增加资金投入、建设优秀的体育师资队伍等,这些显然都是必不可少的。但仅仅实施这些策略是不够的,因为校园体育文化体系的建设是一项非常庞大且复杂的系统工程,几乎体育工作的各个领域都会涉及其中。所以,要站在辩证的战略高度和角度来对高校校园体育文化体系建设的计划进行综合设计,采取新的对策与路径来保障校园体育文化体系建设工作的顺利实施和良好建设效果的取得,具体从以下几方面来进行探讨。

一、立足服务于人才培养模式的目标

高校的总目标是高校确立教育理念和构建培养模式时重点参考的核心,也就是说,不管树立何种教育理念,或者构建什么样的培养模式,都要为总目标的实现而服务。创新与精英教育是高校教育的本质,也是高校教育理念和人才培养模式的共同特点。之所以要实施创新与精英教育,主要是为了培养能够更加适应社会发展需要的人才,同时也是为了推动校园体育文化的发展。当前,高校校园体育文化还不是很成熟,所以对校园体育文化体系新内涵的界定和新体系的构建要给予特别的重视,具体可以从以下几方面来努力。

(一)在高校体育发展的长远目标与规划中纳入校园体育文化建设的内容

建设高校校园体育文化体系,不仅要注重促进学生课余文化生活的丰富,还要在高校的长远发展规划中纳入校园体育活动的发展计划,从而有目标、有计划地开展校园体育文化体系建设工作。

(二)学校领导高度关注校园体育文化体系的构建

体育教学部门是高校中的一个重要执行部门,仅仅发挥这个部门的作用,是很难顺利完成校园体育文化体系构建工作的,所以还必须争取校领导的认同和支持。校领导要对校园体育文化建设的重要性有一个充分的认识,将高校作为体育文化建设的主要阵地,使校园体育文化充分发挥自身的教育功能、服务功能,从而为体育文化的繁荣发展做出贡献。

(三)在校园体育文化建设中突出人文素质的教育意义

培养学生的体育人文素质是建设校园体育精神文化的深层要求。在构建校园体育文化体系的过程中,投入大量的物力、人力和财力等资源,对场馆器械等硬件设施进行改善等都是必要手段,但仅仅依靠这些是不够的,因为这涉及的主要是校园体育文化中的表层现象,而没有涉及更深层次的内容。所以高校应加大体育文化宣传力度和体育人文素质教育力度,积极促进大学生体育文化素养的提高,为校园体育文化的长远发展奠定扎实的基础。

二、在传统基础上进行创新,对特色校园体育文化体系进行构建

现阶段,随着高校校园体育文化的不断深入发展,校园体育文化体系的建设已经受到了很多高校的重视,这从高校体育赛事的火热举办中就能够看出来,如 CUBA、飞利浦大学生足球联赛等。不同高校的体育文化环境及氛围不同,体育文化传统和举办的体育活动也不同,而且普遍都形成了自己的特色,如东北高校的体育特色项目是冰雪项目,因此主要依托冰雪文化来推动校园体育文化的发展;跳水项目是清华大学的传统优势项目,篮球项目是华侨大学等学校的传统优势项目,高校普遍利用自己的传统优势项目来营造体育文化氛围,创建体育文化环境。此外,各高校也积极开展新兴体育项目,在体育课程规划中加入了一些体验类课程,如高尔夫、马术、野外生存、拓展训练等,以此来彰显本校及本校所在地区的体育特色,同时激发学生的学习兴趣与积极性。与此同时,高校在依托传统优势项目发展传统体育文化的过程中还要对新的体育文化进行开发,从而形成独特的与其他高校相区别的特色体育文化,进而构建独具特色的高校校园体育文化体系。

三、将高校文化的优势充分利用起来,促进综合发展

与社会主导文化相比而言,校园文化属于一种亚文化,其教育功能很突出,所以能够得到不断的发展与繁荣。一所高校体育文化的发展会从很大程度上受到该校校园文化发展水平的影响,而且这种影响是深层次的,是双

重的,既能够推动校园体育文化的发展,又会制约校园体育文化的发展,至于发挥哪方面的作用,就要看校园体育文化本身的发展水平如何了。所以,发展校园文化是构建高校校园体育文化体系的基础条件,将高校校园文化的优势充分利用起来,能够推动高校校园体育文化体系构建成果的提高。

四、加强高校体育与社区体育、竞技体育的衔接

(一)高校体育与社区体育的融合

高校校园体育文化是比较开放的,不管是在内容上,还是在形式上,都是如此,所以在构建高校校园体育文化体系时,也应该采用开放式的模式来进行构建,这就需要加强与竞技体育和社区体育的融合与衔接,实现资源共享与优势互补。如果可以结合社区体育来构建高校校园体育文化体系,充分利用社区体育资源,求同存异,优势互补,就能够取得良好的构建效果,同时也可以推动社会体育的进一步发展,这样就实现了双赢的目的。

(二)高校体育与竞技体育的融合

当前,我国各高校引进的奥运竞技体育项目越来越多,高校开展高水平的竞技运动已经成为发展高校体育文化的一种战略模式,在这一背景下,大学生运动员越来越多,而且运动员的竞技水平也在不断提高,如中国体操队、中国跳水队等运动队中的运动员很多都是来自高校的高水平运动员。

此外,国家队运动员为了提高自己的理论修养,丰富自己的知识,也逐渐开始走进高校,这就进一步刺激了校园体育文化的发展,也促进了竞技运动在高校的发展,这有力地推动了高校校园体育文化体系构建速度的加快和质量的提高。

五、加强大学城校园体育文化体系的建设

(一)明确大学城校园体育文化体系建设的指导思想

独立共享、优势互补、面向师生、服务体育文化建设是大学城高校校园体育文化建设的指导思想,在这一思想的指导下,各高校应在保持相对独立的基础上构建各自的校园体育文化,形成具有特色的校园体育文化体系,而各高校校园体育文化在长期体育教育实践中形成的特色、优势及体育资源则是大学城各高校可以共享的资源,大学城各高校之间应努力促进校园体

育文化的优势互补,优化配置高等教育资源,通过优势互补和资源共享促进各校校园体育文化体系的发展与完善。①

此外,各高校还应面向大学城的师生,对科学合理、和谐浓郁的高校校园体育文化氛围进行营造,努力使大学城师生的体育需求得到最大化的满足,让大学城内的师生能够从体育中获得快乐,进而通过校园体育文化的教育功能来对更多的德、智、体全面发展的人才进行培养,使其更好地为我国体育文化的建设与发展服务。

(二)确立大学城校园体育文化建设的目标

"以校兴城,以城促校,校城融合,形成整体,共同发展"是大学生校园体育文化建设与发展的目标,②下面来具体解析这一目标。

高校是大学城的核心机构,大学城文化发展的载体和源泉主要是高校的校园文化。整个大学城的文化建设会受到大学城各高校校园文化建设水平的影响,高校校园体育文化建设是推动高校校园文化发展的重要路径。所以,各高校对有关政策的要求要积极配合与遵守,对校园体育文化建设的主要任务要认真落实,同时还要加大内部宣传和引导力度,促进各高校在校园体育文化建设方面认识的统一,提高各高校的体育觉悟,使各高校都认识到自己在大学城体育文化发展中所肩负的责任与义务,从而激发其使命感。同时,各高校也要加强沟通与合作,并树立强烈的参与意识,注重经验的积累和创新能力的提高,对本校具有特色的体育文化形式及其内涵进行大力挖掘,为大学城整体体育氛围的形成做出自己的贡献,并积极推广和传播这种文化氛围。

各高校在构建校园体育文化体系中所设置的目标是不同的,所以在对大学城发展目标进行制定时,应该加强对各高校的统筹规划与合理安排,有效解决矛盾与冲突,最大化地实现协调发展。各个高校要对自身在大学城中的位置有所明确,在保持自身特色的基础上以大学城总体发展目标为依据对自身的发展目标进行适度的调整,力求协调发展目标的实现。

随着大学城各高校校园体育文化建设工作的不断开展,大学城的发展速度有了很明显的提高,这时就需要对大学城体育联盟组织进行设立,对有关体育资源使用与管理的规章制度进行制定,使资源共享能够在制度的保障下成为现实,使资源的配置更加合理与协调。针对重要的合作事宜,还要做专门的决策,要努力将校际壁垒打破,使各高校以协商的方式对体育资源

---

① 尹干闽.福州大学城高校校园体育文化构建研究[D].福建师范大学,2014.
② 同上.

开发、利用、管理等问题进行解决与处理,更进一步地实现体育资源。这样对大学城各高校校园体育文化体系的建设及完善有很重要的作用。

(三)突出大学城整体观

构建大学生校园体育文化体系的建设需要对大学城的定位进行明确,使大学城各高校达成大学城整体观的共识。各高校应从战略发展的角度出发对自身与大学城的关系进行考虑与明确,大学城是由一所所高校共同组成的一个整体,其建设的效果会受到其中任何一所高校的影响,它的发展需要各个高校的努力付出与奉献。所以,各个高校要明确自身的职责与使命,争取通过自己的努力促进大学城体育文化的发展与繁荣。

第九章　多元文化背景下学校体育文化建设与发展的案例

体育文化具有多元属性,不同的体育文化对学生、教育、整个社会的发展具有不同的作用。在学校体育教学中,应重视通过多类型体育运动项目课程的开展,传播多元体育文化,完善学校体育文化体系内容,同时促进学生在多元体育文化教育价值的影响下实现自身的全面健康发展。本章主要就学校主干体育项目课程的建设与教学进行系统分析,以为学校多元体育运动知识与技能的传播提供科学理论与实践指导。

第一节　学校田径课程建设

一、学校田径课程建设思路与发展对策

(一)田径课程价值开发

田径运动课程是学校体育最早设置的体育课程之一,长期以来,田径运动课程教育目标主要集中在学生田径技能发展方面,在当前新课程改革指导与素质教育的推进背景下,应大力开发田径运动课程的健身、生存发展、个性培养等多元价值。

针对田径课程的建设与发展,当前,许多学者主要针对田径课程的教育思想、课程目标、课程体系等方面进行了研究,并提出了建设性的意见、建议和指导措施。田径课程建设的新思路与发展对策研究主要集中于全面发展人的体育意识、体育能力、健康行为和健身习惯等领域,如多元化、综合性、多层次的培养思想;重新构建课程体系的设想。这些较为前沿的田径课程建设与思想在田径课程实践中得到了有益尝试,并取得了不错的效果,为新时期构建集竞技、健身、娱乐为一体的田径课程提供了思想指导。

现阶段,在新的田径课程建设思想指导下,田径课程的外延已经扩大成

田径类课程,彻底打破了传统的田径竞技课程教学体系,拓宽了田径课程的内涵,有利于最大限度地发挥田径课程的多元教育价值。

(二)田径课程教学内容改革

传统的田径课程教学过于强调田径项目的技术性和竞争性,在一定程度上忽视了学生跑、跳、投基本能力和综合素质的发展,这种情况下的田径课程教学内容单一、方法枯燥,学生学习兴趣并不高,也不可能实现田径课程教学的良好教学效果。

当前,在新的课程的改革方针指导下,优化高校田径课程体系,必须从课程内容的丰富上下功夫,应将改革重点放在田径运动项目的拓展上。在高校田径课程改革中,改革传统的项目设置比例,弱化田径教学的竞技性,重视拓展集体娱乐项目,在田径课程体系中融入健身性、娱乐性内容。

田径课程教学内容改革,尤其要注意与学习田径运动素材特征的充分结合,进行有针对性的加工,如将长跑与户外越野相结合,深度挖掘和发挥田径课程教学的多元教育功能。

(三)田径课程教学过程优化

田径课程教学过程的优化是改善田径教学效果、提高田径教学质量的重要和有效途径。当前,在新课程改革下,田径运动课程建设必须从优化教学过程入手,通过科学设计教学过程,提高学生学习田径和参与田径的积极性与主动性,具体来说,应科学把握田径课程教学体系各个要素,合理安排。

首先,注重增加田径课程教学的趣味性。对田径竞技项目中不适用学生年龄阶段的技术、技能、体能等应予以改造,以激发学生的学习兴趣。

其次,重视提高田径课程教学的适用性。田径课程教学应最终落实到对学生的终身体育能力的培养方面,在田径课程教学中,注重教学内容、教学方法、教学模式的科学设计,使整个田径教学加强与社会和生活的联系。例如,可以创新田径课程教学模式与方法,充分利用我国地域广阔,地貌多样,季节气候多变的特点,组织学生进行爬山、远足、郊游等活动,让大学生充分亲近自然,在怡神怡情中喜欢上田径运动。

(四)建设与完善田径精品课程

当前,我国学校精品体育课程建设已经陆续在各大体育院校和高校展开,现阶段,就田径精品课程健身来说,据统计,我国有田径精品课程包括国家级(2门)、省级(14门)、校级(门)三个层次,共23门。从课程结构来看,国家级精品课程较少;从课程教学团队来看,负责教师主要集中在中老年年龄阶段,教师职称类型主要为副教授,青年教师较少,教师级别还有进一步提高的空间,课程建设团队还需要进一步的完善。[①]

二、典型田径运动项目课程内容教学

(一)中长跑

1.起跑

起跑是指运动者从静止到起动的过程,产生向前冲力、用最短时间脱离静止状态。

一般来说,起跑有两种姿势,学生可以半蹲进行起跑,也可以进行站立起跑,日常田径中长跑训练,多采用站立式起跑。

半蹲起跑时,两只手支撑地面,后膝跪地,将两只手支撑地面,将两臂充分伸直,两手之间的距离大于肩部的宽度,起跑时,快速完成屈膝动作并朝前上方摆出,摆动腿快速着地,前腿用最大力量完成蹬伸动作(图 9-1)。

站立起跑时,两脚前后开立,左右相距约 15～20 厘米,两腿弯曲,上体前倾。起跑时,两脚用力蹬地,后腿迅速前摆,两臂配合进行快而有力地摆动,快速跑出(图 9-2)。

图 9-1　　　　　图 9-2

2.途中跑

对于学生的中长跑健身与运动训练来说,途中跑阶段占有重要位置,是学生获取良好锻炼效果的过程。掌握途中跑技术对健身与训练效果的提高具有重要的影响作用。

学生在途中跑过程中,首先应注意充分的后蹬。具体来说,后蹬动作技术要点是缩短时间、积极主动、按照先后顺序伸展髋关节、膝关节、踝关节,

---

① 于奎龙.我国高校田径精品课程建设现状研究[J].宝鸡文理学院学报,2016,36(6).

通常后蹬角度大约是 55°。在支撑腿完成后蹬动作时,摆动腿尽可能放松小腿,并完成前摆动作。

当支撑腿蹬离地面后,人体进入腾空阶段,此时应注意放松,促使小腿往大腿折叠,屈膝,大腿和小腿完成折叠动作。

摆动腿完成前摆后,伸膝,前脚掌着地点应在身体重心投影点前大约一脚至一脚半处。着地后,稍屈膝,全脚掌着地缓冲。与长跑下落着地相比,中跑下落着地动作需要更加主动。

整个中长跑过程中,上体应处于垂直或稍前倾状态,两手半握拳,跟随脚步自然摆动手臂,肩部尽可能放松,充分享受整个跑的过程。

3.冲刺跑

日常跑步健身不存在冲刺跑,当然,学生也可以在跑步结束时提升跑速完成跑步里程,但这对跑步技术要求不高。

对于中长跑竞技来说,冲刺跑是一个重要的技术学练内容,要求学生在临近终点时进行冲刺跑,也称终点跑。冲刺跑时,应充分调动自身信念,不断增加摆臂速度,腿部积极蹬摆。一般来说,800 米、1 500 米、3 000 米进行冲刺跑应分别距终点线 300 米、400 米、400 米或更长距离。冲刺跑时要注意占据有利位置,尽全力跑向终点。

4.跑步结束

学生在参加中长跑健身练习或运动训练后的即刻,不要立刻停下,应放松持续再跑一段距离,或进行原地踏步放松练习,使身体慢慢恢复到静止状态,这对于学生的身体健康和运动后积极恢复是十分有利的。

中长跑具有良好的健身、健心价值,教师也可以通过组织学生参与各种跑的游戏来促进学生的身心全面发展。

(二)跳远、跳高

1.跳远

(1)助跑:跳远的助跑主要有两种形式,一是静止状态下的助跑,两脚平行站立,两腿微屈,呈"半蹲式"姿势;或两腿前后分立,呈"站立式"姿势。二是走跳相结合的助跑,通过设定标志点(或线)进行走跳加速,到标志点(或线)起跑。助跑的最后几步,应加快步频,形成快节奏的起跳。

(2)起跳:助跑最后一步,摆动腿的脚着地后,起跳腿前伸,与地面呈65°~70°夹角,起跳脚与身体重心投影点约 30~40 厘米,重心放在支撑点后。

（3）腾空：起跳后，身体进入腾空状态，为了延长起跳后的空中移动距离，可以结合自己的运动基础和素质基础选择不同的腾空技术。主要有蹲踞式、挺身式和走步式三种（图9-3、图9-4、图9-5）。

图 9-3

图 9-4

图 9-5

（4）落地：对于跳远专项运动员来讲，正确的落地技术有利于提高运动成绩，对于跳远健身来说，合理的落地能有效避免和防止运动损伤。具体来说,在完成腾空动作后,大腿应尽可能靠近胸部,小腿自然前伸,两臂后摆,脚跟触地的瞬间应迅速屈膝缓冲,同时两臂前摆,身体前倾或侧倒。

2.跳高

(1)助跑:跳高助跑不是直线助跑,跑的轨迹是一条弧线。一般来说,多用8~12步完成助跑,过长距离的助跑会消耗大量能量,不利于接下来的身体腾空供能。助跑过程中,前段跑的弧度较小,充分发挥速度,后段跑弧度较大,便于为之后的起跳发力,整个助跑要保持一定的节奏。

(2)起跳:对于有标志杆的起跳,应准确判断杆的高度,起跳时,起跳脚顺弧线的切线方向跳起,全脚掌蹬地发力,积极向上摆臂、提摆动腿,身体与地面保持垂直。当身体重心移至起跳点上方时,起跳腿迅速有力蹬伸、提肩、提髋(图9-6)。

图 9-6

(3)过杆:跳高前应选择合理的过杆技术,以背越式过杆技术方法为例,起跳时摆动腿屈膝向异侧肩前上积极摆动身体背向横杆腾越。过杆时,两肩迅速后倒,展髋、放松小腿、自然屈膝,身体呈反弓形(图9-7)。

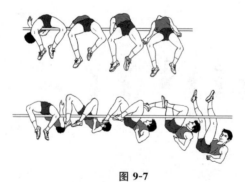

图 9-7

日常进行田径跳的健身训练和练习时,学生还可以通过快速举腿、跳深、间隔跳、负重跳、连续兔跳或青蛙跳、跳上高架、跳台阶、跳起摸高等来提高自己的弹跳素质和能力。

第二节　学校球类运动课程建设

一、学校球类课程建设思路与发展对策

(一)强调球类课程的文化属性

球类运动具有丰富的文化内涵,从当前我国学校体育文化建设现状来看,球类运动已经在学校内部自发形成了学校体育文化的主要内容和学校文化建设的重要部分,当前,进一步优化球类课程建设、发展校园球类文化,主要的任务是促进球类运动文化在学校文化中的存在与发展更具自觉性和有效性。[①]

重视球类课程文化内涵解析,并以此来提高学生的体育文化素养具有重要意义。具体来说,在球类课程教学中,应增加球类运动理论课的教学比例,使学生对球类运动的起源和发展有所了解,对其竞技性、基础性、健身性等文化特点有清楚的认识,并充分认识到球类运动学习与参与的重要价值,使学生充分了解坚持球类运动终身体育锻炼对以后生活、学习、工作和适应社会的重要意义,全面提高大学生的体育文化素养。

(二)提高学生的球类参与意识

球类运动在体育运动中具有重要地位,而且球类课程是一门内容丰富、形式灵活、趣味性强的体育课程,是学校体育课程融入学校体育文化建设的最佳突破口。[②] 在球类课程建设中,教师应重视通过球类课程教学,引导学生关注球类运动,培养学生的球类运动参与意识。学生对球类课程与活动的积极参与是其了解球类文化、参与学校体育文化建设的重要前提。

球类课程教学组织与实施过程中,教师应重视学生球类运动兴趣和热情的培养,通过球类运动基本理论知识、文化背景、运动保健与卫生知识、运

---

① 任莲香,彭志辉.球类活动课程与校园文化建设[J].天水师范学院学报,2007, 27(5).

② 任莲香,张学忠.球类课程改革与校园文化融合共建模式[J].西北师范大学学报,2003,39(4).

动技能等的传授,使大学生更自觉地保持健康、完善自我发展,并使学生能将这种精神和文化带到日常生活中去。

学生球类运动参与意识的培养过程中,意识的传播工具和方式是关键因素,教师应充分利用校园媒体,增加信息传播的及时性与广泛性。同时,教师应有意识地为学生提供良好的机会来感受与体验球类运动乐趣。

(三)加强球类课程与德育、智育、美育的结合与渗透

学校球类文化是学校体育文化的重要组成部分。学校球类文化对学生的全面发展具有重要的促进作用。

首先,球类运动参与面广、竞争激烈,对参与者的体育精神,如拼搏、协作、竞争等具有重要的唤醒价值,长期参与球类运动能在提高学生体质的基础上丰富学生的精神领域,让学生学会竞争、学会合作、学会交往、学会适应,有助于学生建立良好的心态和良好品行的养成,有助于完善学生的人格素养。

其次,球类运动涉及知识面广,不仅包括运动学、心理学、生物化学、运动医学等体育学科相关知识,还涉及历史、社会、人文等知识。因此,在球类运动教学中,应通过球类课程的开设将这些丰富的知识广泛渗透到学生头脑中去,丰富学生的知识体系与思维体系。

最后,球类课程与美育具有天然的联系。包括球类运动文化在内的学校体育文化建设与艺术可以实现完美的结合,这种结合具有高度的亲和力与广泛的适应性,在球类教学实践中,将球类课程融入学校美育活动具有广泛的操作空间,如举办内容丰富多彩的文化节、举办球类摄影大赛、举办球类艺术讲座、组织观赏 NBA、CBA、世界杯经典赛事等,可以有效提高学生的体育审美,丰富学生的精神世界。

二、典型球类运动项目课程内容教学

(一)足球

足球是我国学校体育重点球类运动课程之一,也是当前我国重点发展的体育运动项目之一,在国家将发展足球纳入国家体育发展战略的大背景下,一些地区已经将校园足球纳入学校升学考核中。

1.足球技术教学

（1）颠球技术

通过颠球练习能提高学生的球感，增加学生的足球参与兴趣，为足球其他技术的学习奠定良好的基础。足球比赛规定，以下几个部位的颠球都属于合法颠球。

①大腿颠球：可单腿颠球，也可双腿交替颠球。颠球时，腿抬到与髋关节齐平的高度，上下颠动足球。

②脚内侧颠球：重心放在支撑脚上，微屈膝，用脚内侧向上击球。

③正脚背颠球：重心放在支撑脚上，摆腿，向前上方用脚背击球。

④头部颠球：双脚分离，屈膝下蹲，用前额以适当的力度连续顶球下方。

（2）踢球技术

①脚内侧踢球。

右脚脚内侧踢定位球：助跑，右脚脚尖正对目标方向，近球后，翘起右脚尖，脚掌平行于地面，以右脚内侧踢球（图9-8）。

右脚脚内侧踢空中球：快速移动到位，抬右腿并向后摆动小腿，以脚内侧踢球的中部。

图 9-8

②脚背内侧踢球。

左脚脚背内侧踢定位球：斜线助跑，稍屈右膝，右脚尖对准目标方向，左侧小腿积极前摆，绷直脚面，左脚尖指向斜下方向，以脚背内侧踢球的后中部（图9-9）。

右脚脚背内侧削踢定位球：右腿屈膝，小腿前摆，脚尖对准球，以脚背内侧踢球的后中部。

图 9-9

③脚背正面踢球。以下均以右脚为例。

脚背正面踢定位球：直线助跑，屈右膝，右腿后摆，接近球时，右小腿爆发式前摆，以脚背正面踢球后中部。然后身体继续前移，直至重心稳定，身体平衡（图 9-10）。

图 9-10

脚背正面踢反弹球：身体正对反弹球的方向，球落地后，右腿快速前摆，以右脚脚背正面踢球中部（图 9-11）。

图 9-11　　　　　　　　　　　　　图 9-12

脚背正面踢倒勾球：快速移动到位，左膝微屈，上体后仰，右腿向上方摆，当球临近时，以右脚脚背正面踢球后部，将球踢向身后（图 9-12）。

搓击球：脚插入球下部触球的刹那，右脚背屈，右小腿急速向下提摆，使球回旋（图 9-13）。

图 9-13

（3）传球技术

传球技术是足球的基础技术，是运动者参与足球运动的重要基础，所有技战术的实施都离不开传球技术。传球时，发力要突然，动作应尽可能快，传球前注意观察场上球员的站位和移动情况。

（4）接球技术

以下均以右脚接球为例。

①脚背正面接球。左脚支撑体重，右脚上抬接球，脚背触球后右腿收回（图 9-14）。

图 9-14

②脚内侧接球。

脚内侧接地滚球时，屈右膝，右脚稍抬离地面，触球后右脚着地，并稍向上提，使球向身体侧对方向缓缓滚进（图 9-15）。

脚内侧接反弹球时，抬右脚，右脚内侧触球的同时稍下压，使球落在脚前（图 9-16）。

图 9-15   图 9-16

③胸部接球。

挺胸接球时,屈膝后仰;胸部触球时,挺胸抬脚跟,使球落在胸部(图 9-17)。

收胸接球时,挺胸迎球,胸部触球瞬间,收胸扣压球,使球从胸前落到脚下(图 9-18)。

图 9-17   图 9-18

(5)运球技术

以运球过人为例,当对手来阻截时,应逼近对手,下移重心,用假动作诱引对方移动,然后迅速摆脱防守者后向目标方向移动。

2.足球战术教学

(1)跑位

在足球运动中,运动员应积极跑位,一方面牵制对方,另一方面及时接应本方控球队员。接球后及时展开进攻。

(2)接应

接应是足球赛场上与同伴进行配合的重要基础,是进攻战术继续推进的前提,接应前,应仔细判断场上形势,了解对手的打法和技术特点,接应时,可用手势、口号与同伴取得简短的联系,以保证球接应的成功率。

（3）盯人

无论是进攻队员还是防守队员,在无球情况下,都要紧盯对方对手,以限制对方攻防战术的实施。对于防守队员来说,应紧盯自己区域或者自己所对应的进攻队员,要对进攻队员严密的控制并限制其进攻活动,仔细观察对方的一举一动,及时采取措施封堵、断球、抢球。

（4）断球

断球前,选择正确站位,积极移动。断球时,紧逼对手,准确判断对方的传球意图和路线,在对方出脚传的一瞬间,快速行动,先于对方出脚将球拦截。

（5）射门

射门是运动员场上一切行动的最终目的,运动员在获取后,应仔细观察场上人员的站位与移动情况,一旦出现射门机会,应迅速、果断出脚射门,射门力度要大、角度要准,以防被守门员拦下。

（二）乒乓球

乒乓球被誉为我国的"国球"。我国具有浓厚的乒乓球运动情节,加上乒乓球运动规则简单、对场地器械要求不高,易开展,男女老少均可参与,具有广泛的群众基础,在学校也深受学生的欢迎,是学校体育重点球类课程项目。

1.乒乓球技术教学

（1）握拍技术

正确的握拍技术是学练乒乓球技术的基础,常见乒乓球握拍方法有以下两种。

①直拍握法:根据不同的击球类型,可分为直拍快攻型握拍法（图9-19）、直拍削球型握拍法（图9-20）、直拍弧圈球型握拍法（图9-21）、直拍横打握拍法（图9-22）共四种。

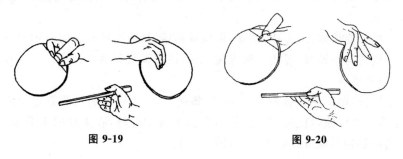

图 9-19   图 9-20

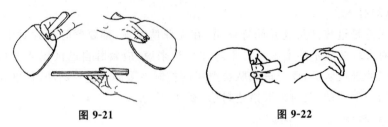

图 9-21　　　　　　　　　　　　　图 9-22

②横拍握法:也称"八字"式握法,深握时,虎口紧贴球拍(图 9-23)。浅握时,虎口轻微贴拍(图 9-24)。

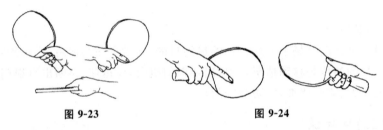

图 9-23　　　　　　　　　　　　　图 9-24

(2)发球技术

发球是乒乓球对抗的开始,以正手击球为例,具体技术动作方法如下。

①发平击球:正手发平击球时,重心偏右脚。左手体前偏右托球,右手右侧持拍。抛起同时后引拍,拍形稍前倾由右后向前挥拍击球的中上部。

②发急球:以左脚在前的近台站位发急球为例,左手体前稍右托球,身体略右转,持拍手向右后方引拍,球拍顺势下降,拇指压拍,手臂迅速左前挥动,拍面略左斜,摩擦球的右侧中上部。

③发转与不转球:以右手持拍、站位靠近左半台为例,左脚在前,向后上方引拍,拍面后仰,手腕外展,腰右转,向前或向下挥拍向前击球。

(3)接发球技术

根据对方的来球,准确判断来球的速度、方向、旋转、落地等,采取不同的接球技术方法回击。

①接上旋(奔球)球:采用正反手攻球或推挡回接,拍面适当前倾,击球的中上部。

②接下旋长球:用搓球、削球、提拉球回接,搓或削球时多向前用力。

③接转与不转球:轻托一板或撇一板,注意弧线和落点。

(4)推挡球

①快推:两脚平站或右脚微前,两膝微屈,右上臂和肘关节靠近身体右侧,手臂自然弯曲,身前或偏左引拍,向前上挥拍迎球,在来球的上升前期,以稍前倾的拍形推击球的中上部(图 9-25)。

图 9-25

②挡球：两脚开立，两膝微屈，上体略右转。右臂自然弯曲并内旋，以前臂向前送拍迎球，在来球的上升期以近垂直的拍形推击球的中部。

（5）弧圈球

拉加转弧圈球时，两脚分开，两膝内收，重心至于前脚内侧，身体略右转，手腕外展后拉引拍，伸膝、蹬地发力，以腰髋带动上臂、前臂由后向前挥动击球的中（上）部（图 9-26）。

图 9-26

击前冲弧圈球时，直握拍，重心稍高。手腕屈，击球时，腰、髋和大臂带动前臂发力，在来球的上升后期和高点期，略向上摩擦球的中上部（图 9-27）。

图 9-27

（6）攻球

快攻时，右手执拍，左脚稍前，击球前，向右引拍，上体与臂夹角为 $30°\sim40°$，球拍呈半横状，在球的上升期击球中上部（图 9-28）。

图 9-28

扣杀时,中间或偏左近台站位。左脚稍前,两膝微屈,收腹含胸,腰、髋及上体稍向右转;屈右臂,前臂后引拍至身体右侧偏后,腰、髋带动身体及上臂左转发力,在来球的高点期以前倾拍形猛击球的中上部。

(7)削球

两脚开立,左脚稍前,屈膝,身体略右转,屈臂,引拍至右肩侧,拍面后仰;削追身球时,持拍手上臂带动前臂由右上向左前下方加速切削,拍面竖立在下降前期击球的中部或中下部(图 9-29)。

图 9-29

2.乒乓球战术教学

(1)发球抢攻

①侧上旋、侧下旋球结合落点抢攻。

左长右短:落点以侧下旋短球为主,结合上旋至对方右侧近网处。

右长左短:与左长右短动作相同,但方向相反。

②转与不转结合落点变化进行抢攻。

发转与不转球至相同落点:先发出的球不出台的球,或先发转后发不转(也可以先发不转后发转)进行抢攻。

发转与不转球至不同落点:连续发短球后,突发长球进行抢攻。

(2)接发球抢攻

准确判断对方来球,迅速移动,选择在最佳的击球点和击球时间击球。在无遮挡发球规则下,直接接发球抢攻。

（3）对攻战术

对攻战术属于进攻型打法，多用于相持阶段调动压制对方。根据场上情况和对手技战术特点，可选择攻两角、攻直线、攻追身，或攻追身杀两角、攻两角杀中路、攻追身杀追身等。

第三节　学校武术课程建设

一、学校武术课程建设思路与发展对策

（一）丰富武术课程内容

当前，武术课程在我国各级院校已经普及，但是，在武术课程教学方面设置存在不合理的现象。据调查，学校武术课程教学内容以传统的初级拳、初级器械、二十四式太极拳为主，很多学校出于安全考虑或师资不足，武术课程几乎不包括对抗性强、对技能要求较高的武术散打、短兵等对抗性运动项目。此外，对于地方性特色武术项目内容则更少涉及。武术教学内容单一、不完整，难以激发学生学习武术的兴趣。

针对上述情况，应积极开发武术课程内容，丰富武术课程内容体系，充分结合学生的身心特点和教学实际，建立形式多样的武术课堂，使学生可以根据自己的兴趣喜好和身体素质条件选择相应的武术课程内容进行学习，调动学生武术学习与参与的积极性和主动性。

（二）打造"武术第二课堂"

就我国学校体育开展现状来看，体育课程在学校课程中占据较小比例，而武术课程的操作难度较大，相对于其他体育课程而言，课时更少，非常有限的武术课程使得很多学生对武术教学表现得很陌生。

武术具有丰富的文化内涵，是我国的国粹，但是当前，武术是我国高校体育课程教学中非常"稀有"的传统体育，在西方竞技体育占据大部分高校体育课堂的背景下，重视武术教学与课程建设更加显得弥足珍贵。为了扩大武术在学校体育中的影响、在校园推广与弘扬武术文化，必须从武术课程建设入手，在保证武术选修课程顺利组织与实施的基础上，积极打造"武术第二课堂"，通过开设多元化的武术文化活动，如校园武术竞技表演、参观武术博物馆、拜访武术名人、武术竞赛鉴赏、武术影视剧赏析、组建武术俱乐

部、创建学校武术队等,延伸与拓展传统武术课堂内容。①

(三)加强武术人文知识教育

传统武术课程重视武术实践,以武术动作、套路为主要教学内容,这对学生武术技能的学练十分有益,可以使学生短时间内掌握较多的武术动作与套路。但是,武术的技能与其丰富的文化内涵具有密切的联系,武术文化是习武者认识武术技法原理的重要基础。单纯的武术技能掌握很容易导致学生对武术理解与认识的偏差,也不利于学生更高层次的武术技能的学练。

无论是从学校体育文化建设,还是从民族国家文化建设来看,传统文化都在其中占据着重要地位。武术课程的建设与优化,也应重视从武术文化的传承与发展入手,在武术课程教学中应加强武术人文知识教育,使学生能全面了解武术的源起与发展、流派与类型、文化内涵等,这是促进学生积极关注武术、认真学习武术的重要基础。同时,也有利于在全校范围内形成良好的武术学练氛围,对于新时期校园武术文化建设、民族武术文化弘扬也具有重要意义。

(四)联系生活、全面育人,促进武术课程向"生命课堂"转变

正如前面所提到的,当前学校武术课程重视套路、技能教学,教学内容单一。从另一个角度来看,学生学习武术课程内容之后,除去考试、竞赛,在日常生活中很少能真正运用到所需内容,武术课程内容的学练并不能很好地融入学生的日常健身、娱乐与生活之中。

技击性是武术的本质属性,武术的演变发展与古人对生命、健康的思考与实践具有非常密切的关系。武术课程不仅是体育与健康课程的一部分,更是生命安全教育的重要内容。

当前社会,学生安全教育是学校体育教育的一个重点研究课题,尽管武术已经脱离了产生之初的军事属性,但是,武术在现实生活中仍具有良好的健身、养生、防身、自卫等使用价值,因此,武术课程建设不能狭隘地局限于学生体质发展,更应关注学生的生命健康与全面发展,应将武术课程建设的"健康课堂"理念转变为"生命课堂"理念,不能停留在套路层面,而应以武术课程的实践性为立足点,加强学生的生命安全教育技能教学,联系学生日常生活、促进学生生命健康,实现武术课程教学的"全面育人"。②

---

① 姚冰洲.高职院校武术课程优化建设与思考[J].运动,2006(143).
② 李奕.生命安全教育背景下学校武术课程建设研究[J].运动,2016(134).

二、武术运动项目课程内容教学

(一)武术基本功

1.肩功

（1）压肩

面对肋木,两手抓握肋木,手间距与肩同宽,上体前俯下振压肩(图 9-30),或由他人扶按,做扳压肩练习(图 9-31)。

图 9-30　　　　　　　图 9-31

（2）转肩

开步站立,两手握棍于体前,上举绕至体后,再向上绕至体前(图 9-32)。

图 9-32

（3）臂绕环

单臂绕环:左弓步站立,左手按于左大腿上,右臂由上—后—下—前绕环一周;或由上—前—下—后绕环一周(图 9-33)。

图 9-33

双臂绕环：左右两臂依次由下—前—下—后绕环（图 9-34）。

图 9-34

2.腰功

（1）俯腰

前俯腰：并步站立，上体前俯，挺膝，双手交叉掌心贴地或双手抱跟腱（图 9-35）。

侧俯腰：并步站立，两手交叉，上体转向一侧下屈，掌心触地（图 9-36）。

图 9-35   **图 9-36**

（2）甩腰

开步站立，两臂上举，上体以腰、髋关节为轴做前后屈动作，两臂随之摆动（图9-37）。

图 9-37

（3）涮腰

开步站立，以髋关节为轴，以臂带腰做前—左—后—右翻转绕环（图9-38）。

图 9-38　　　　　　　　　　　　图 9-39

（4）下腰

两脚开立，与肩同宽，腰向后弯，身体成桥形（图9-39）。

3．腿功

（1）压腿

正压腿：面对肋木，右腿支撑，左腿脚跟放在肋木上，勾脚尖，双手按膝，直膝，上体前屈，向前下振压（图9-40）。

侧压腿：侧对肋木，右腿支撑，左脚跟放在肋木上，勾脚尖，直膝，举右臂，上体向左侧振压（图9-41）。

图 9-40   图 9-41

后压腿:背对肋木,右腿支撑,左腿脚背放在肋木上,上体后仰压振(图9-42)。

仆步压腿:左右开立,一腿屈膝全蹲,另一腿挺膝伸直,仆步压振(图9-43)。

图 9-42   图 9-43

(2)扳腿

正扳腿:一腿直立,另一腿屈膝上提,异侧手握上提腿的脚向上扳(图9-44);或由同伴托住脚跟上扳(图9-45)。

图 9-44   图 9-45

侧扳腿:一腿支撑,另一腿提起,由同侧手托脚跟侧上扳(图9-46);或由同伴托住脚跟向侧上扳(图9-47)。

后扳腿:手扶肋木,一腿支撑,由同伴托另一腿从后向上扳(图9-48)。

图 9-46　　　　　图 9-47　　　　　　图 9-48

（3）控腿

前控腿：一手扶肋木，同侧腿支撑，异侧腿前上举（图 9-49）。

侧控腿：一手扶肋木，同侧腿支撑，异侧腿外侧上举（图 9-50）。

后控腿：一手扶肋木，同侧腿支撑，异侧腿后上举（图 9-51）。

图 9-49　　　　　图 9-50　　　　　　图 9-51

（4）踢腿

正踢腿：右手扶肋木，左手叉腰，右腿支撑，左脚直膝上踢（图 9-52）。

侧踢腿：双手扶肋木，一腿支撑，另一腿直膝侧上踢（图 9-53）。

后踢腿：双手扶肋木，右腿支撑，左腿直膝后上踢（图 9-54）。

图 9-52　　　　　图 9-53　　　　　　图 9-54

4. 桩功

（1）步桩

前后开立，屈膝半蹲，双手抱拳，右脚外展 45°，左脚尖虚点地（图 9-55）。

（2）马步桩

平行开立，屈膝半蹲，大腿与地面平行，屈臂胸前平举，掌心向下（图9-56）。

图 9-55　　　　　图 9-56

（3）浑圆桩

升降桩：两脚开立，屈膝，屈肘胸前平举，掌心向下，配合呼吸做升、降动作（图9-57）。

开合桩：两脚开立，屈膝。屈肘胸前平举，指尖相对，配合呼吸做开合运动（图9-58）。

图 9-57　　　　　图 9-58

（二）武术散打

1.拳法

（1）冲拳（直拳）

左冲拳：左脚在前，脚掌蹬地，左转体，重心稍前移，前击左拳，右拳右下颌外侧待发（图9-59）。

右冲拳：技法动作基本同左冲拳，只是发拳时，身体稍左倾（图9-60）。

254

图 9-59   图 9-60

（2）掼拳（摆拳）

左掼拳：左脚在前，右转体，屈臂，左拳向外—前—里横掼，右拳护右腮（图 9-61）。

右掼拳：预备势，右脚蹬地向内扣转，左转腰，右拳向外（约 45°）—前—里横掼，左拳护左腮（图 9-62）。

图 9-61   图 9-62

（3）抄拳（勾拳）

左抄拳：左脚在前，实战步。右转体，重心下沉，左脚蹬地，右上挺髋，借力右击左拳，肘屈 90°～110°。

右抄拳：基本拳法同左抄拳，右脚蹬地，左转体，右拳借扣膝转腰之力，由下—前—上抄。

2. 腿法

（1）蹬腿

左正蹬：左脚在前，实战步，屈右腿，左腿提膝，大腿靠近胸腹，勾脚尖起并蓄力前蹬，力达前掌（图 9-63）。

右正蹬：左腿稍屈，重心前移，左转体，右腿提膝，勾脚前蹬，同时，向前送髋，力达前掌。

图 9-63

（2）踹腿

左踹腿：左脚在前，实战步。右腿稍屈；左腿提膝，小腿外摆，勾脚尖，展髋，挺膝前踹脚掌（图 9-64）。踹腿时，身体可稍微倾斜，力达攻防点，注意身体平衡。

右踹腿：左腿支撑，左转体 180°，出腿的方法基本同左踹腿，只是动作方向在对侧。

图 9-64

（3）鞭腿（边腿、侧弹腿）

左鞭腿：实战步，左腿在前。右腿稍屈，上体右倾；左腿屈膝向左摆，扣膝，绷脚背，小腿向前弹踢。

右鞭腿：左腿支撑，右脚在前，左转体 180°，右腿快速、连贯、猛烈地屈膝、扣膝、弹踢。

3.进攻技法

（1）肘击

①顶肘。以肘尖顶击对方身体不同部位，可以分为上（顶面）、中（顶胸）、下（顶腹）三层次，也可以从左右、前后实施顶肘。以平顶肘为例，实战步，前进一步靠近对方，使肘击在有效攻击范围之内，突然出肘平顶对方。

②盘肘。从侧面弧线攻击对手，如攻击对方肋、腹部。盘肘时，前进一步靠近对方，内旋臂，并猛转体，随之手臂横扫攻击对方。

（2）膝击

武术散打中，膝关节十分坚硬，是一个非常重要的攻击部位，且动作隐蔽不易被发现,可令对方防不胜防。常用的膝法主要有以下几种。

①顶膝:屈膝,由下向上顶击,力达膝尖。

②冲膝:屈膝,向前冲撞,力达膝前部。

③侧顶膝:屈膝,由外向内顶击,力达膝尖或膝后部。

④横撞膝:屈膝,由外向内撞击,力达膝内侧。

（3）摔法

武术散打摔法,也称跌法,能有效震慑对方、消耗对方。常用摔法主要有以下几种。

①抱腿别腿摔。当对方左边腿进攻我方上体时,迅速逼近对方,右手抓对方左脚腕,屈左臂用肘窝夹其左膝窝。躬身,左手裆下穿扣其右膝窝,右手右后扳拉其左脚腕。右后转体,继续扳拉,使对方失去重心倒地（图 9-65）。

图 9-65

②接腿上托摔。当对方右正蹬腿踢击时,两手迅速抓握对方小腿,屈臂上抬。挟托其脚后,上右步,向前上方推展,迫使对方摔倒。

③接腿勾腿摔。当对方用右侧弹腿踢击时,左手随即抄抱对方小腿,右手穿对方右肩,压其颈;同时,右脚踢对方支撑腿,迫使对方摔倒。

④接腿涮摔。当对方用右侧弹腿踢击时,双手抓握对方右脚左拉,并向下—右—上摆荡,令对方失去重心摔倒。

⑤格挡搂推摔。当对方左脚在前,拳击我方头部时,用右臂抵架对方来拳,同时,屈臂顺势由对方左臂外侧自上而下滑,卡其左臂,并上左腿支撑,右手回扒对方左大腿,左手猛推对方左胸,迫使其重心不稳倒地（图 9-66）。

图 9-66

（4）组合进攻

①左冲拳—左踹腿。实战姿势，快速上步，以左冲拳击打对方面部，同时，以左踹腿踢击对方腹部（图 9-67）。

图 9-67

②右踹腿—左右冲拳。实战姿势，垫步上前，以右踹腿踢击对方腹部，同时，以左右冲拳连击对方面部（图 9-68）。

图 9-68

③左踹腿—右踹腿。实战姿势，滑步调整双方有效攻击距离，以左踹腿踢击对方腹部，左脚落地瞬间，迅速以右踹腿踢对方（图 9-69）。

图 9-69

④左侧弹腿—左右冲拳—左踹腿。实战姿势,垫步上前,以左弹腿踢击对方腿部,同时,以左右冲拳连击对方面部,伺机垫步追进,左踹腿踢对方胸腹(图 9-70)。

图 9-70

⑤左冲拳—抱腿前顶摔。实战姿势,疾步逼近对方,以左冲拳攻击打对方面部,待对方身体后倾躲避的同时,弯腰抱腿前顶摔,迫使对方重心不稳倒地(图 9-71)。

图 9-71

4.防守技法

(1)拍压

适用于对方攻击我方中下盘时。如对方下冲拳和蹬、踹腿,可以拳变掌,以掌心或掌根,由上向前下拍压对方的手或脚(图 9-72)。

图 9-72

（2）拍挡

适用于对方直线攻击我方上盘时。可以手腕为力点，向里横向拍挡对手的来拳或腿（图 9-73）。

图 9-73

（3）挂挡

适用于对方横向攻击我方中上盘时，如对方右（左）贯拳或左（右）横踢腿，可用左（右）手屈臂向同侧头部挂挡（图 9-74）。

图 9-74

（4）里挂

适用于对方正面或从右侧攻击我方中盘时，以左手里挂为例，实战势开始，结合闪步，左臂内旋，左拳由上向下—右—后斜挂防，拳眼朝内，拳心朝后（图 9-75）。

图 9-75

（5）里抄

适用于对方直线或横线攻击我方上中盘时，如对方正面的蹬、踹腿和左横踢腿，可将左（右）臂微屈外旋，紧贴腹前，手心朝上，另一臂紧贴胸前，立掌虎口朝上，掌心朝外格挡（图 9-76）。

图 9-76

（6）外抄

适用于对方侧向攻击我方上盘时，可外旋手臂，上臂垂直，前臂水平，另一臂紧贴胸前，立掌，手心朝外，手指朝上格挡（图 9-77）。

图 9-77

（7）外挂

适用于对方侧向攻击我方下盘时，以左手外挂为例，实战开始，结合闪步，左拳由上—下—后—左斜挂，肘尖朝后，屈臂，拳心朝里格挡（图 9-78）。

图 9-78

（8）提膝闪躲

适用于对手正面或横向攻击我方下盘时，如对方施以低踹腿、弹腿、勾踢腿等。可前腿（左前右后）屈膝提起离地格挡（图9-79）。

图 9-79

（9）掩肘阻格

适用于对方右下自上的中下盘攻击，如对方抄拳攻击，可以掩肘格挡。实战开始，左臂弯曲，前臂外旋，右转腰，臂向腹下滚掩，拳心朝里，以前臂尺骨下端为防守力点格挡（图9-80）。

图 9-80

第四节　学校健美操课程建设

一、学校健美操课程建设思路与发展对策

健美操是当前学校体育课程中最受学生欢迎，尤其是深受女学生欢迎的体育课程之一。近年来，学校健美操课程与各项活动的开展更是带动了学校体育文化的升温，其以优雅的形象、健美的体形、音乐配合的和谐吸引了越来越多的学生，在学校兴起健美操参与热情，促进学生、师生和谐交往

的同时,丰富了学校体育文化内涵。①

鉴于开展健美操运动与学校体育文化建设之间的密切关系,当前,完善健美操课程建设应从以下几方面着手。

(一)加强教师队伍建设

建设结构合理、高水平的教学、科研、育人教师队伍是推动健美操课程建设的重要前提。要不断提高健美操课程负责人的学术水平、教学水平,使其能更好地把握当前和未来一段时期内学校健美操课程建设的总体方向,并为健美操课程各方面建设措施的优质设计与实施提供科学指导。②

具体来说,要建设高质量的教师队伍,应从以下几方面入手。

(1)引进高水平、综合素质较强的优秀教师,完善教师队伍结构。

(2)加强现有教师培训的力度。

(3)关心教师生活与职业发展,使教师全身心投入教育工作中去。同时,为教师提供较好的科研环境等。

(二)重视健美操文化宣传

教师应在学校积极推广与宣传健美操运动,增加学生对健美操运动的兴趣与健美操选课学生的数量。可以通过积极发挥校园宣传媒介的多项功能,通过校园多元媒介的大力宣传,扩大健美操文化对在校师生的影响,利用健美操运动的自身特点,焕发学生的青春朝气与活力,营造丰富而生动的校园健美操文化氛围,丰富校园文化建设。

在健美操课程教学实践中,教师也应进一步重视健美操文化的推广与传播,能促进学生健美操参与意识的形成和良好健美操运动锻炼习惯的养成,使学生养成健康的生活方式,为学生终身参与健美操学练奠定基础。

(三)加强健美操课程课内课外一体化建设

健美操内容丰富、项目较多,从实际课程教学情况来看,有限的课堂教学并不能充分满足学生对健美操运动学练的需求,学生有在课外参与健美操运动的强烈需求和愿望,但是往往得不到有效的指导。为了解决这一问题,各学校应结合本校的具体实际,有针对性、目的性地拓展健美操课程类型,进一步加强课内、课外一体化教学,不断完善健美操课程结构。

---

① 李丹.浅谈健美操在高校校园文化建设中的作用[J].才智,2014(3).

② 黄宽柔.健美操国家级精品课程建设的研究与实践[J].北京体育大学学报,2011,34(10).

学校和教师应鼓励学生在课外参与健美操活动,并对学生进行科学有效的指导,如担任学校健美操协会或俱乐部的指导教师,利用课外时间深入学生中去开展校园健美操文化文艺活动,开展健美操创编大赛等,以"教"为"学",使学生通过健美操学习增强体质、塑造完美形体、提高审美并促进自我创新能力的发展和提高。

二、健美操运动项目课程内容教学

(一)健美操动作

1.手型动作

健美操手型动作丰富,常见的主要有合掌、分掌、拳、推掌、西班牙舞手势、芭蕾手势、一指式、响指等(图 9-81)。

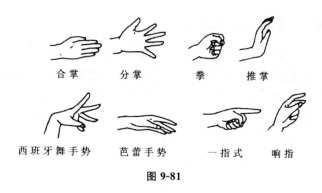

图 9-81

2.头、颈部动作

(1)屈

身体正直,伸展颈部肌肉,头部向前、后、左、右四个方向做颈部弯曲运动(图 9-82)。

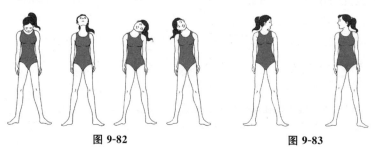

图 9-82   图 9-83

（2）转

身体直立，头正直，下颌保持平稳，头颈部沿身体垂直轴向左、右90°转动（图9-83）。

（3）环绕

身体直立，头正直，头颈部沿身体垂直轴向左、右360°转动（图9-84）。

3.肩部动作

（1）提肩

两脚开立，身体正直，上体不动，沿身体垂直轴尽力上提（图9-85）。

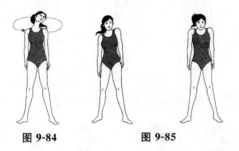

图9-84　　　　　图9-85

（2）沉肩

两脚开立，身体正直，上体不动，肩部沿身体垂直轴尽力下沉（图9-86）。

（3）绕肩

两脚开立，身体正直，上体不动，肩部沿身体前、后、上、下四个方向大幅度地绕动（图9-87）。

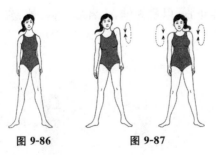

图9-86　　　　　图9-87

4.上肢动作

（1）举

两脚开立，身体正直，以肩关节为中心，手臂进行前、后、侧、侧上、侧下、上等各个方向的活动（图9-88）。

图 9-88

（2）屈

两脚开立，身体正直，肘关节做由弯曲到伸直的各种运动（图 9-89）。

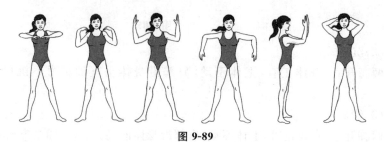

图 9-89

（3）绕、绕环

两脚开立，身体正直，以肩为轴，手臂做向内、外、前、后的绕或环绕运动
（图 9-90）。

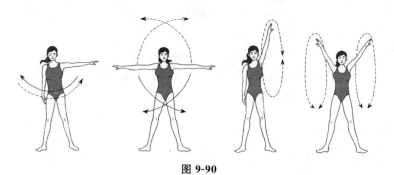

图 9-90

5.下肢动作

(1)立

①直立、开立：先并脚直立，再双腿打开(图9-91)。

②点立：先并脚直立，再伸出一条腿点立或双腿提踵立(图9-92)。

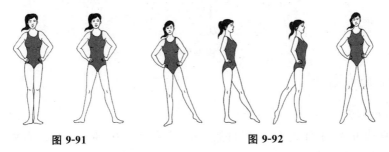

　　　图 9-91　　　　　　　　　　　　　图 9-92

(2)弓步

先并脚直立，然后一腿向前、侧或后迈出一大步，做屈动作(图9-93)。

(3)踢

并步直立，一脚支撑，另一脚向前、侧、后踢腿(图9-94)。

　　　图 9-93　　　　　　　　　　　　　图 9-94

(4)弹

并步直立，一脚支撑，另一脚向前、侧弹动(图9-95)。

　　　图 9-95

(5)跳

先并步直立，双手叉腰，上体正直，腿部做各种姿势的踢、跳腿部练习

（图 9-96）。

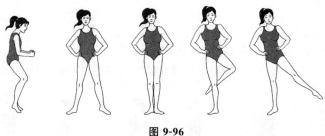

图 9-96

6.胸部动作

（1）移胸

两脚并立，上体正直，双臂自然下垂，以腰腹发力，带动胸部左右移动。

（2）含胸、挺胸

两脚并立，上体正直，双臂自然下垂，含胸时，低头收腹，收肩，形成背弓，呼气；挺胸时，抬头挺胸，展肩，吸气（图 9-97）。

7.腰部动作

（1）屈

两脚开立，腰部向前、侧、后做拉伸运动，手臂配合腰部运动（图 9-98）。

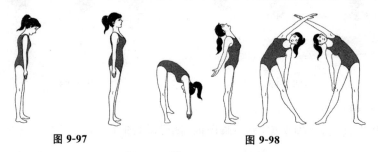

图 9-97   图 9-98

（2）转

两脚开立，身体保持紧张，腰部带动身体沿垂直轴左右转动（图 9-99）。

图 9-99   图 9-100

（3）绕和环绕

两脚开立，手臂侧上举，身体保持紧张，腰部做弧线或圆周运动（图 9-100）。

8.髋部动作

（1）顶髋

两腿开立，一腿伸直支撑、另一腿屈膝内扣，上体正直，用力向左、右、前、后做各个方向的顶髋动作（图 9-101）。

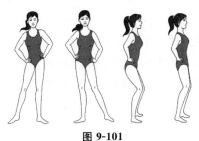

图 9-101

（2）提髋

两腿开立，一腿伸直支撑、另一腿点地，髋向左上、右上提起（图 9-102）。

（3）绕和环绕

两腿开立，重心在两脚之间，髋做弧线或圆周运动（图 9-103）。

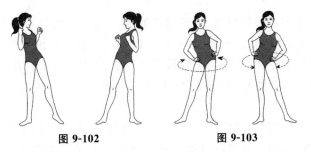

图 9-102　　　　　图 9-103

（二）健美操技术

健美操运动基本技术主要包括以下四种，其他的技术都是在此基础上的拓展，因此，掌握好这四种技术对于学生以后的健美操学练具有重要的帮助作用。

1.落地技术

健美操动作多样,其中有很多弹跳动作,冲击力比较大,如果做不好就会对运动者的身体造成损伤,因此,要掌握正确的落地技术,以最大限度地减少健美操高冲击力动作对人体的作用力。

简单来说,可以将健美操落地技术理解为一种滚动技术,即在脚部接触地面之后,先以脚跟着地,并迅速过渡到全脚掌;或先以脚掌着地,再迅速过渡到全脚掌。同时,注意落地后的屈膝、屈髋缓冲。

2.弹动技术

弹动技术能更好地体现出健美操的运动特点,在身体弹动过程中,主要是由下至上的动作缓冲产生的。健美操课程教学中,可以通过组织学生进行提踵练习、半蹲练习等来提高其踝关节、膝关节与髋关节的屈伸能力,以便于学生更好地掌握身体的缓冲与弹动。

3.半蹲技术

健美操运动中有许多半蹲动作,是弹动、缓冲的重要前提,半蹲时,要求学生两脚外开,上体挺直,臀部向后45°,屈膝不超过90°,膝盖指向前方,同时垂线不得超过脚尖。

4.身体控制技术

(1)身体姿态控制技术:表现健美操定型动作美的重要技术基础,要求在建立正确本体感觉的基础上,身体挺拔、舒展,兼具动作美和气质美。

(2)操化动作控制技术:编写健美操动态动作美的重要技术基础,要求身体保持紧张,动作舒展,移动准确、路线清晰,充分表现出健美操动作的"力"。

健美操课程教学组织和实施过程中,学生在充分掌握了健美操基本动作与基本技术之后,就可以进行各种类型的健美操运动学练,同时,还可以自己进行健美操创编练习。

参考文献

[1]徐伟新.社会主义和谐价值观研究[M].北京:中共中央党校出版社,2016.

[2]吕田田.多元文化背景下的学校道德教育[D].山东师范大学,2008.

[3][美]克拉克·威斯勒著;钱岗南,傅志强译.人与文化[M].北京:商务印书馆,2004.

[4]曹霞.多元文化背景下的课程发展[D].广西师范大学,2003.

[5]刘承华.文化与人格:对中西文化差异的一次比较[M].合肥:中国科学技术大学出版社,2002.

[6]牟岱.多元一体文化概论[J].中国社会科学院研究生院学报,2000(3).

[7]陈美如.多元文化课程的理念与实践[M].台湾:台湾师大书苑,2000.

[8]方诚.新课改背景下体育教学创新研究[J].成才之路,2016(7).

[9]白甲欣.多元文化背景下大学生社会主义核心价值体系认同教育研究[D].西南大学,2014.

[10]陶蕾韬.多元文化背景下的价值冲突与价值认同[D].北京交通大学,2014.

[11]陆岩.社会主义核心价值体系领中国多元文化发展研究[D].哈尔滨师范大学,2011.

[12]易剑东.体育文化学[M].北京:北京体育大学出版社,2006.

[13]国家体育总局体育文化发展中心.体育文化研究集锦[M].北京:科学出版社,2015.

[14]赵学森,蒋东升,凌齐.体育文化与健康教育[M].北京:北京理工大学出版社,2015.

[15]张爱华.山东省高校奥林匹克文化传播的现状与对策[D].山东师

范大学,2009.

[16]郭裔.现代奥林匹克运动对学校体育的影响[J].佛山科学技术学院学报(社会科学版),2004(01).

[17]胡宪君.浅议奥林匹克运动与学校体育教育[J].延边教育学院学报,2008(06).

[18]冯霞,尹博.中国学校体育与现代奥林匹克运动的文化对接[J].体育学刊,2004(04).

[19]时海霞.论奥林匹克文化体育教材化[D].辽宁师范大学,2006.

[20]云学容.我国高校校园体育文化建设探析[D].四川大学,2004.

[21]王佳.后奥运时代中国竞技体育与学校体育和谐发展研究[D].武汉理工大学,2009.

[22]张志华.我国高校竞技体育人才培养的理论与实践研究[D].北京体育大学,2014.

[23]陈瑛.竞技体育学校化发展模式研究[D].华中师范大学,2013.

[24]曾秀端.福建省高校民族传统体育课程开设现状与对策研究[D].福建师范大学,2007.

[25]黄东亚.江苏省普通高校民族传统体育课程资源开发利用现状及对策研究[D].南京理工大学,2012.

[26]曹婧.兰州市高等院校开展民族传统体育教学的现状与对策[D].西北民族大学,2014.

[27]高媛,张云龙,牛志宁.论民族传统体育的挖掘与整理[J].浙江体育科学,2009(03).

[28]刘轶.我国学校民族传统体育发展路径研究:以文化软实力为视角[M].武汉:湖北人民出版社,2013.

[29]暴丽霞,杨俊峰,郭玉江.体育人文社会学研析[M].长春:东北师范大学出版社,2011.

[30]周伟良.中华民族传统体育概论高级教程[M].北京:高等教育出版社,2003.

[31]邱丕相.民族传统体育概论[M].北京:高等教育出版社,2008.

[32]胡兆蕊.中国高校校园体育文化指标体系研究[J].才智,2014(14).

[33]佟贵锋,杨薇,张运江.构建高校校园体育文化新体系的理论与思考[J].科技资讯,2011(05).

[34]李琦.吉林省普通高校校园体育文化发展路径研究[D].吉林大学,2015.

[35]陈步伟.高校校园体育文化现状研究[D].苏州大学,2013.

[36]章罗庚.校园体育文化导论[M].长沙:湖南大学出版社,2009.

[37]仝媚媚,闫严,丁雨.当代大学校园体育文化研究[M].北京:光明日报出版社,2014.

[38]顾春先,何文涛,胡波.我国普通高校校园体育文化建设现状及对策[J].成都体育学院学报,2010,36(08).

[39]纠延红,刘毅飞.校园体育文化的优化发展与创新人才培养[J].继续教育研究,2016(08).

[40]王湛卿.高校校园体育文化建设研究:以武汉地区高校为例[D].湖北工业大学,2014.

[41]尹干闽.福州大学城高校校园体育文化构建研究[D].福建师范大学,2014.

[42]卫建平.和谐社会进程中大学校园体育文化特征和体系构建[D].山西师范大学,2012.

[43]刘亭.滨州学院校园体育文化建设路径的研究[D].山东体育学院,2014.

[44]李卫星,王全军.学校休闲体育文化建设初探[J].教学与管理,2010(27).

[45]张锐锋.学校体育与休闲体育的整合[J].辽宁体育科技,2006(04).

[46]邱雨.休闲体育与学校体育教育融合的创设性思考[J].当代体育科技,2016(15).

[47]孟凡强.休闲体育教育教学改革初步探索[J].武汉体育学院学报,2008,42(10).

[48]于奎龙.我国高校田径精品课程建设现状研究[J].宝鸡文理学院学报,2016,36(06).

[49]任莲香,彭志辉.球类活动课程与校园文化建设[J].天水师范学院学报,2007,27(05).

[50]任莲香,张学忠.球类课程改革与校园文化融合共建模式[J].西北师范大学学报,2003,39(04).

[51]姚冰洲.高职院校武术课程优化建设与思考[J].运动,2006(143).

[52]李奕.生命安全教育背景下学校武术课程建设研究[J].运动,2016(134).

[53]黄宽柔.健美操国家级精品课程建设的研究与实践[J].北京体育大学学报,2011,34(10).

[54]李丹.浅谈健美操在高校校园文化建设中的作用[J].才智,2014(03).